U0829686

**权威·前沿·原创**

皮书系列为

“十二五”“十三五”“十四五”国家重点图书出版规划项目

BLUE BOOK

智库成果出版与传播平台

事业单位蓝皮书
BLUE BOOK OF PUBLIC SERVICE UNIT

# 中国事业单位发展报告（2021）

REPORT ON THE DEVELOPMENT OF PUBLIC SERVICE UNIT IN CHINA (2021)

主　编 / 余兴安
副主编 / 熊通成

社会科学文献出版社
SOCIAL SCIENCES ACADEMIC PRESS (CHINA)

图书在版编目（CIP）数据

中国事业单位发展报告．2021／余兴安主编．－－北京：社会科学文献出版社，2022.4
（事业单位蓝皮书）
ISBN 978－7－5201－9706－9

Ⅰ．①中…　Ⅱ．①余…　Ⅲ．①行政事业单位－研究报告－中国－2021　Ⅳ．①D630.1

中国版本图书馆 CIP 数据核字（2022）第 024777 号

事业单位蓝皮书
中国事业单位发展报告（2021）

主　　编／余兴安
副 主 编／熊通成

出 版 人／王利民
责任编辑／张　超
责任印制／王京美

出　　版／社会科学文献出版社·皮书出版分社（010）59367127
地址：北京市北三环中路甲 29 号院华龙大厦　邮编：100029
网址：www.ssap.com.cn
发　　行／社会科学文献出版社（010）59367028
印　　装／天津千鹤文化传播有限公司

规　　格／开 本：787mm × 1092mm　1/16
印 张：22　字 数：327 千字
版　　次／2022 年 4 月第 1 版　2022 年 4 月第 1 次印刷
书　　号／ISBN 978－7－5201－9706－9
定　　价／158.00 元

读者服务电话：4008918866

## 《中国事业单位发展报告（2021）》
## 编　委　会

沈　英　张长春　张世金　张泽文　张慧南
陆大奎　金　鹿　周传华　胡铁俊　姚庆磊
翁秋怡　高　瑄　程　名　鲁　晓　熊通成
潘春玲　薛惠芳

编　　务　（按姓氏笔画排序）
甘亚雯　毕苏波　胡铁俊　柏玉林

# 主要编撰者简介

**余兴安**　全国政协委员，中国人事科学研究院院长、研究员。历任中国人事科学研究院研究室主任、人事部人才流动开发司副司长、人力资源和社会保障部人力资源市场司副司长、山东省日照市副市长。兼任国际行政科学学会副主席、中国人才研究会常务副会长、中国行政管理学会副会长等。主要从事行政管理体制改革、人事制度改革与人才资源开发等研究。

**熊通成**　经济学博士，中国人事科学研究院事业单位管理研究室主任、研究员。兼任国务院医改领导小组专家咨询委员会委员、中央和国家机关青年联合会委员、中国人才研究会工资福利专委会秘书长、国家卫健委公立医院高质量发展专家组专家。主要从事事业单位人事制度改革、机关事业单位工资制度改革等方面研究。

# 中国人事科学研究院简介

中国人事科学研究院（简称“人科院”）隶属于中华人民共和国人力资源和社会保障部，是我国干部人事改革、人才资源开发、人力资源管理和公共行政学研究的唯一国家级专业研究机构，是中央人才工作协调小组办公室命名的“人才理论研究基地”。

人科院肇端于1982年6月国家劳动人事部成立的人才资源研究所、1984年11月成立的行政管理科学研究所及1988年9月国家人事部成立的国家公务员研究所，经多次机构改革与职能调整后，于1994年7月正式成立。历经近40年的发展，人科院积累了丰富的科研资源，培养了一支素质优良的科研队伍，形成了较完备的学术研究体系，产生了一大批具有较大影响的科研成果，发挥了应有的参谋智囊作用，同时也成为全国人才与人事科学研究的合作交流中心。王通讯、吴江等知名学者曾先后担任院长之职，现任院长为全国政协委员余兴安研究员。

多年来，人科院围绕大局、服务中心，研究领域涉及行政管理体制改革、人才队伍建设、公务员制度、事业单位人事制度改革、企业人力资源管理、收入分配制度改革、就业与创业、人才流动与人力资源服务业发展等方面。曾参与《公务员法》《事业单位人事管理条例》《国家中长期人才发展规划纲要》等重大政策法规的调研与起草工作，推动了相关领域诸多重大、关键性改革事业的发展。人科院每年承担中央单位和各省区市下达或委托的数十项课题研究任务，出版十余部著作，发表百余篇学术论文，并编辑出版《中国人事科学》（月刊）、《国际行政科学评论》（季刊）、《中国人力资源发展报告》(年度出版)、《中国事业单位发展报告》(年度出版)、《中国人力资源市场分析报告》(年度出版)、《中国企业人力资源发展报告》(年度出版)、《中国培训事业发展报告》(年度出版)、《中国人事科学研究报告》(年度出版)等学术期刊和年度报告。

人科院是我国在国际行政科学学术交流与科研合作领域的重要组织与牵头单位，是国际行政科学学会(IIAS)、东部地区公共行政组织(EROPA)及亚洲公共行政网络(AGPA)的中国秘书处所在地。通过多年努力，人科院在国际行政科学研究领域的作用与地位不断提升，2016年承办了国际行政科学学会(IIAS)联合大会，余兴安院长当选为国际行政科学学会副主席。

人科院注重与国家部委、地方政府、高等院校和科研院所的交流与合作，积极搭建学术交流平台，成立了“全国人事与人才科研合作网”，建立了十余家科研基地，每年举办多场有一定规模的学术研讨会，组织科研协作攻关。还与中国人民大学、首都经贸大学等院校联合招收硕士、博士研究生，设有公共管理学科博士后工作站。

# 摘　要

《中国事业单位发展报告（2021）》以 2020 年下半年至 2021 年上半年为主要研究时段，部分研究报告追溯到党的十八大以来的情况。报告凝结了来自各地事业单位综合管理部门、行业主管部门、具体事业单位、相关学者的最新研究成果，展现了一年来中国事业单位发展的总体情况，分析了今后一段时期事业单位发展面临的挑战与任务。

全书由总报告和 6 个专题组成。总报告对 2020 年 7 月至 2021 年 6 月我国事业单位改革试点、不同行业事业单位改革、人事制度改革等方面的举措进行了回顾和展望。

6 个专题分别为改革发展篇、行业分析篇、地方探索篇、案例分析篇、专题研究篇、大事记。改革发展篇主要对我国事业单位机构编制、人事制度、纪检监察等方面的改革举措进行了回顾和总结。行业分析篇主要通过数据分析了我国教育、科研、文化、卫生等主要行业事业单位的发展状况。地方探索篇主要是关于不同地区在事业单位某一方面的重要举措，涉及法人治理结构改革、编制管理创新、人事制度改革、人才评价制度创新等方面。案例分析篇主要是关于具体事业单位内部管理的创新实践，涉及学校、科研机构等类型。专题研究篇主要是关于事业单位改革的研究论文，涉及事业单位岗位设置管理、人才队伍建设以及腐败治理等。大事记主要是对 2020 年 7 月至 2021 年 6 月事业单位改革中的重要事件进行整理。

**关键词：** 事业单位　事业单位管理　制度改革

# 目 录

## Ⅰ 总报告



## Ⅱ 改革发展篇

## Ⅲ 行业分析篇



## Ⅳ 地方探索篇



## Ⅴ 案例分析篇

## Ⅵ 专题研究篇



## Ⅶ 大事记

# 总 报 告

General Report

## B.1 中国事业单位改革的进展与趋势（2020～2021）

熊通成*

摘 要： 2020年是“十三五”的收官之年，2021年是“十四五”的开局之年。2020年7月至2021年6月，我国事业单位改革取得了积极进展。按照中央关于深化事业单位改革试点工作的部署，各试点部委和省份积极落实有关要求，扎实推进改革试点工作。着眼于推动公共事业高质量发展，构建新发展格局，教科文卫等行业事业单位改革不断深化。建立健全符合分类推进事业单位改革要求的人事管理制度，有了新的突破性成果。从趋势看，激发创新活力将更加成为事业单位改革的主旋律，基于新逻辑对事业单位进行分类将成为推进事业单位改革的可行路径。

* 熊通成，中国人事科学研究院事业单位管理研究室主任、研究员，主要研究方向为事业单位人事制度改革、工资制度改革。

关键词： 事业单位 事业单位改革 创新活力 高质量发展

2020年是“十三五”的收官之年，2021年是“十四五”的开局之年。《中共中央关于制定国民经济和社会发展第十四个五年规划和二〇三五年远景目标的建议》明确提出今后五年要明显提高基本公共服务均等化水平。2021年3月，国家发展和改革委员会联合教育部、民政部等21个部门印发《国家基本公共服务标准（2021年版）》，明确了现阶段国家提供基本公共服务项目的基础标准，以标准化推动基本公共服务均等化。[①] 这为我国事业单位改革指明了方向。下面对2020年7月至2021年6月我国事业单位改革取得的积极进展进行回顾。

## 一 深化事业单位改革试点工作扎实推进

按照中央关于深化事业单位改革试点工作的部署，多个部委和省份于2020年陆续启动试点工作，还有部分省份自主开展事业单位改革试点。各试点部委和省份积极落实有关要求，扎实推进事业单位改革试点工作。

根据媒体公开报道，截至2021年底，江苏省、内蒙古自治区、黑龙江省、山西省等省份已先后完成试点工作，江西省、山东省等省份则正在进行中。江苏省试点工作于2020年4月启动，到2021年6月底已基本完成。试点工作由省委编办组织、指导，具体在无锡市本级及江阴市、常州市本级及溧阳市、扬州市本级及江都区、徐州市本级及贾汪区等4市4县（市、区）开展。试点地区改革后，市级层面事业单位总量由1366家减至763家，精简比例为44.1%，收回事业编制9564名，精简比例为20.6%；县级层面事

① 参见国家发展和改革委员会等21部门《关于印发〈国家基本公共服务标准（2021年版）〉的通知》，2021年3月30日。

业单位总量由 789 家减至 429 家，精简比例为 45.6%，收回事业编制 3517 名，精简比例为 24.9%。内蒙古自治区试点工作于 2020 年 8 月 6 日启动，到 2021 年 3 月底已基本完成。改革后，内蒙古自治区涉改事业单位整体精简比例约为 35%。其中，自治区本级精简占比 44%，压缩挂牌机构 80 个，减少内设机构 375 个；盟市、旗县事业单位机构实行限额管理，盟市级事业单位减少 35% 左右，旗县级事业单位减少 30% 左右。黑龙江省改革试点工作于 2020 年 10 月 14 日启动，到 2021 年 9 月底已基本完成。全省共精简事业单位 2735 个，收回事业编制 8.3 万余名。其中，省直精简事业单位 902 个（占比 62.7%），收回编制 1.3 万余名（占比 10%），精简内设机构 1694 个（占比 19.3%），精简领导职数 1159 名（占比 4.9%）；市县精简事业单位 1833 个（占比 8.8%），收回编制 7 万余名（占比 8.5%），精简内设机构 3193 个（占比 9.2%），精简领导职数 3118 名（占比 6.9%）。山西省试点工作于 2020 年 4 月 5 日启动，到 2021 年 3 月底省、市两级任务基本完成，县级改革任务于 6 月底基本完成。全省省直事业单位机构从 1205 个精简为 370 个，精简 69%，编制从 6.7 万名减至 2.7 万名，精简近 60%。

江西省、山东省、河北省、北京市、四川省等省份也已先后启动试点工作。江西省于 2020 年 10 月 22 日召开深化事业单位改革试点工作动员部署会，要求积极稳妥做好深化事业单位改革试点工作，完善制度机制，强化公益属性，提高治理效能，促进新时代公益事业平衡充分高质量发展，努力为全国深化事业单位改革探索江西经验、做出江西贡献。山东省于 2020 年 11 月 23 日召开深化事业单位改革试点工作动员部署会，要求大力调整优化事业单位布局结构，坚持瘦身和健身相结合，要给予市县事业单位改革更大自主权，实行“一地一策”，不搞“一刀切”。河北省于 2020 年 12 月 2 日召开深化事业单位改革试点工作动员部署会，要求认真落实“严控总量、统筹使用、有减有增、动态平衡、保证重点、服务发展”的要求，按照保留一批、撤销一批、合并一批、转换一批的“四个一批”原则，着力推进事业单位机构功能再造。此外，各试点部委和北京市、四川省深化事业单位改革试点工作也在积极推进。

## 二　不同行业事业单位改革往纵深发展

2020年7月至2021年6月，着眼于推动公共事业高质量发展，构建新发展格局，教科文卫等行业事业单位的改革不断深化。

### （一）教育事业单位改革发展

2020年7月至2021年6月，教育事业单位认真贯彻落实党中央、国务院各项决策部署，改革发展取得了新的突破性进展。

1. 关于修改《中华人民共和国教育法》

《中华人民共和国教育法》是中国教育工作的根本大法，是依法治教的根本大法。1995年3月18日第八届全国人民代表大会第三次会议通过《中华人民共和国教育法》，我国于2021年4月对《中华人民共和国教育法》进行了第三次修改。① 修订后的教育法将对教育事业改革发展起到更好的保障作用。

2. 关于中小学校改革发展

进一步提升中小学校教育质量。2020年10月，教育部基础教育教学指导委员会成立。② 该委员会是教育部直接领导的专家组织，现有41名委员，③ 秘书处设在教育部基础教育司，下设若干专委会。④ 2021年6月，教育部等三部门印发意见，要求围绕义务教育学校办学条件薄弱环节和人民群众关切的突出问题，根据人口流动变化趋势提前研判学位供需变化，深入推

① 参见中华人民共和国主席令第80号。2021年4月29日，第十三届全国人民代表大会常务委员会第二十八次会议审议通过了《全国人民代表大会常务委员会关于修改〈中华人民共和国教育法〉的决定》，2021年4月30日起施行。

② 参见《教育部关于成立基础教育教学指导委员会的通知》，2020年10月20日。

③ 参见教育部基础教育司《关于首届教育部基础教育教学指导委员会委员名单的公示》，2020年10月14日。

④ 参见《教育部办公厅关于印发〈教育部基础教育教学指导委员会章程〉的通知》，2021年6月1日。

进义务教育薄弱环节改善与能力提升工作。[①] 为巩固和完善校园足球工作制度体系，教育部等七部门于2020年8月印发文件，要求建立健全教育、体育和社会相互衔接的人才输送机制，建立和完善校园足球与足协或职业俱乐部运动员流动和逐级反哺机制。[②] 另外，为指导中小学课程教材系统，全面落实革命传统、中华优秀传统文化教育，教育部于2021年1月制定了《革命传统进中小学课程教材指南》《中华优秀传统文化进中小学课程教材指南》。[③] 为全面提高义务教育质量，教育部等六部门要求对学校、县域义务教育质量进行评价，并要求原则上每3～5年评价一次，且在县级党政主要负责人、校长任期内至少评价一次。[④]

着力解决人民群众关切的突出问题。针对中小学教育惩戒问题，为保障和规范学校、教师依法履行教育教学和管理职责，保护学生合法权益，教育部于2020年12月颁布中小学教育惩戒规则，首次界定了“教育惩戒”的概念，并明确了可实施教育惩戒的情形。[⑤] 该规则自2021年3月1日起施行。为巩固中小学生欺凌治理成果，健全防治长效机制，教育部办公厅于2021年1月印发工作方案，要求及时查找发生欺凌事件的苗头迹象或隐患点，对可能发生的欺凌行为做到早发现、早预防、早控制。[⑥] 针对未成年人沉迷网络游戏等问题，教育部等六部门于2020年8月印发《关于联合开展未成年人网络环境专项治理行动的通知》，要求打击取缔一批违法违规的网站平台，查处曝光一批典型案例，净化未成年人网络环境，建立健全长效保

---

① 参见《教育部　国家发展改革委　财政部关于深入推进义务教育薄弱环节改善与能力提升工作的意见》，2021年6月23日。

② 参见《教育部等七部门关于印发〈全国青少年校园足球八大体系建设行动计划〉的通知》，2020年8月28日。

③ 参见《教育部关于印发〈革命传统进中小学课程教材指南〉〈中华优秀传统文化进中小学课程教材指南〉的通知》，2021年1月8日。

④ 参见《教育部等六部门关于印发〈义务教育质量评价指南〉的通知》，2021年3月1日。

⑤ 参见《中小学教育惩戒规则（试行）》，中华人民共和国教育部令第49号，2020年12月23日。

⑥ 参见《教育部办公厅关于印发〈防范中小学生欺凌专项治理行动工作方案〉的通知》，2021年1月20日。

护机制。[①] 针对青少年近视问题，在 2019 年认定一批试点县（市、区）和改革试验区的基础上，教育部于 2021 年 4 月公布北京市西城区等 58 个地区为 2020 年全国儿童青少年近视防控试点县（市、区），天津市河北区等 16 个地区为 2020 年全国儿童青少年近视防控改革试验区，要求各地严格落实中小学生手机、作业、睡眠、读物、体质等管理规范。[②]

减轻中小学生负担被提上日程。2020 年 7 月，教育部办公厅印发通知，要求坚持素质教育导向，进一步规范竞赛管理工作，严禁将任何竞赛奖项作为基础教育阶段招生入学加分依据、升学依据以及中考加分依据。[③] 2021 年 6 月，教育部成立校外教育培训监管司，专门负责对面向中小学生（含幼儿园儿童）的校外教育培训进行管理、监督、综合治理，[④] 拉开了校外教育治理的序幕。

3. 关于高校改革发展

积极推进高校学科和整体建设。国务院于 2015 年印发“双一流”建设总体方案，首轮“双一流”建设确定建设高校 137 所、建设学科 465 个。“双一流”建设从 2016 年开始实施，2020 年满第一个周期。2020 年 12 月，教育部、财政部、国家发改委印发《“双一流”建设成效评价办法（试行）》，提出成效评价是对高校及其学科建设实现大学功能、内涵发展及特色发展成效的多元多维评价，不计算总分、不发布排名，综合评价结果作为下一轮建设范围动态调整的主要依据。[⑤] 2020 年 7 月，教育部印发《关于进一步加强高等学校法治工作的意见》，要求高校要明确党政主要负责人推进

① 参见《教育部等六部门关于联合开展未成年人网络环境专项治理行动的通知》，2020 年 8 月 19 日。

② 参见教育部办公厅发布的《关于做好 2020 年全国儿童青少年近视防控试点县（市、区）和改革试验区遴选工作的通知》，2020 年 11 月 4 日；《教育部办公厅关于公布 2020 年全国儿童青少年近视防控试点县（市、区）和改革试验区遴选结果名单的通知》，2021 年 4 月 29 日。

③ 参见《教育部办公厅关于进一步加强面向中小学生的全国性竞赛活动管理工作的通知》，2020 年 7 月 20 日。

④ 参见教育部办公厅发布的《关于成立校外教育培训监管司的通知》，2021 年 6 月 9 日。

⑤ 参见《教育部 财政部 国家发展改革委关于印发〈“双一流”建设成效评价办法（试行）〉的通知》，2020 年 12 月 30 日。

法治工作第一责任人的职责，构建系统完备的学校规章制度体系，完善学校法人治理结构，健全师生权益保护救济机制，完善学校法律风险防控体系。[①] 2020 年 9 月，教育部办公厅印发通知，要求各直属高校于 2021 年 4 月底前完成本校“十四五”规划文本报审，并要求一般应于 2021 年 8 月底前审定通过“十四五”规划正式文本。[②] 为加强和改进高校党的建设，中共中央于 2021 年 4 月印发修订后的《中国共产党普通高等学校基层组织工作条例》。[③]

持续提升大学生培养质量。2020 年 11 月，教育部公布首批国家级一流本科课程认定结果，认定 5118 门课程为首批国家级一流本科课程。其中，线上一流课程 1875 门，虚拟仿真实验教学一流课程 728 门，线下一流课程 1463 门，线上线下混合式一流课程 868 门，社会实践一流课程 184 门。[④] 2020 年 12 月，教育部印发试行办法，要求每年进行一次本科毕业论文抽检，抽检对象为上一学年度授予学士学位的论文，抽检比例原则上应不低于 2%。[⑤] 2020 年 7 月，教育部成立首届全国高校美育教学指导委员会。[⑥]

积极推进学位立法，强化学位授予点评估。《中华人民共和国学位条例》自 2004 年实施以来已近 17 年，为完善我国学位法律制度，提升学位工作质量，教育部于 2021 年 3 月对外发布《中华人民共和国学位法草案（征求意见稿）》，并公开征求意见。[⑦] 2020 年 11 月，国务院学位委员会、教育部修订印发《学位授权点合格评估办法》，细化了对学位授予单

① 参见《教育部关于进一步加强高等学校法治工作的意见》，2020 年 7 月 15 日。

② 参见《教育部办公厅关于做好直属高校“十四五”规划编制工作的通知》，2020 年 9 月 1 日。

③ 参见中共中央印发修订后的《中国共产党普通高等学校基层组织工作条例》，2021 年 4 月 16 日。

④ 参见《教育部关于公布首批国家级一流本科课程认定结果的通知》，2020 年 11 月 26 日。

⑤ 参见《教育部印发〈本科毕业论文（设计）抽检办法（试行）〉》，2020 年 12 月 24 日。

⑥ 参见《教育部关于成立首届全国高校美育教学指导委员会的通知》，2020 年 7 月 29 日。

⑦ 参见《教育部关于〈中华人民共和国学位法草案（征求意见稿）〉公开征求意见的公告》，2021 年 3 月 15 日。

位自评阶段要求，强化学位授予单位质量保证主体责任。[①] 2020 年 11 月，国务院学位委员会、教育部印发《关于开展 2020～2025 年学位授权点周期性合格评估工作的通知》，将 2013 年以前（含 2013 年）获得授权的学位授权点以及 2013～2015 年获得授权且专项合格评估结果达到合格的学位授权点纳入评估范围。[②] 2020 年 11 月，国务院教育督导委员会办公室印发《全国专业学位水平评估实施方案》，对金融、应用统计等 30 个专业学位类别进行水平评估，要求各学位授予单位在 2015 年 12 月 31 日前获得上述专业学位授权，且通过专项评估或合格评估的专业学位授权点须参评。[③]

大力促进高校毕业生就业创业。为全面提升贫困家庭毕业生就业帮扶精准度和实效性，教育部办公厅、人力资源和社会保障部办公厅、国务院扶贫办综合司于 2020 年 7 月发布《关于做好 52 个未摘帽贫困县建档立卡贫困家庭高校毕业生就业精准帮扶工作的通知》，全力推动 5 项“促就业”重点任务落地落实。[④] 为建立健全高校与用人单位沟通协作机制，广泛汇聚社会各方力量共同促进高校毕业生就业创业，教育部办公厅于 2021 年 5 月印发通知，成立 2021～2025 年全国普通高校毕业生就业创业指导委员会，设置 19 个行业就指委和 7 个专家组，任期自 2021 年 5 月起至 2025 年 5 月止。[⑤] 另外，为加大对家庭经济困难学生的支持力度，教育部、财政部、中国人民银行、银保监会于 2020 年 7 月决定进一步减轻贷款学生经济负担，将助学贷款还本宽限期延长至 5 年，助学贷款期限调整为学制加 15 年，最长不超过

① 参见《国务院学位委员会　教育部关于修订印发〈学位授权点合格评估办法〉的通知》，2020 年 11 月 11 日。

② 参见《国务院学位委员会　教育部关于开展 2020～2025 年学位授权点周期性合格评估工作的通知》，2020 年 11 月 11 日。

③ 参见《国务院教育督导委员会办公室关于印发〈全国专业学位水平评估实施方案〉的通知》，2020 年 11 月 23 日。

④ 参见《教育部办公厅　人力资源社会保障部办公厅　国务院扶贫办综合司关于做好 52 个未摘帽贫困县建档立卡贫困家庭高校毕业生就业精准帮扶工作的通知》，2020 年 7 月 2 日。

⑤ 参见《教育部办公厅关于成立 2021～2025 年全国普通高校毕业生就业创业指导委员会的通知》，2021 年 5 月 13 日。

22 年。[①]

4. 关于职业教育学校改革发展

积极推进职业教育提质培优改革。2020 年 9 月，教育部等九部门印发《职业教育提质培优行动计划（2020～2023 年）》，标志着我国职业教育正在从“怎么看”转向“怎么干”的提质培优、增值赋能新时代。[②] 为落实这一计划，各省级教育行政部门组织申报拟承接的任务（项目）数量、承接单位和支持经费，教育部职业教育与成人教育司于 2021 年 1 月公布了有关任务（项目）承接情况。[③] 2020 年 7 月，教育部办公厅、工业和信息化部办公厅印发《现代产业学院建设指南（试行）》，提出经过 4 年左右时间，面向行业特色鲜明、与产业联系紧密的高校，建设一批现代产业学院。[④] 2020 年 8 月，教育部决定开展职业教育专业目录修（制）订工作，提出要一体化设计中职、高职专科、本科层次职业教育专业目录，构建定位清晰、纵向贯通、系统配套的职业教育专业目录体系。[⑤] 2021 年 1 月，教育部正式启动在职业院校设置本科专业的工作，对本科层次职业教育专业设置条件、要求、程序等做了具体规定，标志着职业本科教育终于从研究转向了全面实践。[⑥] 2020 年 8 月，教育部印发《国家开放大学综合改革方案》，要求经过 5 年左右时间，通过改革和优化开放教育办学体制机制，使国家开放大学成为我国终身教育的主要平台。[⑦] 为保障人才培养质量，教育部办公厅于 2021

① 参见《教育部　财政部　中国人民银行　银保监会关于调整完善国家助学贷款有关政策的通知》，2020 年 7 月 3 日。

② 参见《教育部等九部门关于印发〈职业教育提质培优行动计划（2020～2023 年）〉的通知》，2020 年 9 月 16 日。

③ 参见《教育部职业教育与成人教育司关于公布〈职业教育提质培优行动计划（2020～2023 年）〉任务（项目）承接情况的通知》，2021 年 1 月 5 日。

④ 参见《教育部办公厅　工业和信息化部办公厅关于印发〈现代产业学院建设指南（试行）〉的通知》，2020 年 7 月 30 日。

⑤ 参见《教育部办公厅关于做好职业教育专业目录修（制）订工作的通知》，2020 年 8 月 14 日。

⑥ 参见《教育部办公厅关于印发〈本科层次职业教育专业设置管理办法（试行）〉的通知》，2021 年 1 月 22 日。

⑦ 参见《教育部关于印发〈国家开放大学综合改革方案〉的通知》，2020 年 8 月 31 日。

年6月公布了高等职业学校32个专业实训教学条件建设标准。① 为有力实施中国特色高水平高职学校和专业建设计划，教育部、财政部于2020年12月印发了对这一计划的绩效管理暂行办法，并明确评价结果是完善相关政策、调整中央财政奖补资金、本周期验收以及下一周期遴选的重要依据。②

加大职业教育招生和保障力度。2021年6月，教育部办公厅等六部门发布《关于做好2021年高职扩招专项工作的通知》，要求在鼓励退役军人、农民工、下岗工人、高素质农民等人群和基层在岗群体报考的基础上，积极动员符合条件的灵活就业人员报考。③ 2020年7月，教育部公布了首批国家级职业教育教师教学创新团队课题研究项目立项结果，要求项目承担单位特别是牵头单位要制定时间表、路线图，定期开展交流、培训、研讨，扎实推进课题研究工作。④ 为不断提升中等职业学校学生资助精准化水平，教育部办公厅于2020年7月印发《中等职业学校学生资助工作指南》，明确要重点针对建档立卡家庭、低保家庭、特困救助供养家庭、孤儿、残疾家庭开展宣传。⑤

5. 关于思想政治、劳动和健康教育改革

持续深化新时代高校思政课改革创新。为进一步推动各地教育工作部门抓思政课建设主体责任落细落实，教育部于2020年11月提出“一省一策思政课”集体行动任务清单（2020～2022年），要求自2020年起每三年为一个周期，在省级层面总结凝练一批可复制可推广的先进经验和做法。⑥ 2021

---

① 参见《教育部办公厅关于公布〈高等职业学校电子信息工程技术专业实训教学条件建设标准〉等32项职业教育教学标准的通知》，2021年6月29日。

② 参见《教育部财政部关于印发〈中国特色高水平高职学校和专业建设计划绩效管理暂行办法〉的通知》，2020年12月21日。

③ 参见《教育部办公厅等六部门关于做好2021年高职扩招专项工作的通知》，2021年6月15日。

④ 参见《教育部关于公布首批国家级职业教育教师教学创新团队课题研究项目的通知》，2020年7月3日。

⑤ 参见《教育部办公厅关于印发〈中等职业学校学生资助工作指南〉的通知》，2020年7月15日。

⑥ 参见《教育部办公厅关于进一步做好“一省一策思政课”集体行动工作的通知》，2020年11月5日。

年 4 月，教育部办公厅印发文件，要求在大中小学思政课中开展以党史教育为重点的“四史”教育。[①]

逐步规范劳动教育和健康教育。2020 年 7 月，教育部印发《大中小学劳动教育指导纲要（试行）》，重点针对劳动教育是什么、教什么、怎么教等问题进行专业指导。[②] 为进一步加强对中小学和高校健康教育教学工作的指导，教育部于 2020 年 10 月决定成立首届全国中小学和高校健康教育教学指导委员会。[③]

6. 关于教师队伍建设

优化教师人才评价，规范使用人才称号。2020 年 10 月，中共中央、国务院印发《深化新时代教育评价改革总体方案》，要求改革教师评价，推进践行教书育人使命。[④] 为贯彻落实该文件精神，教育部于 2020 年 11 月印发文件，要求不将高层次人才等同于人才称号获得者，不把人才称号作为评价人才、配置学术资源的唯一依据，[⑤] 并于 2020 年 12 月印发文件，要求切实扭转当前高校哲学社会科学研究评价中存在的“唯论文”不良导向。[⑥]

明确教师职业能力标准，制定行为准则。为全面深化新时代教师队伍建设改革，教育部于 2020 年 9 月印发文件积极推进教育类研究生和公费师范生免试认定中小学教师资格改革，[⑦] 并于 2021 年 4 月研究制定了《中学教

---

① 参见《教育部办公厅关于在思政课中加强以党史教育为重点的“四史”教育的通知》，2021 年 4 月 16 日。

② 参见《教育部关于印发〈大中小学劳动教育指导纲要（试行）〉的通知》，2020 年 7 月 7 日。

③ 参见《教育部办公厅关于成立首届全国中小学和高校健康教育教学指导委员会的通知》，2020 年 10 月 30 日。

④ 参见《中共中央　国务院关于印发〈深化新时代教育评价改革总体方案〉的通知》，2020 年 10 月 13 日。

⑤ 参见《教育部印发〈关于正确认识和规范使用高校人才称号的若干意见〉的通知》，2020 年 11 月 30 日。

⑥ 参见《教育部印发〈关于破除高校哲学社会科学研究评价中“唯论文”不良导向的若干意见〉的通知》，2020 年 12 月 10 日。

⑦ 参见《教育部关于印发〈教育类研究生和公费师范生免试认定中小学教师资格改革实施方案〉的通知》，2020 年 9 月 4 日。

育专业师范生教师职业能力标准（试行）》等五个文件。[①] 2020 年 10 月，教育部印发《研究生导师指导行为准则》，要求对违反准则的导师，培养单位要依规采取约谈、限招、停招直至取消导师资格等处理措施。[②]

着力加强教师队伍建设。2020 年 12 月，教育部等六部门聚焦高校内涵式发展，要求新时代高校教师队伍建设必须遵循教育规律和教师成长发展规律，提高人才培养质量、增强科研创新能力、服务国家经济社会发展。[③] 在脱贫攻坚与乡村振兴有效衔接的大背景下，教育部等六部门于 2020 年 9 月印发《关于加强新时代乡村教师队伍建设的意见》，着力缓解乡村学校人才短缺问题，推动实现公平而有质量的乡村教育。2021 年 4 月，教育部等四部门印发意见，提出到 2025 年实现教育脱贫攻坚成果巩固拓展，城乡教育差距进一步缩小，乡村教育振兴和教育振兴乡村的良性循环基本形成。[④]

另外，为推进人工智能等新技术与教师队伍建设深度融合，教育部于 2021 年 4 月面向全国遴选一批地区和高校，开展第二批人工智能助推教师队伍建设试点。[⑤]

### （二）科研事业单位改革发展

从 2020 年 7 月至 2021 年 6 月，科研事业单位改革主要围绕如何更好地激发科研院所和科研人员创新创造活力。

加大对科技创新的支持激励力度。为奖励在科学技术进步活动中做出突出贡献的个人、组织，国务院总理李克强于 2020 年 10 月 7 日签署国务院令，公布修订后的《国家科学技术奖励条例》。新修订后的条例主要有三方

① 参见《教育部办公厅关于印发〈中学教育专业师范生教师职业能力标准（试行）〉等五个文件的通知》，2021 年 4 月 2 日。

② 参见《教育部关于印发〈研究生导师指导行为准则〉的通知》，2020 年 10 月 30 日。

③ 参见《教育部等六部门关于加强新时代高校教师队伍建设改革的指导意见》，2020 年 12 月 24 日。

④ 参见《教育部等四部门关于实现巩固拓展教育脱贫攻坚成果同乡村振兴有效衔接的意见》，2021 年 4 月 30 日。

⑤ 参见《教育部办公厅关于开展第二批人工智能助推教师队伍建设试点推荐遴选工作的通知》，2021 年 4 月 15 日。

面变化：一是科技奖励由“推荐制”调整为“提名制”；二是注重科技奖励诚信体系建设，在提名阶段即对有违反伦理道德或者存在科研不端等行为的个人或组织“一票否决”；三是强化荣誉性，回归奖励“初心”。① 为进一步激发女性科技人才创新活力，科技部等13个部门于2021年6月印发通知，要求坚持性别平等、机会平等，为女性科技人才成长进步、施展才华、发挥作用创造更好环境。②

提高科技计划的实施效果和财政资金使用效率。为加强中央财政科技计划管理，科技部、财政部、国家发改委于2020年6月制定了《中央财政科技计划（专项、基金等）绩效评估规范（试行）》，要求科技计划绩效评估根据计划（专项、基金等）特点及管理需求开展，原则上每5年开展一次全面评估，其间可以根据需要适时开展中期评估。③ 为推进科技创新能力建设，规范和加强中央级科学事业单位改善科研条件专项资金管理，财政部于2021年6月印发管理办法，要求主管部门每5年对专项资金整体实施效果开展一次部门评价。财政部根据需要开展财政评价。绩效评价结果作为完善政策、改进管理、预算安排的重要依据。

规范科学技术研究档案管理。为有效保护和利用科研档案，国家档案局和科学技术部于2020年9月印发《科学技术研究档案管理规定》，要求各单位应当建立健全科研档案工作规章制度，给予人员、库房、设备、经费等多方面保障，确保科研档案完整、准确、可用、安全。④

着力加强科研作风学风建设。为规范科学技术活动违规行为处理，营造风清气正的良好科研氛围，科学技术部制定《科学技术活动违规行为处理

① 参见《国家科学技术奖励条例》，中华人民共和国国务院令第731号，2020年10月7日。

② 参见《科技部等十三部门印发〈关于支持女性科技人才在科技创新中发挥更大作用的若干措施〉的通知》，2021年6月17日。

③ 参见《科技部　财政部　发展改革委关于印发〈中央财政科技计划（专项、基金等）绩效评估规范（试行）〉的通知》，2020年6月19日。

④ 参见《科学技术研究档案管理规定》，国家档案局、中华人民共和国科学技术部令〔2020〕第15号，2020年9月11日。

暂行规定》，并自 2020 年 9 月 1 日起施行。[①] 2020 年 7 月，科技部、自然科学基金委印发通知，要求各有关单位在承担国家科技计划（专项、基金等）任务时要将科研作风学风和科研诚信建设工作摆上重要日程，对重大科研作风学风和科研诚信问题的调查处理情况及结果需按要求报送所在地省级科技行政管理部门。[②] 2020 年 12 月，科技部印发试行规定，要求参与科学技术活动评审工作的单位和个人要自觉抵制请托行为，主动接受有关方面的监督，并明确将探听尚未公布的评审专家信息、评审结果等和未经公开的评审信息；为获得有利的评审结果进行游说、说情等；投感情票、单位票、利益票等，搞“人情评审”；为他人的请托行为提供帮助、协助或其他便利；以“打招呼”“走关系”或其他方式干扰评审工作、影响评审结果、破坏评审秩序的请托行为等 5 种行为作为请托予以处理。[③] 为防止科研单位在岁末年初或临近结题验收时出现“突击花钱”现象，科技部办公厅于 2021 年 3 月印发文件，要求坚决遏制国家重点研发计划项目（课题）“突击花钱”中“四风”问题。[④]

## （三）文化事业单位改革

从 2020 年 7 月至 2021 年 6 月，文化事业单位主要侧重于规划未来发展，并注重文化人才培养，推动公共文化服务高质量发展。

全面规划文化事业未来发展。2021 年 4 月，文化和旅游部印发《“十四五”文化和旅游科技创新规划》，要求研究图书馆、文化馆、博物馆、美术馆、非遗保护中心、游客服务（集散）中心等公共服务设施数字化改造和集成构建技术，研制一站式文化和旅游公共服务技术装备和智慧系统。[⑤]

---

① 参见《科学技术活动违规行为处理暂行规定》，科学技术部令第 19 号，2020 年 7 月 17 日。

② 参见《科技部　自然科学基金委关于进一步压实国家科技计划（专项、基金等）任务承担单位科研作风学风和科研诚信主体责任的通知》，2020 年 7 月 17 日。

③ 参见《科技部关于印发〈科学技术活动评审工作中请托行为处理规定（试行）〉的通知》，2020 年 12 月 23 日。

④ 参见《科技部办公厅关于坚决遏制国家重点研发计划项目（课题）“突击花钱”中“四风”问题的通知》，2021 年 3 月 8 日。

⑤ 参见《文化和旅游部关于印发〈“十四五”文化和旅游科技创新规划〉的通知》，2021 年 4 月 26 日。

2021 年 5 月，为推动文化产业高质量发展，文化和旅游部印发《“十四五”文化产业发展规划》，要求促进文化产业与实体经济深度融合，为国民经济和社会发展注入文化活力。[①] 2021 年 5 月，文化和旅游部印发《“十四五”文化和旅游市场发展规划》，要求进一步破除制约文化和旅游市场发展的体制机制障碍，着力解决高质量发展中的突出矛盾和问题。[②] 2021 年 5 月，文化和旅游部印发《“十四五”非物质文化遗产保护规划》，要求推动各级党委和政府依法明确非遗管理职能部门，统筹使用编制资源，使非遗保护工作力量与其承担的职责和任务相适应。[③] 2021 年 6 月，文化和旅游部印发《“十四五”公共文化服务体系建设规划》，提出了“十四五”时期高质量建设公共文化服务体系的四大具体目标，即公共文化服务布局更加均衡、公共文化服务水平显著提升、公共文化服务供给方式更加多元、公共文化数字化网络化智能化发展取得新进展。[④]

深化“放管服”改革，推动公共文化事业单位高质量发展。2020 年 9 月，文化和旅游部印发文件，要求深化“放管服”改革促进演出市场繁荣发展，文艺表演团体应当以演出为中心环节，努力创作生产更多优秀演出剧（节）目；演员应自觉提升道德品质修养，讲品位，重艺德。[⑤] 2021 年 3 月，文化和旅游部等三部门印发《关于推动公共文化服务高质量发展的意见》，提出要推动公共图书馆、文化馆拓展阵地服务功能，鼓励有条件的公共图书馆、文化馆提炼开发文化 IP，加强文创产品体系建设。[⑥] 2021 年 5 月，中央

---

① 参见《文化和旅游部关于印发〈“十四五”文化产业发展规划〉的通知》，2021 年 5 月 6 日。

② 参见《文化和旅游部关于印发〈“十四五”文化和旅游市场发展规划〉的通知》，2021 年 5 月 17 日。

③ 参见《文化和旅游部关于印发〈“十四五”非物质文化遗产保护规划〉的通知》，2021 年 5 月 25 日。

④ 参见《文化和旅游部关于印发〈“十四五”公共文化服务体系建设规划〉的通知》，2020 年 6 月 10 日。

⑤ 参见《文化和旅游部关于深化“放管服”改革促进演出市场繁荣发展的通知》，2020 年 9 月 14 日。

⑥ 参见《文化和旅游部　国家发展改革委　财政部关于推动公共文化服务高质量发展的意见》，2021 年 3 月 8 日。

宣传部等九部门印发《关于推进博物馆改革发展的指导意见》，要求深化博物馆领域“放管服”改革，探索管办分离，赋予博物馆更大的自主权。[①]2021年6月，中共中央办公厅、国务院办公厅要求深化国有文艺院团改革，指出已明确保留事业单位性质的国有文艺院团，要突出和强化公益属性，进一步增强活力。[②]

着力加强文化事业人才队伍建设。2021年4月，文化和旅游部提出将在“十四五”时期实施全国戏曲表演领军人才培养计划，以加强戏曲表演人才队伍建设，培育推出一批中青年戏曲表演领军人才。[③] 2021年4月，文化和旅游部提出实施文化艺术职业教育和旅游职业教育提质培优行动计划，充分发挥文化和旅游部参与共建院校的人才培养优势，引导文化艺术职业教育和旅游职业教育进一步面向行业产业需要培养人才。[④] 为适应新形势下文化事业、文化产业和旅游业发展需要，文化和旅游部于2021年4月制定《2021年全国基层文化和旅游公共服务队伍培训工作计划》，重点加强对县级图书馆和文化馆馆长、乡镇文化站站长及少数民族地区基层队伍等重点人群的精准施训。[⑤]

### （四）卫生事业单位改革

从2020年7月至2021年6月，以实施健康中国行动和深化医药卫生体制改革为重点，我国对卫生事业单位进行多方面的改革。

---

① 参见《中央宣传部　国家发展改革委　教育部　科技部　民政部　财政部　人力资源社会保障部　文化和旅游部　国家文物局印发〈关于推进博物馆改革发展的指导意见〉的通知》，2021年5月11日。

② 参见中共中央办公厅、国务院办公厅印发的《关于深化国有文艺院团改革的意见》，2021年6月7日。

③ 参见《文化和旅游部办公厅关于实施全国戏曲表演领军人才培养计划的通知》，2021年4月2日。

④ 参见《文化和旅游部办公厅关于实施文化艺术职业教育和旅游职业教育提质培优行动计划的通知》，2021年4月14日。

⑤ 参见《文化和旅游部办公厅关于印发〈2021年全国基层文化和旅游公共服务队伍培训工作计划〉的通知》，2021年4月20日。

积极谋划和深化医药卫生体制改革。2020 年 7 月，国务院办公厅印发 2020 年下半年深化医改重点工作任务的通知，要求统筹推进深化医改与新冠肺炎疫情防治相关工作，深化三医联动改革。[①] 2021 年 2 月，国务院医改领导小组秘书处印发《关于认定福建省三明市为全国深化医药卫生体制改革经验推广基地的函》，要求各地认真学习福建省和三明市的改革勇气和担当精神，推动医改走深走实、再上新台阶。[②] 2021 年 6 月，为进一步规范基地建设和管理，国务院医改领导小组秘书处制定了《全国深化医药卫生体制改革经验推广基地管理办法（试行）》。[③] 2021 年 5 月，国务院办公厅印发 2021 年深化医改重点工作任务的通知，要求进一步推广三明市医改经验。[④]

深入实施健康中国行动。2021 年 3 月，健康中国行动推进委员会印发了《健康中国行动 2019 ~ 2020 年试考核实施方案》的通知，明确主要围绕健康中国建设目标任务，考核各地健康中国行动年度工作任务落实情况和指标进展情况。[⑤] 2021 年 4 月，健康中国行动推进委员会办公室印发《健康中国行动 2021 年工作要点》的通知，明确 2021 年要研究制定 14 个文件，重点推动落实 21 项工作，并组织开展 19 项活动。[⑥] 2021 年 2 月，国家卫生健康委等 13 个部门联合制定《关于巩固拓展健康扶贫成果同乡村振兴有效衔接的实施意见》，要求到 2025 年，农村低收入人口基本医疗卫生保障水平明显提升，脱贫地区县、乡、村三级医疗卫生服务体系进一步完善，健康乡村

① 参见《国务院办公厅关于印发深化医药卫生体制改革 2020 年下半年重点工作任务的通知》，2020 年 7 月 16 日。

② 参见《国务院医改领导小组秘书处关于认定福建省三明市为全国深化医药卫生体制改革经验推广基地的函》，2021 年 2 月 9 日。

③ 参见《国务院医改领导小组秘书处关于印发〈全国深化医药卫生体制改革经验推广基地管理办法（试行）〉的通知》，2021 年 6 月 25 日。

④ 参见《国务院办公厅关于印发深化医药卫生体制改革 2021 年重点工作任务的通知》，2021 年 5 月 24 日。

⑤ 参见《健康中国行动推进委员会关于印发健康中国行动 2019 ~ 2020 年试考核实施方案的通知》，2021 年 3 月 18 日。

⑥ 参见《健康中国行动推进委员会办公室关于印发健康中国行动 2021 年工作要点的通知》，2021 年 4 月 2 日。

建设取得明显成效。[①]

强化疾病预防控制体系建设。2020 年 9 月，习近平总书记发表重要文章《构建起强大的公共卫生体系，为维护人民健康提供有力保障》，提出要建立稳定的公共卫生事业投入机制、优化完善疾病预防控制机构职能设置等七条措施。[②] 2021 年 4 月 28 日，国务院任命国家卫生健康委副主任王贺胜为国家疾病预防控制局局长。2021 年 5 月 13 日，国家疾病预防控制局作为隶属国家卫生健康委管理的副部级机构正式挂牌成立。2020 年 12 月，为促进和规范全国公共卫生信息化建设与应用，国家卫生健康委、国家中医药管理局联合制定了相关标准。[③]

强化职业卫生技术服务机构管理。2020 年 12 月，国家卫生健康委第 2 次委务会议审议通过《职业卫生技术服务机构管理办法》，该办法对职业卫生技术服务机构资质认可、技术服务、监督管理、法律责任等作出明确规定，自 2021 年 2 月 1 日起施行。[④] 2021 年 1 月，国家卫生健康委办公厅发文要求各地按照上述文件的内容，及时清理、修订、废止现行职业卫生技术服务机构管理相关规范性文件。[⑤] 2020 年 10 月，国家卫生健康委办公厅印发文件明确取消职业卫生技术服务机构丙级资质认可，整合至职业卫生技术服务机构乙级资质认可，并要求省级卫生健康行政部门研究提出本地区职业卫生技术服务丙级机构换领乙级机构资质证书工作安排。[⑥] 2020 年 12 月，国家卫生健康委制定《职业卫生技术服务机构甲级资质认可程序（征求意

① 参见国家卫生健康委等 13 部门《关于印发巩固拓展健康扶贫成果同乡村振兴有效衔接实施意见的通知》，2021 年 2 月 1 日。

② 习近平：《构建起强大的公共卫生体系，为维护人民健康提供有力保障》，《求是》2020 年第 18 期。

③ 参见《国家卫生健康委办公厅　国家中医药局办公室关于印发全国公共卫生信息化建设标准与规范（试行）的通知》，2020 年 12 月 1 日。

④ 参见《职业卫生技术服务机构管理办法》，中华人民共和国国家卫生健康委员会令第 4 号，2020 年 12 月 31 日。

⑤ 参见《国家卫生健康委办公厅关于贯彻落实职业卫生技术服务机构管理办法的通知》，2021 年 1 月 20 日。

⑥ 参见《国家卫生健康委办公厅关于做好职业卫生技术服务机构丙级资质认可改革有关事项的通知》，2020 年 10 月 13 日。

见稿）》《职业卫生技术服务机构资质认可技术评审准则（征求意见稿）》两个文件，并向社会公开征求意见。① 2020年8月，国家卫生健康委印发《用人单位职业卫生监督执法工作规范》，要求职业卫生监督执法工作以“双随机、一公开”监管为基本手段，推行基于风险的分类分级监督执法模式。②

深入推进公立医院高质量发展。2021年5月，国务院办公厅印发文件，要求建立健全现代医院管理制度，力争通过5年努力从规模扩张转向提质增效、从粗放管理转向精细化管理、从注重物质要素转向更加注重人才技术要素，实现公立医院高质量发展。③ 2021年6月，国务院医改领导小组秘书处、国家卫生健康委、财政部、国家中医药管理局联合发文，决定将天津市等17个城市确定为公立医院综合改革第二批国家级示范城市，并要求示范城市发挥典型引路作用，推动公立医院综合改革向纵深发展。④ 2021年6月，国家卫生健康委办公厅和国家中医药局印发通知，要求加快推进社区医院建设，进一步完善基层医疗卫生服务体系。⑤ 2021年4月，住房和城乡建设部、国家发展改革委批准了《综合医院建设标准》（建标110－2021），⑥ 国家卫生健康委办公厅于2021年6月印发通知要求各地学习宣传贯彻这一标准。⑦ 2020年12月，国家卫生健康委等八部门联合印发文件，要求医疗机构建立大型医用设备检查适宜性点评制度，并提出要开展为期一年的不合

① 参见《关于职业卫生技术服务机构资质认可有关文件公开征求意见的公告》，2020年12月8日。

② 参见《国家卫生健康委关于印发用人单位职业卫生监督执法工作规范的通知》，2020年8月31日。

③ 参见《国务院办公厅关于推动公立医院高质量发展的意见》，2021年5月14日。

④ 参见《国务院医改领导小组秘书处　国家卫生健康委　财政部　国家中医药管理局关于确定公立医院综合改革第二批国家级示范城市的通知》，2021年6月9日。

⑤ 参见《国家卫生健康委办公厅　国家中医药局办公室关于加快推进社区医院建设的通知》，2021年6月8日。

⑥ 参见《住房和城乡建设部　国家发展改革委关于批准发布综合医院建设标准的通知》，2021年4月20日。

⑦ 参见《国家卫生健康委办公厅关于学习宣传贯彻〈综合医院建设标准〉的通知》，2021年6月1日。

理医疗检查专项治理行动。[①] 2021 年 6 月，国家卫生健康委等三部门印发文件，鼓励三级综合医院支持中医临床科室推动中西医协同有关工作。[②] 2021 年 6 月，国家卫生健康委等八部门印发意见，要求以社会需求为导向，提高康复医疗服务能力。[③]

加快推进国家医学中心和国家区域医疗中心设置。2020 年 7 月，国家卫生健康委决定分别以中日友好医院为主体设置国家呼吸医学中心、以广州医科大学附属第一医院为主体设置国家呼吸医学中心（广东），共同构成国家呼吸医学中心。[④] 2020 年 8 月，国家卫生健康委决定以中国医科大学附属盛京医院等为主体设置 5 个国家儿童区域医疗中心。[⑤] 2021 年 4 月，国家卫生健康委决定以复旦大学附属华山医院为依托设置国家传染病医学中心，以首都医科大学附属北京地坛医院为依托设置国家传染病医学中心（北京），共同构成国家传染病医学中心。[⑥] 2021 年 6 月，国家卫生健康委决定增加浙江大学医学院附属第一医院为国家传染病医学中心。[⑦]

逐步实现医疗联合体网格化布局管理。为规范医联体建设与管理，完善医联体运行管理机制，国家卫生健康委、国家中医药管理局于 2020 年 7 月制定管理办法，要求引导优质医疗资源下沉，助力构建分级诊疗制度，推动医疗卫生机构发展方式由以治病为中心向以健康为中心转变。[⑧] 为进一步提升县域和基层医疗卫生服务能力，国家卫生健康委等三部门于 2020 年 8 月印发通知，聚焦县域医共体建设重点领域和关键环节，定期监测县域政策落实情况和县

① 参见国家卫生健康委等八部门《关于进一步规范医疗行为促进合理医疗检查的指导意见》，2020 年 12 月 29 日。

② 参见国家卫生健康委、国家中医药局、中央军委后勤保障部卫生局《关于进一步加强综合医院中医药工作推动中西医协同发展的意见》，2021 年 6 月 10 日。

③ 参见国家卫生健康委、国家发改委、教育部、民政部、财政部、国家医保局、国家中医药局、中国残联《关于印发加快推进康复医疗工作发展意见的通知》，2021 年 6 月 8 日。

④ 参见《国家卫生健康委关于设置国家呼吸医学中心的通知》，2020 年 7 月 7 日。

⑤ 参见《国家卫生健康委关于设置国家儿童区域医疗中心的通知》，2020 年 8 月 31 日。

⑥ 参见《国家卫生健康委关于设置国家传染病医学中心的通知》，2021 年 4 月 13 日。

⑦ 参见《国家卫生健康委关于完善国家传染病医学中心设置的通知》，2021 年 6 月 11 日。

⑧ 参见《关于印发医疗联合体管理办法（试行）的通知》，2020 年 7 月 9 日。

域医共体建设成效。[①] 2021 年 6 月，国家卫生健康委办公厅决定成立推进分级诊疗与医疗联合体建设工作专家组，以开展相关评估和督促落实等工作。[②]

积极推进医疗卫生机构绩效评价。2021 年 3 月，国家卫生健康委办公厅通报了 2019 年度全国三级公立医院绩效考核有关情况，[③] 这是自 2019 年 1 月全国三级公立医院绩效考核工作启动以来的第二次考核结果。[④] 2020 年 7 月，国家卫生健康委办公厅提出 2021 年要在全国全面启动妇幼保健机构绩效考核工作，按照属地化管理原则，将各级妇幼保健机构全部纳入绩效考核范围。[⑤] 2020 年 8 月，国家卫生健康委和国家中医药管理局联合印发文件，要求加强基层医疗卫生机构绩效考核，并提出基层医疗卫生机构绩效考核指标体系。[⑥] 2020 年 12 月，国家卫生健康委组织修订并印发了《三级医院评审标准（2020 年版）》。[⑦] 2021 年 3 月，国家卫生健康委办公厅还印发了《医院智慧管理分级评估标准体系（试行）》。[⑧]

强化医疗卫生人才队伍建设。2021 年 4 月，国家卫生健康委、人力资源和社会保障部、财政部联合印发文件，要求切实保障医务人员权益，建立保护关心爱护医务人员的长效机制，推动全社会尊医重卫。[⑨] 2020 年 9 月，

---

① 参见《国家卫生健康委办公厅　国家医保局办公室　国家中医药局办公室关于印发紧密型县域医疗卫生共同体建设评判标准和监测指标体系（试行）的通知》，2020 年 8 月 31 日。

② 参见《国家卫生健康委办公厅关于成立推进分级诊疗与医疗联合体建设工作专家组的通知》，2021 年 6 月 1 日。

③ 参见《国家卫生健康委办公厅关于 2019 年度全国三级公立医院绩效考核国家监测分析有关情况的通报》，2021 年 3 月 19 日。

④ 参见《国务院办公厅关于加强三级公立医院绩效考核工作的意见》，2019 年 1 月 16 日。

⑤ 参见《国家卫生健康委办公厅关于印发妇幼保健机构绩效考核办法的通知》，2020 年 7 月 10 日。

⑥ 参见《国家卫生健康委　国家中医药管理局关于加强基层医疗卫生机构绩效考核的指导意见（试行）》，2020 年 8 月 13 日。

⑦ 参见《国家卫生健康委关于印发三级医院评审标准（2020 年版）的通知》，2020 年 12 月 21 日。

⑧ 参见《国家卫生健康委办公厅关于印发医院智慧管理分级评估标准体系（试行）的通知》，2021 年 3 月 15 日。

⑨ 参见《国家卫生健康委　人力资源社会保障部　财政部关于建立保护关心爱护医务人员长效机制的指导意见》，2021 年 4 月 13 日。

国家卫生健康委办公厅提出要建立一支政治素养过硬、专业基础扎实、业务素质优良、队伍结构合理的卫生健康经济管理队伍。[①] 2021 年 5 月，教育部明确 2021 年中央财政支持高等医学院校为中西部乡镇卫生院培养订单定向免费五年制本科医学生共计 6499 人。[②] 2021 年 1 月，国家卫生健康委等三部门印发修订后的《医学科研诚信和相关行为规范》，要求医学科研人员应当遵循科研伦理准则和学术规范，自觉抵制科研不端行为。[③]

## 三　积极推进事业单位人事制度改革

从 2020 年 7 月至 2021 年 6 月，聚焦于建立适应行业特点人事薪酬制度以及管理岗位职员等级晋升制度等方面，符合分类推进事业单位改革要求的人事管理制度有了新的突破性成果。

### （一）谋划“十四五”事业单位人事制度改革

2021 年 6 月，人力资源和社会保障部印发《人力资源和社会保障事业发展“十四五”规划》，提出要建立健全符合分类推进事业单位改革要求的人事管理制度，推进建立人事管理权责清单。[④] 这对未来五年事业单位人事制度改革提出了明确要求。2021 年 2 月，中共中央办公厅、国务院办公厅印发文件，要求加快培养乡村公共服务人才，并对乡村教师、乡村卫生健康人才以及乡村文化旅游体育人才等队伍建设提出具体要求。[⑤]

---

① 参见《国家卫生健康委办公厅关于印发卫生健康经济管理队伍建设方案（2021 ~ 2025 年）的通知》，2020 年 9 月 29 日。

② 参见《教育部办公厅关于做好 2021 年中央财政支持中西部农村订单定向免费本科医学生招生培养工作的通知》，2021 年 5 月 25 日。

③ 参见国家卫生健康委、科技部、国家中医药管理局《关于印发医学科研诚信和相关行为规范的通知》，2021 年 1 月 27 日。

④ 参见《人力资源社会保障部关于印发人力资源和社会保障事业发展“十四五”规划的通知》，2021 年 6 月 29 日。

⑤ 参见《中共中央办公厅　国务院办公厅印发〈关于加快推进乡村人才振兴的意见〉的通知》，2021 年 2 月 23 日。

## （二）推进事业单位人事管理“一件事”服务

事业单位人员职业生涯全周期管理“一件事”改革是由浙江省率先探索开展的。2020年4月以来，浙江省通过将事业单位人员人事工资变动后，涉及的出入编、养老保险、医疗保险、工伤保险、失业保险、公积金、社保卡等后续经办业务整合成“一件事”联动办理，实现“一张表单申请、一个平台联办、一次不跑办成”，力争做到“办事环节最少、申报材料最简、办理时限最短”。2021年2月，在认真总结浙江省改革经验的基础上，人力资源和社会保障部决定在全系统推进事业单位人事管理“一件事”服务，要求2021年在黑龙江、江苏、江西、山东、河南、广东、贵州、陕西等8个省份开展“一件事”服务全流程试点探索，其他省份结合实际推进。①

## （三）着力建立县以下事业单位管理岗位职员等级晋升制度

管理岗位职员等级晋升制度是事业单位呼声极大的一项制度。县以下事业单位管理岗位职员等级晋升制度于2019~2020年在全国10个区县进行了试点。2021年2月，中央深改委第18次会议审议通过《关于县以下事业单位建立管理岗位职员等级晋升制度的意见》，要求在县以下全面推行职员等级晋升制度，拓展管理岗位人员职业发展空间。

## （四）改革完善事业单位工资制度

“十四五”规划明确提出，要改革完善体现岗位绩效和分级分类管理的事业单位薪酬制度。② 公立医院薪酬制度改革是落实党的十八届三中全会关于建立符合医疗卫生行业特点人事薪酬制度要求的一项重要举措。这项改革

① 参见《人力资源社会保障部办公厅关于落实“人社服务快办行动”推进事业单位人事管理“一件事”服务的通知》，2021年2月24日。

② 参见《中华人民共和国国民经济和社会发展第十四个五年规划和2035年远景目标纲要》，2021年3月11日第十三届全国人民代表大会第四次会议通过。

自2017年开始试点。2021年5月，国务院办公厅印发了2021年医改重点工作任务，要求合理确定、动态调整公立医院薪酬水平，允许医院自主设立薪酬项目，鼓励对主要负责人实行年薪制。[①] 2021年6月，国务院常务会议通过深化公立医院薪酬制度改革的措施，要求落实“两个允许”，完善公立医院薪酬水平决定机制，落实公立医院内部分配自主权。2021年2月，人力资源和社会保障部等三部门印发文件，明确职务科技成果转化现金奖励，计入所在单位绩效工资总量，但不受核定的绩效工资总量限制。由当地科技主管部门认定登记为技术开发、技术咨询、技术服务合同的，可按此规定执行。[②]

### （五）在全国事业单位集中开展脱贫攻坚专项奖励工作

为激励事业单位工作人员在脱贫攻坚工作中不忘初心、牢记使命、干事创业、担当作为，人力资源和社会保障部于2020年7月印发《关于在全国事业单位集中开展脱贫攻坚专项奖励工作的通知》，主要奖励表现突出、成绩显著的事业单位工作人员和集体，重点向基层一线倾斜。[③] 截至2020年12月中旬，各地区已评选出记大功个人226名、记大功集体144个。[④]

### （六）全面实施职称制度改革

为贯彻落实中共中央办公厅、国务院办公厅印发的《关于深化职称制度改革的意见》精神，2020年7月至2021年6月，人力资源和社会保障部会同有关部门出台了多个不同专业系列职称制度改革文件。具体包括：艺术

① 参见《国务院办公厅关于印发深化医药卫生体制改革2021年重点工作任务的通知》，2021年5月24日。

② 参见《人力资源社会保障部　财政部　科技部关于事业单位科研人员职务科技成果转化现金奖励纳入绩效工资管理有关问题的通知》，2021年2月8日。

③ 参见《人力资源社会保障部办公厅关于在全国事业单位集中开展脱贫攻坚专项奖励工作的通知》，2020年7月27日。

④ 参见《全国事业单位集中开展脱贫攻坚专项奖励》，载于人力资源和社会保障部网站。

专业[①]、体育专业[②]、审计专业[③]、高等学校教师[④]、播音主持专业[⑤]、出版专业[⑥]、工艺美术专业[⑦]、卫生专业[⑧]等系列人员职称制度。

## 四 总结与展望

总结来看，2020~2021年是事业单位改革试点探索的关键时期，是各行各业事业单位继续深化改革的重要时期，一年来事业单位改革得到了扎实推进。当前，我国正处在开启全面建设社会主义现代化国家、向第二个百年奋斗目标进军的新发展阶段，事业单位面临的政治、经济、社会等方面形势都发生了深刻的变化，对深化事业单位改革提出了新目标、新要求。展望未来，我国事业单位改革可能呈现以下趋势。

第一，推动经济社会高质量发展对事业单位改革提出新要求，激发创新活力将更加成为事业单位改革的主旋律。党的十九届五中全会提出，“十四五”时期经济社会发展要以推动高质量发展为主题。高质量发展根本在于经济的活力、创新力和竞争力。事业单位改革要有利于推动事业单位创新创造、促进事业单位高质量发展，使事业单位更好地发挥促进社会生产力发展

① 参见《人力资源社会保障部　文化和旅游部关于深化艺术专业人员职称制度改革的指导意见》，2020年9月10日。

② 参见《人力资源社会保障部　体育总局关于深化体育专业人员职称制度改革的指导意见》，2020年10月19日。

③ 参见《人力资源社会保障部　审计署关于深化审计专业人员职称制度改革的指导意见》，2020年11月4日。

④ 参见《人力资源社会保障部　教育部关于深化高等学校教师职称制度改革的指导意见》，2020年12月31日。

⑤ 参见《人力资源社会保障部　国家广播电视总局关于深化播音主持专业人员职称制度改革的指导意见》，2021年1月14日。

⑥ 参见《人力资源社会保障部　国家新闻出版署关于深化出版专业技术人员职称制度改革的指导意见》，2021年1月28日。

⑦ 参见《人力资源社会保障部　工业和信息化部关于深化工艺美术专业人员职称制度改革的指导意见》，2021年2月7日。

⑧ 参见《人力资源社会保障部　国家卫生健康委　国家中医药局关于深化卫生专业技术人员职称制度改革的指导意见》，2021年6月30日。

的生力军作用。

第二，适应国家战略要求，基于新的逻辑对事业单位进行分类可能成为深化事业单位改革的可行路径。“十四五”规划和2035年远景目标规划提出我国要深入实施科教兴国战略、人才强国战略、创新驱动发展战略，全面实施乡村振兴战略，建成文化强国、教育强国、人才强国、体育强国、健康中国。事业单位改革，要响应不同国家战略对该行业改革发展的新要求，要充分体现事业单位行业特点，基于新的分类逻辑不断推进。

第三，落实中央人才工作会议精神，改革要向事业单位充分授权，发挥事业单位积极作用。习近平总书记在中央人才工作会议上强调，要根据需要和实际向用人主体充分授权，发挥用人主体在人才培养、引进、使用中的积极作用。事业单位改革，要落实“放管服”改革要求，着力破除各种体制机制障碍，向事业单位充分授权，发挥事业单位积极作用。

# 改革发展篇

Reform and Development Reports

## B.2

## 教育事业单位改革的回顾与展望（2020～2021）

程　名*

摘　要：为促进教育高质量发展、建设教育强国，中国教育事业单位的改革在2020～2021年度继续深入，既涵盖高等教育、基础教育、职业教育与成人教育等主要教育层次，又突出综合改革、教育督导、教师队伍建设等工作要点。各项教育政策的制定和实施在全面贯彻党的教育方针、服务乡村振兴战略的同时，更进一步把握教育导向、丰富教育内涵、保障教育质量、促进教育公平，从而有力地回应社会各界有关教育的急难愁盼问题，推动教育事业的持续创新和突破。

关键词：事业单位　教育改革　教育政策

* 程名，博士，国家开放大学政法教学部讲师，主要研究方向为政府改革、公共治理。

随着全面深化改革的不断推进，我国教育事业单位的改革以党的十九届五中全会精神为指导，自2020年起进入促动高质量发展、建设教育强国的新阶段。为落实立德树人根本任务，各级各地教育部门认识到教育事业培优提质的必要性和紧迫性，坚持系统观念并出台了一系列政策，通过不断优化体制机制的具体环节，激发教育工作者的育人情怀和专业素养，从而切实提高人民群众的教育获得感。① 中央政府在2020～2021年度共发布了132项教育政策，内容既涵盖高等教育、基础教育、职业教育与成人教育等主要教育层次，又突出综合改革、教育督导、教师队伍建设等工作要点，在全面贯彻党的教育方针、服务乡村振兴战略的同时，有力回应社会各界有关教育的急难愁盼问题。② 其中，《未成年人学校保护规定》（以下简称《保护规定》）与《中小学教育惩戒规则（试行）》（以下简称《惩戒规则》）以教育部令的形式颁布施行。具体地说，《保护规定》面向普通中小学、中等职业学校的未成年学生部署了一系列保护措施，重点围绕“谁来保护”“保护什么”“如何保护”等问题，明确了学校保护职责、专项保护制度、学校管理要求、保护工作机制和支持监督措施。而围绕这两类学校及其教师在教育教学和管理过程中对学生实施教育惩戒的具体要求，《惩戒规则》第一次以部门规章的形式做出系统规定，并首次对“教育惩戒”的概念进行了定义，明确确有必要的可实施教育惩戒。此外，《惩戒规则》还对教育惩戒的属性、适用范围以及实施的规则、程序、措施、要求等做出了具体规范，全方位地将教育惩戒纳入法治轨道。这充分体现了党和政府规范学校管理的决心，以及对学校教育中未成年人保护的重视，有利于更好地推动学校全面贯彻落实党的教育方针和立德树人根本任务。此外，还有七项部门规章因明显不适应经济社会发展和教育改革需要而废止，涉及中小学德

① 参见《教育部2021年工作要点》，中华人民共和国教育部官方网站，http：//www.moe.gov.cn/jyb_sjzl/moe_164/202102/t20210203_512419.html。

② 参见2020年、2021年《教育部公报》，统计周期为2020年7月1日至2021年6月30日，中华人民共和国教育部官方网站，http：//www.moe.gov.cn/jyb_xxgk/gk_gbgg/moe_0/gb_2021/。

育工作、教材编写、普通高校管理、成人教育改革、社会力量办学等多个方面。①

如图 1 所示，半数以上 2020 年制定的政策聚焦于教育体系综合改革和高等教育改革这两个领域，对新时代学校美育、体育、劳动教育、安全教育、教育评价、思想政治理论课建设等议题进行了针对性的改革，以此促进青少年身心健康成长、教育资源不断优化，并推动教育事业的创新发展。尤为瞩目的是，中央深改组于 2021 年 5 月 21 日通过《关于进一步减轻义务教育阶段学生作业负担和校外培训负担的意见》（以下简称《意见》），着眼于建设高质量教育体系，强化学校育人主体地位并深化校外培训机构治理，采取源头治理、系统治理、综合治理、依法治理等措施，减轻学生过重的作业负担，进一步提升课后服务水平。以《意见》为指导，教育部经中央批准

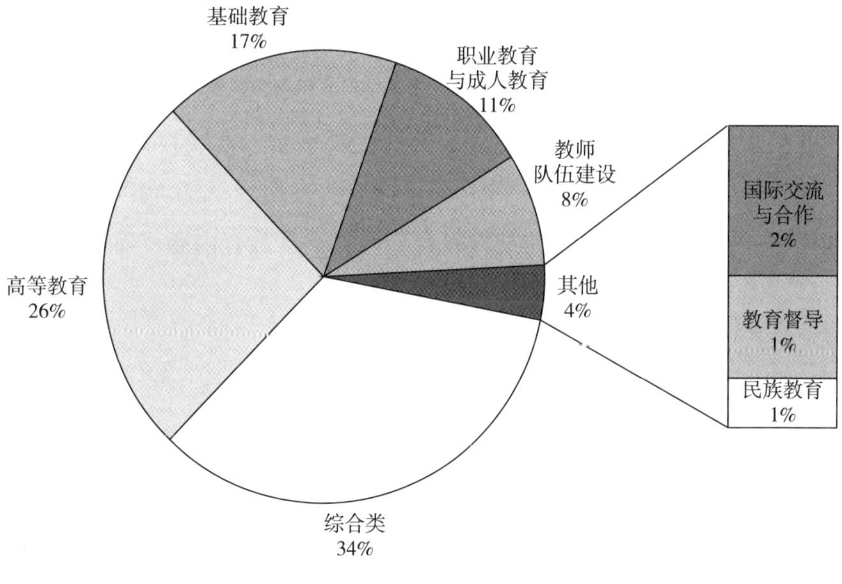


**图 1　2020～2021 年教育事业单位改革的主要政策领域**

① 参见《教育部关于废止部分规章的决定》，中华人民共和国教育部官方网站，http://www.moe.gov.cn/srcsite/A02/s5911/moe_621/202012/t20201223_507183.html。

在优化职能的基础上成立校外教育培训监管司。这一机构增设是中央深入治理校外教育培训问题的重要举措，有利于制定专项管理政策、实施过程性监管、规范校外培训行业并减轻学生和家长的培训负担，实现教育生态的良性发展。

不仅如此，职业教育和继续教育改革也取得了新的突破。一方面，全国职业教育大会胜利召开，《职业教育提质培优行动计划（2020～2023 年)》(以下简称《行动计划》）随之落地实施。《行动计划》通过落实立德树人根本任务、健全职业教育考试招生制度、推动职业教育产教融合和校企合作，并开展职业教育治理能力提升、“三教”改革攻坚、创新发展高地建设等行动，旨在促进中国特色现代职业教育体系和制度更加完备、标准和条件更加科学。另一方面，随着《国家开放大学综合改革方案》（以下简称《综改方案》）的出台，开放大学办学体系的改革进一步深化。《综改方案》以习近平新时代中国特色社会主义思想为指导，强调国家开放大学要抓住线上教育快速发展的重大机遇，基于“构建服务全民终身学习的教育体系”的原则要求，努力建设成为我国终身教育的主要平台、在线教育的主要平台、灵活教育的平台和对外合作的平台。具体地说，过去一年里我国教育事业单位改革不仅以政治上的高站位把握教育导向、丰富教育内涵，而且运用系统性举措，力争以高质量的发展实现教育公平。

## 一　把握教育导向

为办好人民满意的教育，实现教育强国的目标，教育事业单位在 2020 年度的改革牢牢把握教育导向，用党的创新理论武装头脑、指导实践、推动工作。通过深入学习领会习近平总书记在教师节的重要寄语精神，在全国抗击新冠肺炎疫情表彰大会、清华大学考察时的重要讲话精神，以及给人民教育出版社老同志的重要回信精神，教育事业单位围绕迎接和庆祝建党 100 周年、学习“四史”等主题，大力推进党建工作与业务工作相结合，在锻造高素质干部人才队伍的同时加强基层党组织建设，推进教育治理体系和治理能力现代化。

值得一提的是，思政课的建设创新成为各级学校把握教育导向的重要抓手。《新时代学校思想政治理论课改革创新实施方案》《教育部等八部门关于加快构建高校思想政治工作体系的意见》等文件不仅提出将习近平新时代中国特色社会主义思想贯彻在大中小学各学段的课程目标、课程设置、课程内容和教材中，实现全覆盖、贯穿全过程，而且重视健全立德树人体制机制，把立德树人融入思想道德、文化知识、社会实践教育各环节，从理论武装体系、学科教学体系、日常教育体系、管理服务体系、安全稳定体系、队伍建设体系和评估督导体系等七方面入手，加快构建高校思想政治工作体系。在中央精神的指导下，各地教育部门和学校着力于学理化阐释习近平新时代中国特色社会主义思想，持续完善思想政治理论体系。各级学校按照循序渐进、螺旋上升的原则对思政课程的目标体系、课程体系、课程内容进行了分阶段、系统化的设计，并将最新的研究成果融入学校思想政治工作，建立完善全员、全程、全方位的育人体制机制，全面提升高校思想政治工作质量，引导学生成为德智体美劳全面发展的社会主义建设者和接班人。

## 二　丰富教育内涵

在基础教育和高等教育领域，教育事业单位的改革充分回应社会关切和发展需要，教育内涵得到进一步丰富。基础教育改革以青少年身心健康成长为中心，有针对性地实施了一系列改革举措，包括体育美育浸润行动、校园足球八大体系建设行动、网络环境专项治理行动、近视防控和肥胖防控行动、中小学生手机管理和睡眠管理等。其中，中共中央办公厅和国务院办公厅联合出台了两项工作意见，以高规格就加强和改进学校美育、体育工作做出顶层设计。《关于全面加强和改进新时代学校美育工作的意见》以改进美育教学、提高学生审美和人文素养为目标，从学校美育课程建设、美育教学改革、美育师资队伍建设、整合社会资源等四个层面提出了加强和改进新时代学校美育工作的具体措施，全方位地推动学校美育取得显著的育人成效。此外，为贯彻落实习近平总书记关于教育、体育的重要论述和全国教育大会的精神，《关于全面加强和改进新时代学校体育工作的意见》明确指出学校体育是提升学生综合素质的基础性工程，是实现教育现代化和体育强国战略的重要工作，并就开齐开足体育课、配齐配强体育教师，强化教学训练和体育活动，开展全员参与的体育竞赛以及深化体教融合等任务做出了全面部署。

以提质创新为工作重点，高等教育改革不断优化高校学科专业结构，深入推进“双一流”建设，并积极落实毕业生就业总体稳定的基本目标。首先，各高校在严格规范本科教学、研究生教育的同时，加强基础学科的人才培养，制定重点学科专业清单并试点设置交叉学科研究中心，分类完善基础学科、重点学科和交叉学科的设置、管理和支持。其次，教育主管部门以项目为引领，深化新工科、新医科、新农科、新文科的创新建设和均衡发展，改造提升现有的课程设置、教学研究和学科体系，并结合服务国家重大战略和地方经济社会发展需求，布局建设一批符合应用需求和现实条件的现代化产业学院、高水平公共卫生学院、示范性微电子学院和特色化软件学院。最后，高等学校的法治工作也取得了积极进展，将习近平法治思想全面纳入高校法治理论教学体系。教育部出台《关于进一步加强高等学校法治工作的意见》，第一次针对高校法治工作专门发文并明确其基本内涵，强调把法治作为学校治理的基本理念和基本方式，从规章制度、法人治理、权益救济、风险防控和法治教育等多方面将法治工作融入学校工作的全过程和各环节，全面推进依法治教、依法办学、依法治校。

## 三　保障教育质量

提高教育教学和人才培养质量是教育事业单位改革的核心目标，2020年度的相关政策从改进教育评价体系和改善教师队伍建设两个层面入手，推动教育质量保障的制度化和长效化。一方面，自中共中央、国务院印发《深化新时代教育评价改革总体方案》（以下简称《评价方案》）以来，各级教育部门均将深化教育评价改革作为重点攻坚任务，认真落实文件精神，针对义务教育质量、教育教学水平、本科课程评估、高校学位点建设、“双一流”建设成效等主题进行专项抽检、评估和督导，并相应设计了监测与评价指标体系，出台了诸如《“双一流”建设成效评价办法（试行）》等一系列实施性文件。《评价方案》以党委和政府、学校、教师、学生、社会等五大主体为抓手，充分考虑基础教育、职业教育、高等教育等不同教育领域和大中小幼不同学段的特点，分类分层地改革党委和政府教育工作评价、学校评价、教师评价、学生评价和用人评价，坚持破立结合的原则设计了纠正片面追求升学率、把师德师风作为第一标准、完善德智体美劳过程性评价等五方面22项重点任务。总的来看，《评价方案》强调充分运用评价指挥棒扭转教育功利化的倾向，坚决破除“唯分数、唯升学、唯文凭、唯论文、唯帽子”的不良导向，最终形成富有时代特征、彰显中国特色、体现世界水平的教育评价体系。

另一方面，教师是立教之本、兴教之源，只有教师队伍政治素质过硬、业务能力精湛、育人水平高超并切实履行职责，教育质量才有根本保证。因此，教育部联合财政部继续实施中小学幼儿园教师国家级培训计划，并会同中央组织部、中央编办等五部门专门制定了强化新时代高校教师队伍建设改革的综合性政策文件，在中央的引领带动下坚持把师德师风作为第一标准，突出教育教学实绩并强化一线学生工作，从机制、机构、资源和平台等多角度系统推进职称制度改革、职业能力标准建设和人才管理服务，从而有力提升教师的师德素养和专业能力。①

## 四　促进教育公平

随着全面消除贫困获得重大胜利，教育事业单位也积极采取措施，不断

① 参见《关于加强新时代高校教师队伍建设改革的指导意见》《教育部　财政部关于实施中小学幼儿园教师国家级培训计划（2021～2025年）的通知》，中华人民共和国教育部官方网站，http：//www.moe.gov.cn/srcsite/A10/s7151/202101/t20210108_509152.html、http：//www.moe.gov.cn/srcsite/A10/s7034/202105/t20210519_532221.html。

缩小城乡教育差距，在更大范围内促进实现教育公平。为此，教育部与国家发改委、财政部和国家乡村振兴局联合印发《关于实现巩固拓展教育脱贫攻坚成果同乡村振兴有效衔接的意见》（以下简称《衔接意见》），接续推动脱贫地区发展和乡村全面振兴。在《衔接意见》的指导下，各地教育事业单位运用多种手段重点落实了四方面的工作：一是建立健全控辍保学机制，改善义务教育阶段的薄弱环节；二是建立健全农村家庭经济困难学生教育帮扶机制，加强对农村留守儿童和困境儿童的关心关爱；三是加大对脱贫地区职业教育的支持力度，提高学前教育和高中教育质量，并通过“一村一名大学生计划”为农民和村镇基层干部提供实用适用的继续教育机会；四是持续完善高校定点帮扶、职业教育东西协作、优秀教师支教帮扶等对口支援工作。①

在促进教育脱贫攻坚、保障乡村振兴取得更大成功的过程中，我国的乡村教师队伍建设还面临诸如结构性缺员较为突出、素质能力有待提升、发展通道相对偏窄、职业吸引力不强等问题。因此，为培育提升农村学校办学能力，各地在扩大乡村小型和乡镇寄宿制学校建设规模、优化布局城乡义务教育学校的同时，特别实施农村义务教育阶段学校教师特设岗位计划，提出了包括强化师德师风建设、挖潜调整编制管理、畅通城乡一体配置流动、创新教师教育和培训、拓展职业成长通道、提高社会地位和待遇在内的多项措施，加强新时代乡村教师队伍建设，为发展更加公平、更有质量的乡村教育提供基础性支撑。

① 参见《教育部等四部门关于实现巩固拓展教育脱贫攻坚成果同乡村振兴有效衔接的意见》，中华人民共和国教育部官方网站，http：//www.moe.gov.cn/srcsite/A03/s7050/202105/t20210514_531434.html。

# B.3
# 科研事业单位改革的回顾与展望（2020～2021）

鲁　晓　刘肖肖*

摘　要：科研院所是科技创新的重要主体，肩负着实现高水平科技自立自强的时代重任。国家各部门大力推动科研院所相关制度改革，有力地激发了科研人员创新活力，促进了我国科技事业的蓬勃发展。本文梳理了2020年6月以来相关部门在科技成果评价、知识产权管理、人才支持、薪酬工资、科研经费、科技奖励等方面的政策措施。

关键词：科研院所　科研人员　管理政策

科研院所是国家创新体系的重要组成部分，是建设世界科技强国、实现科技自立自强的中坚力量。2020 年以来，国家各主管部门在科技成果评价、知识产权管理、人才队伍、薪酬政策、科研经费管理、科技奖励等方面出台了一系列重要政策，进一步优化科研院所的各项管理制度，深化“放管服”改革，释放科研人员科技创新活力，推动科研院所高质量发展。

---

* 鲁晓，中国科学院科技战略咨询研究院研究员，中国科学院学部科学规范与伦理研究支撑中心执行副主任，中国科学院科技战略咨询研究院人才研究中心执行主任；刘肖肖，中国科学院科技战略咨询研究院特别研究助理（博士后）。

## 一　科技发展的纲领性文件

2021 年 3 月 11 日，十三届全国人大四次会议通过了《中华人民共和国国民经济和社会发展第十四个五年规划和 2035 年远景目标纲要》①，全文共十九篇，六十五章。本纲要主要阐明国家战略意图，明确政府工作重点，引导规范市场主体行为，是我国开启全面建设社会主义现代化国家新征程的宏伟蓝图，是全国各族人民共同的行动纲领。在科技发展方面，本纲要指出，坚持创新在我国现代化建设全局中的核心地位，把科技自立自强作为国家发展的战略支撑。特别地，在经费投入方面，本纲要提出“十四五”时期全社会研发经费投入年均增长 7% 以上；基础研究经费投入占研发经费投入比重提高到 8% 以上。在制度建设方面，本纲要提出“十四五”时期推行技术总师负责制，实行“揭榜挂帅”“赛马”等制度；完善自由探索型和任务导向型科技项目分类评价制度等。

## 二　科技成果评价政策

党的十八大以来，我国围绕科技评价陆续发布一系列重要文件，持续开展“破四唯”行动。2021 年 8 月 2 日，国务院印发了《关于完善科技成果评价机制的指导意见》②，涉及十大举措：全面准确评价科技成果的科学、技术、经济、社会、文化价值；健全完善科技成果分类评价体系；加快推进国家科技项目成果评价改革；大力发展科技成果市场化评价；充分发挥金融投资在科技成果评价中的作用；引导规范科技成果第三方评价；改革完善科技成果奖励体系，控制奖励数量，提升奖励质量；坚决破解科技成果评价中

---

① 《中华人民共和国国民经济和社会发展第十四个五年规划和 2035 年远景目标纲要》，中国政府网，http：//www. gov. cn/xinwen/2021 - 03/13/content_ 5592681. htm。

② 《国务院办公厅关于完善科技成果评价机制的指导意见》（国办发〔2021〕26 号），中国政府网，http：//www. gov. cn/zhengce/content/2021 - 08/02/content_ 5628987. htm。

的“唯论文、唯职称、唯学历、唯奖项”问题；创新科技成果评价工具和模式；完善科技成果评价激励和免责机制，开展科技成果转化尽责担当行动。该指导意见从“评什么”“谁来评”“怎么评”“怎么用”等方面系统性完善现有的科技成果评价机制，使科技评价政策更具导向性、创新性、激励性、可操作性。

## 三　知识产权政策

知识产权保护是保护科技创新活动和成果的重要依据。2021 年 4 月 1 日，国家知识产权局、中国科学院、中国工程院、中国科学技术协会联合印发了《关于推动科研组织知识产权高质量发展的指导意见》①，主要内容涉及 4 个方面及 12 条具体任务，重点聚焦于加强知识产权保护，促进知识产权转化运用，提升知识产权风险防控能力，优化知识产权管理和运营机制，推动科研组织高质量发展。这项政策激发了科研组织创新活力，明确了科研组织在知识产权方面的工作重点，助力于支撑国家战略科技力量建设。2021 年 9 月 22 日，中共中央、国务院印发了《知识产权强国建设纲要（2021～2035 年）》②，提出了两大发展目标：到 2025 年，知识产权强国建设取得明显成效，知识产权保护更加严格，社会满意度达到并保持较高水平，知识产权市场价值进一步凸显，品牌竞争力大幅提升；到 2035 年，我国知识产权综合竞争力跻身世界前列，中国特色、世界水平的知识产权强国基本建成。纲要部署了六大重点任务，包括知识产权制度、知识产权保护体系、知识产权市场运行机制、知识产权公共服务体系、知识产权人文社会环境、知识产权全球治理等方面内容。总的来看，纲要加强了知识产权制度体系建设，提升了我国知识产权保护水平，健全了科研院所的知识产权管理体系。

---

① 《关于推动科研组织知识产权高质量发展的指导意见》（国知发运字〔2021〕7 号），国家知识产权局官方网站，https：//www. cnipa. gov. cn/art/2021/4/1/art_ 549_ 158155. html。

② 《知识产权强国建设纲要（2021～2035 年）》，中国政府网，http：//www. gov. cn/zhengce/2021－09/22/content_ 5638714. htm。

## 四　人才政策

2021 年 5 月 28 日，习近平总书记在两院院士大会、中国科协第十次全国代表大会上提出要“激发各类人才创新活力，建设全球人才高地”。[①] 2021 年 7 月 15 日，中共中央、国务院发布《关于支持浦东新区高水平改革开放打造社会主义现代化建设引领区的意见》[②]，提出在浦东建立全球高端人才引进“直通车”制度，具体涉及尝试下放在浦东从事投资工作的高端人才的审核权限；逐步放开专业领域境外人才从业限制，如建立国际职业资格证书认可清单制度；支持浦东在中国国际进口博览会期间试行更大力度的人员出入境等配套政策等。这一举措是建设人才高地、人才飞地、人才特区的重要尝试，是落实总书记“加快建设世界重要人才中心和创新高地”的具体行动。在科技人才队伍建设方面，2021 年 7 月 19 日，科技部会同全国妇联等 12 家部门印发《关于支持女性科技人才在科技创新中发挥更大作用的若干措施》[③]，提出培养造就高层次女性科技人才、大力支持女性科技人才创新创业、完善女性科技人才评价激励机制、支持孕哺期女性科技人才的良好科研环境、加强女性后备科技人才培养、加强女性科技人才基础工作等六大举措，涉及 16 条具体方案。该措施对于激发女性科技人才创新活力，引导全社会大力支持女性科技人才的科技创新事业，营造良好环境具有重要意义。

---

① 习近平：《在中国科学院第二十次院士大会、中国工程院第十五次院士大会、中国科协第十次全国代表大会上的讲话》，中国政府网，http：//www. gov. cn/gongbao/content/2021/content_ 5616154. htm。

② 《关于支持浦东新区高水平改革开放打造社会主义现代化建设引领区的意见》，中国政府网，http：//www. gov. cn/zhengce/2021 - 07/15/content_ 5625279. htm。

③ 《关于支持女性科技人才在科技创新中发挥更大作用的若干措施》（国科发才〔2021〕172 号），中华人民共和国科学技术部官方网站，http：//www. most. gov. cn/xxgk/xinxifenlei/fdzdgknr/fgzc/gfxwj/gfxwj2021/202107/t20210719_ 175960. html。

## 五　薪酬政策

科学合理的科技成果转化利益分配机制会有效地激发科研人员转化科技成果的动力。2021 年 2 月 8 日，人社部、财政部、科技部印发《关于事业单位科研人员职务科技成果转化现金奖励纳入绩效工资管理有关问题的通知》①，明确提出了科研院所可按规定对科技成果转化过程中做出重要贡献的科研人员给予现金奖励，同时该奖励计入本单位当年的绩效工资总量，但不受绩效工资总额限制，不计入下一年度单位的绩效工资总量基数，不作为社会保险缴费基数。该通知进一步增强了知识价值在科研人员收入分配中的导向性作用，有助于加快科技成果转化，提高科研人员收入，调动广大科研工作者的积极性、主动性和创造性，提升科研院所科技创新能力。

## 六　科研经费管理政策

2021 年 8 月，国务院办公厅印发了《关于改革完善中央财政科研经费管理的若干意见》，为解决项目经费管理刚性偏大、经费拨付机制不完善、间接费用比例偏低等问题提出了指导性意见。② 该意见从扩大科研项目经费管理自主权、完善科研项目经费拨付机制、加大科研人员激励力度、减轻科研人员事务性负担、创新财政科研经费投入与支持方式、改进科研绩效管理和监督检查、组织实施等 7 个方面，提出了 25 条改革政策和工作要求。该项政策出台了一系列科研经费管理和改革上的重大新举措，包括将直接经费预算编制科目进一步简化至设备费、业务费、劳务费三大类，下放了设备费

① 《关于事业单位科研人员职务科技成果转化现金奖励纳入绩效工资管理有关问题的通知》（人社部发〔2021〕14 号），中华人民共和国人力资源和社会保障部官方网站，http：//www. mohrss. gov. cn/xxgk2020/fdzdgknr/zcfg/gfxwj/rcrs/202103/t20210330_ 412031. html。

② 《关于改革完善中央财政科研经费管理的若干意见》（国办发〔2021〕32 号），中国政府网，http：//www. gov. cn/zhengce/zhengceku/2021 -08/13/content_ 5631102. htm。

调增权，推行人才类和基础研究类项目经费包干制，扩大劳务费开支范围，合并财务验收和技术验收，简化科研仪器设备采购流程，结余资金留归项目承担单位使用等改革措施，对于科研经费的“放管服”改革意义重大。

## 七　科技奖励政策

为进一步调动科学技术工作者的积极性和创造性，推进建设创新型国家和世界科技强国，2020 年 10 月 27 日，国务院公布第三次修订后的《国家科学技术奖励条例》①，并于 2020 年 12 月 1 日起施行。新版条例主要涉及三大看点，一是“更透明”。新版条例将科技奖励的“推荐制”调整为“提名制”，在坚持政府主导的基础上，充分发挥专家、学者作用，强化奖励的学术性。二是“强监督”。新版条例强调科技奖励诚信体系建设，建立提名专家、学者、组织机构和评审委员、评审专家、候选者的科研诚信严重失信行为数据库，并加大了对科技奖励的监督惩戒力度。三是“去功利”。新版条例明令禁止使用国家科学技术奖名义牟取不正当利益，并以此强化科技奖励的荣誉性。总体上，新版条例结合国家重大战略需要和中长期科技发展规划，以规范、透明、约束有力的制度设计，进一步激励自主创新、激发人才活力、营造风清气正的科研环境，引导科技工作者回归科研初心。

## 八　科技计划绩效评估政策

为指导和规范中央财政科技计划（专项、基金等）绩效评估工作，建立统一的评估监管体系，提高科技计划（专项、基金等）实施成效和中央财政资金使用效率，2020 年 7 月 9 日，科技部、财政部、国家发改委发布

① 《国家科学技术奖励条例》（国令第 731 号），中国政府网，http：//www. gov. cn/zhengce/content/2020 - 10/27/content_ 5555074. htm。

《关于印发〈中央财政科技计划（专项、基金等）绩效评估规范（试行）〉[①]的通知》。该评估规范主要涉及评估工作程序、评估内容和方法、保障和监督三大内容。关于评估工作程序，针对评估委托者，提出遴选评估机构、明确评估任务、汇总评估报告等信息至国家科技管理信息系统等要求；针对评估机构，提出独立开展评估、形成评估报告等要求。关于评估内容，主要包括国家自然科学基金、国家科技重大专项（含科技创新2030—重大项目）、国家重点研发计划、技术创新引导专项（基金）、基地专项、人才专项、科技计划的绩效评估，但评估重点各有侧重。关于保障和监督，针对评估委托者，提出要提供评估活动必需的资料信息、制定具体评估方案、监督评估机构履行评估协议等要求；针对评估机构，提出组织专业团队开展评估、遵守国家相关保密规定等要求。

综上，一年多以来，为了不断完善国家创新体系，推动科研院所的高质量发展，我国从整体规划、科技评价、知识产权管理、人才政策、薪酬制度、经费管理、奖励政策、绩效评估等多维度入手，力图解决制约科研院所创新活动和平台建设的难点、堵点问题，促进创新要素的会聚融合，释放科研人员创新活力。面向未来，在一系列国家科技管理政策的指导和激励下，科研院所作为科技创新的重要载体，必将为我国科技自立自强和加快建设世界科技强国做出更大贡献。

① 《中央财政科技计划（专项、基金等）绩效评估规范（试行）》（国科发监〔2020〕165号），中国政府网，http：//www. most. gov. cn/xxgk/xinxifenlei/fdzdgknr/fgzc/gfxwj/gfxwj2020/202007/t20200709_ 157762. html。

# B.4

# 文化事业单位改革的回顾与展望（2020～2021）

胡铁俊　刘素君*

**摘　要：** 推动文化事业高质量发展，完善文化事业单位政策对于提高国民素质和社会文明程度、建设社会主义文化强国意义重大。本文对2020年下半年到2021年上半年文化事业及文化事业单位相关政策进行梳理，并从政策的基本特征、主要旋律、重要抓手、智力支撑、主要途径五个方面进行具体分析。同时对未来加强文化事业单位改革的发展趋势进行预判，认为文化事业单位未来应从数字化、法治化和普惠化三方面重点建设。

**关键词：** 文化事业单位　行业发展　政策梳理

近年来，随着国家治理能力的提升、经济水平发展以及社会力量的积极参与，我国文化事业进步明显，文化事业单位的建设也取得了明显成效。随着 2020 年小康社会的全面建成，人民群众对更加充实、更加丰富、更高质量的公共文化产品和服务有了更加迫切的需求。2020 年下半年至 2021 年上半年，文化事业发展的相关政策制定有了新的进展，在此期间推出了 20 余项政策文本，其中还包括《“十四五”文化和旅游发展规划》《“十四五”文化和旅游科技创新规划》《“十四五”公共文化服务体系建设规划》《“十

---

* 胡铁俊，中国人事科学研究院事业单位管理研究室助理研究员，主要研究方向为事业单位人事管理；刘素君，中国政法大学博士研究生，主要研究方向为公共管理。

四五”文化产业发展规划》《“十四五”文化和旅游市场发展规划》《“十四五”非物质文化遗产保护规划》等专项规划，通过政策文本梳理，本文对政策特征的分析总结如下。

## 一 文化事业政策梳理

文化事业单位的改革要与文化事业的整体改革相适应，因此，文化事业政策的整体梳理对于文化事业单位政策的掌握具有重要意义。2020 年是全面建成小康社会的收官之年，2021 年是“十四五”时期全面建设社会主义现代化国家新征程的开局之年，深入分析研究近一年以来的文化政策，对于满足人民美好生活需要、构建中国特色社会主义文化强国具有深远意义。一年以来，国家坚持目标导向和问题导向，着眼当前，立足长远，出台了《“十四五”公共文化服务体系建设规划》《关于推动公共文化服务高质量发展的意见》《关于推进博物馆改革发展的指导意见》等 20 余项政策文件，旨在明确我国文化事业发展方向和工作重点，充分调动市场以及社会力量，营造良好的文化产业营商环境，深化事业单位改革，推动多方主体共同建设我国成为社会主义文化强国。具体文件见表 1。①

**表 1　2020 年 6 月至 2021 年 7 月文化事业政策发布情况**

| 序号 | 时间 | 政　策 |
|---|---|---|
| 1 | 2020 年 7 月 17 日 | 《关于统筹做好乡村旅游常态化疫情防控和加快市场复苏有关工作的通知》 |
| 2 | 2020 年 8 月 18 日 | 《文化和旅游统计管理办法》 |
| 3 | 2020 年 8 月 20 日 | 《在线旅游经营服务管理暂行规定》 |
| 4 | 2020 年 9 月 10 日 | 《关于深化艺术专业人员职称制度改革的指导意见》 |

① 文化事业体制机制改革，包括文化机构的转型、多主体参与文化服务供给等方面，因此，文件统计中，不局限于公共文化政策，也涵盖了文化产业、文化企业营商环境等文化行业相关的政策文本。

续表

| 序号 | 时间 | 政　策 |
| --- | --- | --- |
| 5 | 2020 年 9 月 14 日 | 《文化和旅游部关于深化“放管服”改革促进演出市场繁荣发展的通知》 |
| 6 | 2020 年 9 月 22 日 | 《公共图书馆、文化馆(站)恢复开放疫情防控措施指南(第二版)》 |
| 7 | 2020 年 11 月 18 日 | 《文化和旅游部政务数据资源管理办法(试行)》 |
| 8 | 2020 年 12 月 11 日 | 《关于进一步优化营商环境推动互联网上网服务行业规范发展的通知》 |
| 9 | 2021 年 2 月 8 日 | 《冰雪旅游发展行动计划(2021 ~ 2023 年)》 |
| 10 | 2021 年 2 月 23 日 | 《文化和旅游部立法工作规定》 |
| 11 | 2021 年 3 月 8 日 | 《关于推动公共文化服务高质量发展的意见》 |
| 12 | 2021 年 4 月 2 日 | 《关于实施全国戏曲表演领军人才培养计划的通知》 |
| 13 | 2021 年 4 月 9 日 | 《财政部关于下达 2021 年中央支持地方公共文化服务体系建设补助资金预算的通知》 |
| 14 | 2021 年 4 月 14 日 | 《关于实施文化艺术职业教育和旅游职业教育提质培优行动计划的通知》 |
| 15 | 2021 年 4 月 20 日 | 《2021 年全国基层文化和旅游公共服务队伍培训工作计划》 |
| 16 | 2021 年 4 月 26 日 | 《“十四五”文化和旅游科技创新规划》 |
| 17 | 2021 年 4 月 29 日 | 《“十四五”文化和旅游发展规划》 |
| 18 | 2021 年 5 月 6 日 | 《“十四五”文化产业发展规划》 |
| 19 | 2021 年 5 月 11 日 | 《关于推进博物馆改革发展的指导意见》 |
| 20 | 2021 年 5 月 17 日 | 《“十四五”文化和旅游市场发展规划》 |
| 21 | 2021 年 5 月 25 日 | 《“十四五”非物质文化遗产保护规划》 |
| 22 | 2021 年 6 月 | 《关于深化国有文艺院团改革的意见》 |
| 23 | 2021 年 6 月 2 日 | 《文化和旅游市场信用管理规定(征求意见稿)》 |
| 24 | 2021 年 6 月 10 日 | 《“十四五”公共文化服务体系建设规划》 |
| 25 | 2021 年 6 月 24 日 | 《关于营造更好发展环境支持民营文艺表演团体改革发展的实施意见》 |
| 26 | 2021 年 7 月 5 日 | 《关于推进旅游商品创意提升工作的通知》 |

资料来源：笔者整理。

## 二　文化事业单位政策特征分析

本文依据时间线对 2020 年下半年至 2021 年上半年这一年时间内相关政

策进行分析和梳理，挖掘总结我国国家级文化事业政策主题，将突出特点归纳为如下几个方面。

## （一）“以人民为中心”是基本特征

2020 年在国内疫情防控形势持续向好的情况下，乡村旅游成为国内重要选择。为积极应对新的旅游需求，2020 年 7 月 17 日，文化和旅游部办公厅颁布《关于统筹做好乡村旅游常态化疫情防控和加快市场复苏有关工作的通知》，从对接政策服务、加快基建进度、推出新产品新线路、加大宣传推介、拓宽增收渠道、规范卫生服务和保障旅游安全七大方面进行了布署。[①] 疫情期间，旅游经营方式由线下转移到线上进行，2020 年 8 月 20 日，文化和旅游部印发《在线旅游经营服务管理暂行规定》，为旅游业合法经营做出制度安排，充分体现了以人民为中心、全面保护旅游者合法权益的理念。[②] 2020 年 9 月 22 日，文化和旅游部公共服务司出台的《公共图书馆、文化馆（站）恢复开放疫情防控措施指南（第二版）》中提到，推进全国公共图书馆、文化馆（站）加强常态化疫情防控，深入开展线上线下相结合的公共文化服务，更好满足人民群众精神文化需求。[③] 2021 年 3 月，文化和旅游部、国家发改委、财政部《关于推动公共文化服务高质量发展的意见》指出，让人民享有更加充实、更为丰富、更高质量的精神文化生活，保障人民群众基本文化权益。[④] 所有政策无一不是紧紧围绕人民群众对于精神文化生活的新期待与新要求，增强人民群众在文化发展过程中的获得感与幸福感，充分突出了以人民为中心的思想。文化事业单位作为公共文化的重要供给主体之一，上述政策有助于文化事业单位厘清服务职责和明确服务内容，为更好地开展公共文化服务提供助力。

---

① 参见《关于统筹做好乡村旅游常态化疫情防控和加快市场复苏有关工作的通知》，2020 年 7 月 17 日。

② 参见《在线旅游经营服务管理暂行规定》，2020 年 8 月 20 日。

③ 参见《公共图书馆、文化馆（站）恢复开放疫情防控措施指南（第二版）》，2020 年 9 月 22 日。

④ 参见《关于推动公共文化服务高质量发展的意见》，2021 年 3 月 8 日。

### （二）推动高质量发展是主要旋律

党的十九届五中全会明确将“高质量发展”作为未来经济社会发展的重要指导思想之一。当前，我国已经进入高质量发展阶段，提供高质量的公共文化服务是新时代建设社会主义文化强国的必然要求。在 2021 年出台的《“十四五”文化和旅游发展规划》《“十四五”公共文化服务体系建设规划》等重要文件中，文化事业的高质量发展导向贯穿全篇。《“十四五”公共文化服务体系建设规划》指出，“努力提供更高质量、更有效率、更加公平、更可持续的公共文化服务”“让人民享有更加充实、更为丰富、更高质量的精神文化生活。”① “高质量”出现 15 次，“高质量发展”出现 9 次。《“十四五”文化和旅游发展规划》指出，“坚持稳中求进工作总基调，以推动文化和旅游高质量发展为主题”。②《关于推动公共文化服务高质量发展的意见》指出，“为人民群众提供更高质量、更有效率、更加公平、更可持续的公共文化服务”。③ 该意见中“高质量”一词出现 10 次，“高质量发展”出现 7 次。推动文化事业高质量发展具有非凡战略意义，追求高质量发展是满足人民日益增长的美好生活需要的必由之路。与此同时，深化文化事业单位的改革，则是支撑文化事业单位高质量发展的必然选择。

### （三）深化公共文化事业单位机构改革是重要抓手

博物馆、国有文艺院团等文化事业单位是提升公共文化服务供给质量的重要载体。落实“放管服”要求，深化文化事业单位机构改革，建立适应文化行业特点的体制机制，有利于充分调动事业单位和人员服务的积极性和创新性。2021 年 5 月 11 日，为推进博物馆事业持续发展，国家发改委联合中宣部、国家文物局等部门印发文件，在我国博物馆的体系布局、功能发

① 参见《“十四五”公共文化服务体系建设规划》，2021 年 6 月 10 日。

② 参见《“十四五”文化和旅游发展规划》，2021 年 4 月 29 日。

③ 参见《关于推动公共文化服务高质量发展的意见》，2021 年 3 月 8 日。

挥、改革创新等方面提出了指导意见。[①] 文件明确提出分类推动博物馆理事会制度建设，扩展人员绩效奖励的经费来源，以及鼓励社会力量参与文化服务的供给。2021 年 6 月，中共中央办公厅、国务院办公厅印发《关于深化国有文艺院团改革的意见》，指出要分类推进改革，对已明确是事业单位的国有文艺院团，要求强化公益属性，并通过人事、财政、收入政策加强活力；对演艺企业集团，要求充分发挥聚合优势；对于未列入保留事业单位范围的文艺院团，要逐步创造条件转企改制。[②] 文件还提出了要明确功能定位、激发国有文艺院团内生动力，以及建立健全扶持优秀剧本创作的长效机制、鼓励演员多演出的激励机制、布局合理的剧场供应机制和双效统一的体制机制等。除此之外，2021 年 6 月 24 日，文化和旅游部、人力资源和社会保障部等六部门印发的《关于营造更好发展环境支持民营文艺表演团体改革发展的实施意见》要求进一步激发演艺市场活力、满足人民群众多样化多层次精神文化需求，鼓励支持民营文艺表演团体参与国有文艺院团改制经营。[③]

### （四）加强人才队伍是智力支撑

加强文化事业领域文化人才的队伍建设，进一步提升文化人才技能，是不断完善公共文化服务体系的智力支撑。文化服务种类多、专业性强，因此，文化人才培养的政策呈现分层次、分行业的特点。2021 年 4 月 2 日，国家出台全国戏曲表演领军人才培养计划，为入选的戏曲人才提供专家指导和一定经费支持，以培育一批中青年戏曲表演领军人才[④]；2021 年 4 月 14 日，出台了文化艺术职业教育和旅游职业教育提质培优行动计划，引导职业教育培养适应文化行业需求的人才[⑤]；2021 年 4 月 20 日，出台了《2021 年全国基层文化和旅游公共服务队伍培训工作计划》，对 2021 年培训工作的整

① 参见《关于推进博物馆改革发展的指导意见》，2021 年 5 月 11 日。

② 参见《关于深化国有文艺院团改革的意见》，2021 年 6 月。

③ 参见《关于营造更好发展环境支持民营文艺表演团体改革发展的实施意见》，2021 年 6 月 24 日。

④ 参见《关于实施全国戏曲表演领军人才培养计划的通知》，2021 年 4 月 2 日。

⑤ 参见《关于实施文化艺术职业教育和旅游职业教育提质培优行动计划的通知》，2021 年 4 月 14 日。

体安排、总体要求、组织、形式和经费做了具体规定，将加强基层公共文化服务队伍职业素养的要求落到实处。[①] 同时，为了拓宽文化专业人才的职业发展路径，激发人才活力，2020 年 9 月 10 日，出台《关于深化艺术专业人员职称制度改革的指导意见》，完善了艺术专业人员的职称设计。[②]

### （五）突出数字引领是主要途径

数字技术的不断发展促使文化与科技迅速融合，同时也为文化事业的政策手段和内容带来创新和升级的契机。数字化、网络化、智能化深刻影响着文化事业政策方向和供给模式，为新时代文化事业发展提供了广阔的空间，注入了强劲动能。《“十四五”公共文化服务体系建设规划》指出，推动公共文化服务数字化、网络化、智能化建设，要求加强数字文化内容资源和管理服务大数据资源建设、加快公共文化网络平台建设、拓展公共文化服务智慧应用场景。[③]《“十四五”文化和旅游科技创新规划》强调要把握好数字化、网络化、智能化发展机遇，将科技创新贯穿于整个文化和旅游服务全过程。规划具体描绘了文化和旅游公共服务供给中，科技能够应用的重点领域，明确了未来发展的方向。[④] 2020 年下半年至 2021 年上半年出台的多项文化事业政策都提到，全面提升信息化、网络化水平。突出文化事业数字引领，加强文化事业单位信息化建设，打通公共文化服务的“最后一公里”，为人民美好的生活赋能，能够更好地满足广大人民群众快速增长的数字文化需求。

## 二　关于深化文化事业单位改革的趋势分析

2020 年下半年到 2021 年上半年，公共文化行业取得了一系列积极进展，展望未来，文化事业政策将呈现数字化、法治化和普惠化等趋势。

---

① 参见《2021 年全国基层文化和旅游公共服务队伍培训工作计划》，2021 年 4 月 20 日。

② 参见《关于深化艺术专业人员职称制度改革的指导意见》，2020 年 9 月 10 日。

③ 参见《“十四五”公共文化服务体系建设规划》，2021 年 6 月 10 日。

④ 参见《“十四五”文化和旅游科技创新规划》，2021 年 4 月 26 日。

## （一）数字化

党的十九大报告明确指出，要加强互联网内容建设，建立网络综合治理体系，营造清朗的网络空间。数字化、网络化、智能化是公共文化的一种创新方式，已经深度融入社会生产生活的方方面面，国家公共文化政策应进一步跟随时代潮流，为公共文化数字化建设提供更好的发展环境，探索下一代数字公共文化大数据的发展新模式。[①] 公共文化行业数字化建设的持续推进，也对文化事业单位的信息化和文化事业政策提出了新的要求。一是要出台标准统一、互联互通的文化事业单位数字化网络服务政策。整合文化事业单位数字化资源，打破信息孤岛现象，统筹推动形成公共文化数字化服务平台，加快制定国家统一技术标准，形成统一公共文化规范体系。二是出台事业单位的文化资源数字化形式推广政策。鼓励事业单位将传统艺术文化、实体博物馆展品、非物质文化遗产等文化资源采用 VR 虚拟现实技术和三维立体数字化技术展示在用户眼前，充分提升用户体验感和满意度，更好地满足人民精神需求。三是出台公共文化数字人才队伍建设政策。进一步健全文化事业单位数字化人才选拔任用机制，建立高层次人才引进机制，制定配套数字化人才优惠政策，将优秀数字人才引入文化事业领域。完善数字技术人才培养制度和合理的人才激励机制，保障优秀人才待遇，构建完善的文化事业单位数字人才队伍服务体系。

## （二）法治化

文化事业承载了国家文化软实力，是一项长期的国家公益性事业。文化事业及文化事业单位的法治化，包括以下几个方面。一是推进公共文化科学立法，建立健全相关法律法规，完善公共文化服务法律体系，为我国公共文化服务体系法治建设提供规范基础，全面提升公共文化服务水平。二是贯彻

① 柯平、胡娟、刘旭青：《发展文化事业，完善公共文化服务体系》，《图书情报知识》2018年第5期。

落实《中华人民共和国公共文化服务保障法》，深化供给侧改革，推进事业单位依法供给公共文化产品和服务。三是梳理文化事业相关规范性文件，明确不同事业单位的法定职责，做到“法定职责必须为，法无授权不得为”，促进文化事业法治化建设迈上新台阶。

### （三）普惠化

文化事业普惠化建设对于提高公民素质，促进公民全面健康发展，提高社会文明程度，促进经济社会协调发展具有重要意义。文化事业建设及文化事业单位的服务需要满足不同阶层、不同年龄等不同群体对文化多样性的要求，实现用社会文化成果提升公民精神文化素养、推进社会和谐进步的目的。文化事业普惠化建设还需要从以下两个方面着手。一是促进公共文化设施标准化，对不同区域、不同行政级别提出具体的文化事业单位建设标准和设备设施要求，推动打造一批具有国家标准、体现地方特色的标志性公共文化场馆。二是推动公共文化服务均等化发展，以城乡、区域、身份均等为核心，确保每一位公民都能享受到均等的公共文化服务。

## 参考文献

柯平、胡娟、刘旭青：《发展文化事业，完善公共文化服务体系》，《图书情报知识》2018 年第 5 期。

李媛媛：《国家文化治理视域下的现代公共文化服务体系发展趋势研究》，《中国社会科学院研究生院学报》2017 年第 4 期。

唐亚林、朱春：《当代中国公共文化服务均等化的发展之道》，《学术界》2012 年第 5 期。

胡税根、李倩：《我国公共文化服务政策发展研究》，《华中师范大学学报》（人文社会科学版）2015 年第 2 期。

齐勇锋、李平凡：《完善公共文化服务体系　提高国家文化软实力》，《中国特色社会主义研究》2012 年第 1 期。

方永恒、李今今：《我国地方政府购买公共文化服务政策：历程、困境与创新》，《华中科技大学学报》（社会科学版）2020 年第 1 期。

周正兵：《1981 ~ 2020 我国文化政策的价值诉求：基于“五年规划”文本的语词分析》，《深圳大学学报》（人文社会科学版）2019 年第 6 期。

# B.5 事业单位机构编制制度改革的回顾与展望（2012～2021）

薛惠芳*

摘　要：党的十八大以来，在以习近平同志为核心的党中央领导下，各级党委、政府坚持以人民为中心导向，不断创新完善事业单位机构编制管理，推进事业单位机构编制法定化，有力促进了事业单位健康发展。未来深化事业单位机构编制制度改革，将调整事业单位布局结构、优化事业单位机构编制配置、完善事业单位治理机制，持续激发事业单位的生机与活力，促进公益事业发展，不断满足人民群众对美好生活的向往。

关键词：事业单位　机构编制　分类管理

党的十八大以来，把机构编制工作摆到更加突出位置，加强党对机构编制工作集中统一领导；顺应新形势新需要，不断创新完善事业单位机构编制管理；推进事业单位机构编制法定化。总结经验、探寻规律、展望未来，对于深入推进事业单位改革、促进事业单位健康发展具有重要意义。

## 一　加强党对机构编制工作集中统一领导

中国共产党十分重视机构编制工作，从根据地时期开始，机构编制工作

* 薛惠芳，中国人事科学研究院事业单位管理研究室副研究员，主要研究方向为公共管理和人力资源管理。

就是在党领导下进行的。党的十八大以来，以习近平同志为核心的党中央更加重视机构编制工作，提出新的更高要求。

### （一）坚持党管机构编制原则

坚持党管机构编制，是《中国共产党机构编制工作条例》规定的首要原则，是做好新时代机构编制工作的必要保障。2018 年，党的十九届三中全会把机构编制提高到党的执政资源高度，并首次确立党管机构编制的重大原则，政治性是机构编制工作的第一属性。

坚持党管机构编制，重点要突出党组织在机构编制工作中的作用和责任，要坚持民主集中制，防止领导干部一言堂或少数人说了算，防止滥用职权等不正之风。做好机构编制工作是各级党委（党组）的政治责任，要严格按照权限和程序对有关机构编制事项进行有效管理和监督，切实发挥党的领导和把关作用。把加强党的领导贯彻到机构编制工作全过程和各方面，完善党全面领导制度安排，确保党始终总揽全局、协调各方。增强“四个意识”，坚定“四个自信”，维护习近平同志党中央核心、全党核心地位，坚决服从党中央对机构编制工作集中统一领导，落实党和国家机构编制工作方针政策和决策部署，严格执行党和国家机构改革、体制机制、机构、职能、编制、领导职数等规定，确保党中央令行禁止、政令畅通。

### （二）调整机构编制委员会及办公室领导体制

党的十九届三中全会通过的深化党和国家机构改革决定和方案，调整了中央机构编制委员会领导体制，作为党中央决策议事协调机构，中央机构编制委员会统筹负责党和国家机构职能编制工作，在中央政治局及其常委会领导下开展工作，下设办公室，承担日常工作，归口中央组织部管理。2018 年地方机构改革中，对地方各级机构编制委员会及办公室领导体制进行相应调整。

这是中央机构编制委员会及办公室领导体制的重大调整。第一，强化机构编制工作权威性。调整前中央机构编制委员会主任由国务院总理兼任，调整后由习近平总书记兼任，机构编制权力是以习近平同志为核心的党中央权力，权威性不言而喻。第二，突出中央机构编制委员会决策职能。中央机构编制委员会由议事协调机构到决策议事协调机构，多了“决策”二字，更加突出把方向、谋大局、定政策、促改革的决策职能。在中央政治局及其常委会领导下开展工作，优化中央机构编制委员会领导体制，负责党和国家机构职能编制工作的顶层设计、总体布局、统筹协调、整体推进、督促落实，集决策、执行、监督于一体，[①] 从而加强和优化党对机构编制工作的集中统一领导。第三，优化中央机构编制委员会工作机制。中央机构编制委员会办公室归口中央组织部管理，强化党对干部人事和机构编制资源的统筹协调能力，优化机构编制资源和党管干部、党管组织、党管人才全流程中的运行机制，突出党管机构编制原则，为贯彻落实党中央对全国机构编制工作集中统一领导，提供坚实组织基础和有效工作体系。

### （三）坚持以人民为中心

全心全意为人民服务是党的根本宗旨，以人民为中心的发展思想，是习近平新时代中国特色社会主义思想的重要组成部分，党的十九大明确新时代我国社会主要矛盾转变为人民日益增长的美好生活需要与不平衡不充分的发展之间的矛盾，必须坚持以人民为中心的发展思想，不断促进人的全面发展、全体人民共同富裕。

虽然机构编制工作不直接面向社会和群众，但涉及基层政权建设、重大民生工程背后的深层次矛盾和问题，是建设人民满意服务型政府的重要环节。事业单位是履行政府公共服务职能的主要载体，是建设服务型政府的重要力量。坚持以人民为中心导向，是做好新时代事业单位机构编制工作的价值体现。坚持以人为本，把不断提高公益服务水平，满足人民群众美好生活需要作为出发点和落脚点，坚持人民主体地位，更好保障人民权益，保证人民当家作主。这是我们国家社会主义性质决定的。

① 赵立波：《统筹型大部制改革：党政协同与优化高效》，《行政论坛》2018 年第 3 期。

新时代事业单位改革必须以保障和改善民生为重点，切实满足人民群众公益服务需求，解决人民群众不满意的突出问题，是事业单位改革的着力点，不断增强人民群众的获得感、幸福感、安全感。必须提高基本公共服务均等化水平，让人民群众更加公平公正地享受改革发展成果，不断促进人的全面发展、全体人民共同富裕。推进基本公共服务资源向边远地区和生活困难群众倾斜，向农村覆盖、向基层延伸，推动城乡区域基本公共服务制度统一、质量水平有效衔接。必须坚持公益事业由人民共建共治共享，坚持“公开是原则，不公开是例外”基本理念，健全决策、执行、监督全过程信息公开制度，保障人民群众知情权、参与权、选择权、监督权，涉及人民群众切身利益的重大公益服务事项要进行社会公示和听证。鼓励社会力量通过政府和社会资本合作、政府购买服务、公建民营等方式参与公共服务供给，充分调动各方面积极性，努力为人民群众提供广覆盖、多层次的公益服务，满足人民日益增长的美好生活需要。

## 二　顺应新形势新需要，不断创新完善事业单位机构编制管理

党的十八大以来，各级党委、政府不断创新完善事业单位机构编制管理，根据不同类型事业单位的特点实施管理和改革，在守住财政供养人员只减不增底线的同时，调整布局结构、优化资源配置、提高运行效率，有力促进事业单位健康发展。

### （一）区分不同情况，实行分类管理

2011 年，中共中央、国务院《关于分类推进事业单位改革的指导意见》和国务院办公厅《关于创新事业单位机构编制管理的意见》提出，按照社会功能将事业单位分为承担行政职能、从事生产经营活动、从事公益服务三个类别，分别实施不同的管理办法，承担行政职能的事业单位，逐步将其行政职能划归行政机构或转为行政机构，严格控制机构编制，只减不增，随自

然减员逐步减少。从事生产经营活动的事业单位，逐步转为企业，核销机构编制。从事公益服务的事业单位，区分不同情况进行改革，公益一类事业单位实行机构编制审批制，简化审批程序，完善管理制度。公益二类事业单位，在制定完善编制标准前提下，逐步实行备案制管理，规范备案程序。2017 年，中央编办出台备案制试点办法，明确备案范围和规范要求，为公益二类事业单位实行机构编制备案管理提供依据。

北京、山东、广东、江苏、河北等多地积极开展备案制试点，主要做法包括：一是控制实施范围，主要在高校和公立医院进行探索；二是保留事业单位性质，即高校和公立医院仍从事公益服务，不改变机构性质和职责任务；三是核定人员总量，根据高校、公立医院规模、床位数、学生数等相关标准，核定试点单位人员总量，由机构编制部门备案管理；四是同岗同酬，在职人员保留事业单位人员身份并记录在册，实行实名制管理，退一减一，空余编制收回，人事管理、社会保险均以备案人员总量为基础；五是鼓励采取服务外包、购买服务等方式保障后勤等辅助性工作，其人员不计入人员总量。值得关注的是，目前有逐步扩大实施范围趋势，如山东在已经制定编制标准的二类事业单位，都实行人员控制总量备案管理，湖南长沙等不仅在二类事业单位，也在一类事业单位实行备案制，纳入实名制系统。

从实践看，备案制、不纳入编制、人员总量管理、人员控制总量等不同提法，属于同一种性质机构编制管理方式，主旨都是在保留事业单位性质的基础上，进行人员总量控制，突出编制标准管理和简政放权，进一步落实事业单位用人自主权，充分发挥事业单位积极性，提高公共服务效率。体现政府对事业单位管理从微观管理、直接管理向宏观管理、间接管理转变。其差异在于不纳入编制管理的事业单位财政经费已经不与编制挂钩，因而改革更彻底。

近年不少地方进行事业单位人员控制数、员额制管理等探索创新，解决辅助、后勤或有特殊要求岗位的人员需求。如广东省佛山市南海区探索“员额管理 + 购买服务管理”新模式，为全区社区卫生服务中心核定岗位 2073 名，有效缓解编制不足矛盾。北京对采取政府购买服务方式条件不成熟的，实施人员额度管理，事业单位在机构编制部门核定的工勤和专业技术辅助岗位人员额度内招聘人员，签订劳动合同，实行企业化管理。广西探索后勤人员使用控制数管理，优化事业编制结构。

## （二）加强动态调整，实行制度化的总量控制

1996 年，中共中央办公厅、国务院办公厅印发《中央机构编制委员会关于事业单位改革若干问题的意见》，提出对事业单位机构编制实行总量控制，是实现事业单位与经济建设和社会事业协调发展的客观要求。2007 年，中共中央办公厅、国务院办公厅印发《关于进一步加强和完善机构编制管理严格控制机构编制的通知》，强化省级政府对事业单位机构编制总量的控制权，改变了一直以来事业单位机构编制分级管理体制下，省、市、县政府都有事业单位机构编制总量控制权的情况，并明确中央机构编制部门要加强宏观指导，对各省、自治区、直辖市事业编制总量和结构进行调控。2011 年，国务院办公厅《关于创新事业单位机构编制管理的意见》明确，实行总量控制，根据经济社会发展及人民群众公益服务需求，统筹研究并合理规划一定时期内本地区事业单位机构编制总量。实行动态调整，按照逐步实现基本公共服务均等化要求及公益服务供求变化状况，调整事业单位类型、机构编制，做到有增有减。

综上所述，加强事业单位机构编制宏观管理，是机构编制部门的重要业务，总量控制是国家从宏观上对事业单位机构编制进行调控的基本手段，前提是以科学的方法合理确定事业机构编制总量，全国事业机构编制总量是国家政治、经济和社会发展总体规划的有机组成部分，确定事业单位机构编制总量要贯彻优化协同高效原则，根据所辖地域面积、人口数量、经济发展水平、财政供养能力等多维指标科学测算，并根据发展变化进行动态调整。

2013 年，中共中央、国务院《关于地方政府职能转变和机构改革的意见》提出，地方事业单位机构编制总额以 2012 年底为基数，由省级政府实行总量控制，并有所减少。各地充分发挥省级机构编制部门统筹协调作用，健全事业单位机构编制总量管理制度，分级分部门实行总量控制，按照逐步

实现基本公共服务均等化要求和公益服务供求变化状况，调整事业单位类型、机构编制，在总量内科学增减，为事业发展及时提供机构编制保障。

### （三）统筹机构编制资源，实行瘦身与健身相结合

坚持机构编制瘦身与健身相结合，是《中国共产党机构编制工作条例》规定的四项原则之一，涵盖“控、减、调、保”机构编制四层含义，生动体现了新时代事业单位机构编制工作的鲜明特点，是做好新时代机构编制工作的重要保证，也是创新事业单位机构编制管理必须长期坚持的方法。

2017 年，中央编办下发地方事业编制挖潜创新服务发展的通知，要求加大事业编制省级统筹力度，充分发挥省级机构编制部门统筹协调作用，并针对内部挖潜盘活存量、深化改革核减总量、创新管理降低需求三个方面提出 21 条措施，一是严格事业编制日常管理，针对事业单位存在的职责交叉、设置重复、任务不饱和等问题，提出 7 项核减编制措施，即严格控制新增事业机构编制、整合撤并机构、重新明确职能、压缩空编、查处违规行为、集中编制资源发挥规模效益、按比例核减编制。二是借助专项改革，提出 10 项精简核销编制措施，即事业单位分类改革、科研单位改革、文化体制改革、后勤服务社会化改革、清理规范中介机构、国有林区林场改革、国有农场改革、行业协会商会与行政机关脱钩、培训疗养机构改革、综合行政执法改革。三是创新服务方式，提出 4 项降低编制需求措施，即加大事业编制省级统筹力度、探索事业单位人员控制数管理、加大政府购买服务力度、鼓励社会力量举办公益事业。要求既要实现财政供养人员只减不增，又要满足经济社会发展急需；既要满足本地区基本公益服务需求，又要着眼重点领域和基层一线，尤其是基础教育、公共卫生、公共文化等基本需求。

党的十九大提出统筹考虑各类机构设置、统筹使用各类编制资源“两个统筹”。党的十九届三中全会明确了统筹的具体路径，提出加大部门间、地区间编制统筹调配力度，在省、自治区、直辖市范围内，打破编制分配后地区、部门、单位所有模式，随职能变化相应调整编制。2019 年，《中国共产党机构编制工作条例》提出，按照机构编制管理权限，加强编制的统筹

调配和动态调整，建立部门间、地区间编制动态调整机制。由此，统筹调配各类编制资源具备了明确的法律基础。

在中央要求财政供养人员只减不增背景下，各地充分发挥省级机构编制部门统筹协调作用，认真落实“严控总量、统筹使用、有减有增、动态平衡、保证重点、服务发展”的要求，根据实际需要，统筹作好机构编制“控、减、调、保”四篇文章，按照机构编制管理权限，通过跨地区、跨层级、跨部门统筹调剂，动态调整、周转使用等方式实施精细化管理，妥善解决严控机构编制与满足发展需要之间的矛盾，提升了机构编制资源使用效益。

### （四）优化协同高效，统筹推进机构编制管理

坚持优化协同高效，是2018年深化党和国家机构改革提出的一项重要原则，也是《中国共产党机构编制工作条例》规定的四项原则之一。与优化协同高效原则紧密相关的是精简统一效能原则，习近平同志在深化党和国家机构改革决定稿和方案稿的说明中强调，适应新时代新形势新要求，这次改革强调坚持优化协同高效，优化是机构职能科学、合理、权责一致，协同是有统有分、有主有次，高效是履职到位、流程通畅。只要这个目标达到了，该精简的就精简，该加强的就加强，而不是为了精简而精简。因此，优化协同高效原则，是对我国事业单位机构编制管理长期坚持的精简统一效能原则的继承和升华，其内涵和外延更加全面准确，是新时代做好机构编制工作必须遵循的原则。

党的十八届三中全会将事业单位改革纳入国家总体改革中系统谋划，统筹推进国家治理体系和治理能力现代化，改革步入最艰难的攻坚阶段，对改革的系统性、整体性、协同性提出更高要求。事业单位改革处于各项改革的“交叉路口”，与经济体制改革、政治体制改革、行政体制改革、社会体制改革及行业体制改革等密切相关，涉及机构编制、人事管理、收入分配、财税政策、社会保障等诸多方面，是一项十分复杂的系统工程，任何一个方面做不好，都会影响改革的总体进程和效果。推进事业单位改

革事关经济社会发展全局，是一场广泛而深刻的变革，要与各项体制改革协调推进，尤其是要与行业体制改革统筹协调，解决涉及的基础性、共同性和衔接问题。要统筹谋划、配套实施机构编制、人事管理、收入分配、社会保险、财政支持等政策，确保改革顺利实施。必须发挥中央和地方两个积极性，充分调动各方面力量，以优化协同高效为着力点，改革机构设置、优化职能配置、提高效率效能，统筹兼顾、全面协调推进各方面改革，形成协同推进的强大合力。

## 三　推进事业单位机构编制法定化

党的十九届三中全会对推进机构编制法定化进行明确部署，强调机构编制法定化是深化党和国家机构改革的重要保障，要依法管理各类组织机构，加快推进机构、职能、程序、权限、责任法定化。

### （一）加强机构编制法规制度建设

加强机构编制法规制度建设，是机构编制法定化的重要基础工作。早在2009年中央编办就下发通知，对2009～2020年机构编制法制建设进行中长期规划，要求加快推进机构编制管理法制化进程。2019年，党中央印发《中国共产党机构编制工作条例》，将多年来探索形成、行之有效的一套机构编制管理办法，上升为党内法规，是新时代机构编制工作的“基本法”,①为加强事业单位机构编制法规制度建设提供依据。随后中央编委印发《关于推进机构编制法规制度体系建设的意见》和《推进机构编制法规制度体系建设三年行动计划（2020～2022年)》，对以条例为主干的机构编制法规制度体系建设作出总体部署，强调一体推进机构编制法规制度制定和实施，强化刚性约束，用法治思维和法治方式维护机构编制的权威性和严肃性，确

① 党和国家机构改革、体制机制和职责调整，各类机关和事业单位的机构、编制、领导职数的配备和调整，适用本条例。

保制度优势转化为治理效能。2020年，中共中央办公厅印发《“三定”规定制定和实施办法》①，对“三定”规定的启动和起草、审核和协调、审定和发布、执行和监督等作出具体规定，提高“三定”规定的科学性、规范性和实效性，维护“三定”规定的权威性和严肃性。

### （二）严格机构编制管理程序规定

侧重程序规定是《中国共产党机构编制工作条例》一大特点，提出动议、论证、审议决定、组织实施四个机构编制管理环节的基本权限、程序和要求，明确各级党委（党组）机构编制工作主体责任、规范主体行为，强调做好机构编制工作是各级党委（党组）的政治责任，确保党的领导贯穿机构编制工作全过程和各方面，强化机构编制在管理全流程中的基础性作用，增强机构编制工作的科学性、规范性、权威性。2020年，中央编委下发通知，落实条例规定的机构编制报告制度，对报告主体、时间、事项等作出具体规定，强化各地区、各部门党委（党组）机构编制报告主体责任，确保党的机构编制工作方针政策、决策部署贯彻实施。

### （三）突出标准管理

机构编制标准是机构编制管理科学化、规范化、法治化的一项基础性工作，2011年，中央编办印发《关于推进事业单位机构编制标准工作的意见》，加强事业单位机构编制标准工作顶层设计和统筹谋划，积极推动事业单位机构编制标准制定。

目前，从中央到地方出台了一批机构编制标准，并结合实际认真贯彻执行。一是研究制定了一些重点领域全国性机构编制标准。中央编办会同财政、卫生部门印发了乡镇卫生院和疾病预防控制中心机构编制标准的指导意见；会同有关行业主管部门，修订部属高等学校、部属公立医院、中小学教

---

① 县级以上党的机关、行政机关、监察机关、审判机关、检察机关和群团机关、党委和政府直属事业单位等“三定”规定的制定和实施，适用本办法。规范部门（单位）职能配置、内设机构和人员编制规定，即“三定”的制定和实施。

职工等机构编制标准；会同教育部、财政部下发了统一城乡中小学教职工编制标准的通知，统一县镇、农村中小学、城市教职工编制标准，促进城乡中小学教育资源均衡配置。二是各地在贯彻落实国家标准的同时，根据实际需要，出台了一大批地方性标准。目前，教育和卫生领域机构编制标准体系已初步建立，安徽、浙江、广西等许多省份基本实现了教育、卫生领域事业单位机构编制标准全覆盖。此外，各地制定了涵盖农林水利、社会保障、公共文化、环境监测、交通运输、乡镇事业站所、城管执法等其他领域的事业单位机构编制标准，并对事业单位领导职数配备、内设机构设置、工勤编制核定等专项标准进行探索。三是结合标准制定，推进机构编制管理创新。把机构编制标准制定与控编减编、财政购买服务相结合；研究探索事业编制总量标准，控制市县事业编制无序增长；建立以职责为核心的机构编制标准体系，规范事业单位机构编制要素等。

同时，中央编办印发《关于进一步优化事业单位登记管理服务的通知》和《事业单位登记管理服务标准化规范（试行）》，积极推动事业单位登记管理服务标准化建设，持续提升服务效能。

## （四）强化机构编制刚性约束

坚持机构编制刚性约束，是《中国共产党机构编制工作条例》规定的四项原则之一，是机构编制法定化的本质要求。

监督问责是强化机构编制刚性约束的重要保障。2005 年，为加强机构编制监督检查，中央编办设立机构编制监督检查司，从中央到地方各级机构编制部门建立专门的监督检查队伍，着力“建制度、打基础、拓空间、严督查、重预防”，形成机构编制监督检查基本工作格局。在《机构编制监督检查工作暂行规定》[①]《机构编制违纪行为适用〈中国共产党纪律处分条例〉若干问题的解释》《关于纪检机关和机构编制管理机关在查处案件中加强协作配合的通知》《机构编制“12310”举报受理工作规定》等事后监督

① 后于 2020 年修改上升为《机构编制监督检查工作办法》。

查办基础上，加强事前预防、事中动态监测、事后查处追责全程监管体系建设。

2014 年，中央编委下发《关于开展中央和国家机关机构和人员编制核查的通知》《关于深入开展地方机构和人员编制核查，全面推行机构编制实名制管理的通知》，全面部署机构编制实名制管理，运用“大数据管理”“互联网＋”等新兴管理理念和技术手段，规范机构编制管理流程，提高工作效能，强化机构编制管理和组织人事管理、财政管理信息共享和综合约束，实现对机构设置、职能配置、编制、领导职数及使用等更为准确的动态监管、分析预测和跟踪预警，提高机构编制决策、执行、监督的科学性、有效性、针对性，推动机构编制实名制管理成为重要的基础平台、制约平台、监管平台和服务平台，提升机构编制管理科学化、规范化、精细化水平。2017 年，中央编委印发《全国机构编制核查暂行办法》，提出每 5 年一次，按照统一规范对全国机构编制资源实际配置情况进行核实、检查、分析和规范，全面及时查清全国机构编制资源的审批和执行情况，准确掌握机构编制基础数据，集中规范机构编制管理秩序，有效支持科学决策和精准管理。

2014 年和 2016 年，中央编办先后下发《关于批转〈事业单位登记管理暂行条例实施细则（修订）〉〈事业单位法人年度报告公示办法（试行）〉的通知》《关于加强和创新事业单位法人登记监管工作的通知》，将事业单位法人年度报告向社会公示，并对公示信息进行随机抽查，抽查工作过程和结果向社会公示，强化对事业单位的信用约束，把事业单位机构编制审批与监督检查、法人登记监管衔接起来，形成监管合力。2017 年，中央编办印发《关于加强机构编制问题整改推进审批联动的意见》，要求建立机构编制问题整改台账，并建立问题整改与审批联动机制，整改不到位的原则上暂停受理机构编制事项申请，强化机构编制刚性约束。随后，印发《关于加强机构编制违规违纪行为预防工作的意见》，要求建立机构编制违规违纪行为预防工作体系，从源头上杜绝违规违纪问题发生。

2019 年，《中国共产党机构编制工作条例》明确各地区各部门党委（党组）、各级编委及办公室、有关部门机构编制监督责任、权限和程序，进一步压实机构编制监督主体责任；进一步强调将机构编制工作情况、纪律要求执行情况纳入巡视巡察、党政主要领导干部经济责任审计、选人用人专项检查、党委督促检查等监督范围，发挥监督合力，推动部门协作联动机制建设。将定期核查、机构编制执行情况和使用效益评估上升到法规层面，将评估结果作为改进机构编制管理及优化编制资源配置的重要依据。同时，规范了机构编制严禁的5种行为，并设置兜底条款；明确违纪违法行为具体处理措施和条条干预的7种具体表现；对违反条例规定，对机构编制违纪违法行为查处及追责不力、问题整改不到位造成严重后果的，要依照《中国共产党问责条例》和《中国共产党纪律处分条例》等追究责任。2021年，中央编委落实条例规定，加强和规范机构编制管理评估，印发《机构编制管理评估办法（试行）》，对机构编制评估类型、方式、程序及各类型评估的具体要求作出明确规定，促进机构编制管理科学化、规范化、精细化。

## 四　深化事业单位机构编制制度改革展望

2011年，中共中央、国务院《关于分类推进事业单位改革的指导意见》明确分类推进事业单位改革“三步走”战略，在清理规范的基础上进行科学分类，根据分类进行配套改革和管理，提出到2020年建立起功能明确、治理完善、运行高效、监管有力的管理体制和运行机制，形成基本服务优先、供给水平适度、布局结构合理、服务公平公正的中国特色公益服务体系。2018年，党的十九届三中全会《关于深化党和国家机构改革的决定》要求，加快推进事业单位改革，全面推进承担行政职能和从事生产经营活动的事业单位改革，实现政事分开、事企分开，区分情况实施公益类事业单位改革，加强事业单位党的建设，完善党的领导体制机制。2020年，中办印发《关于深化事业单位改革试点工作的指导意见》，提出坚持优化协同高效，改革事业单位机构设置和职能配置，探索实行政事权限清单、机构编制职能规定、章程管理制度。

深化事业单位改革是全面深化改革的一项重点任务，是推进国家治理体系和治理能力现代化的重要内容。从深化事业单位改革试点情况看，其与

2018 年党和国家机构改革压茬推进，并提出“整体重塑、功能再造”，实现事业单位改革既有“物理变化”又有“化学反应”，体现了中央深化事业单位改革的决心和信心，也体现了深化事业单位改革的紧迫性和突破性要求。按照党中央部署，在前期事业单位清理规范、完成分类基础上，2020 年底前基本完成承担行政职能和从事生产经营活动的事业单位改革，因此，深化事业单位改革主要是针对公益类事业单位区分情况进行改革，是事业单位分类改革的重中之重。总结党的十八大以来事业单位机构编制制度改革和深化事业单位改革试点经验，结合“国家规划”提出的新要求，展望未来，事业单位机构编制制度改革主要有以下几个方面。

### （一）调整事业单位布局结构

“国家规划”对“十四五”时期乃至更长时期我国公共服务体系进行明确布局并提出具体要求，一是强化政府“保基本”责任，促进公平公正。国家“十四五”规划和 2035 远景目标纲要首次明确公共服务分为基本公共服务、非基本公共服务。国家“十四五”公共服务规划首次将与公共服务密切相关的高品质多样化生活服务纳入规划范围，进行统筹谋划。基本公共服务是保障全体人民生存发展基本需要的服务，享有基本公共服务是公民的基本权利，保障人人享有基本公共服务是政府的重要职责。要突出政府在基本公共服务供给中的主体地位，尽力而为、量力而行，健全基本公共服务体系，加强普惠性、兜底性、基础性民生建设，按常住人口规模及服务半径统筹布局基本公共服务设施和共建共享。加快补齐基本公共服务短板，促进基本公共服务资源向边远地区和生活困难群众倾斜，向农村覆盖，向基层延伸，推进城乡区域基本公共服务制度统一，质量水平有效衔接。建立健全公共教育、医疗卫生、就业创业、社会保险、社会服务、公共文化体育、住房保障、优抚安置、残疾人服务等国家基本公共服务标准体系，并建立动态调整机制，推进标准水平城乡区域间衔接平衡。二是鼓励社会力量兴办公益事业。非基本公共服务是满足公民更高层次需求、保障社会整体福利水平所必需，但由市场自发供给不足的服务，要创新公共服务提供方式，推动非基本公共服务提供主体多元化、提供方式多样化，实现非基本公共服务提质扩容。鼓励社会力量通过政府和社会资本合作、公建民营、政府购买服务等方式参与公共服务供给，着力增强非基本公共服务弱项，在养老、育幼等供需矛盾突出的公共服务领域，发挥政府引导作用，支持社会力量参与普惠性规范性服务供给，保障各类机构平等享受优惠政策。三是充分发挥市场机制作用。生活服务是满足公民多样化、个性化、高品质需求，完全由市场供给的服务，政府要创造公平竞争的环境，推动相关产业健康发展，为公共服务提档升级拓展空间。

值得一提的是，“国家规划”将事业单位纳入国家公共服务体系中，统筹谋划国家公共服务布局、标准，要加大政府购买服务力度，在资格准入、财政支持、土地供给、政府购买、职称评定、监督管理等方面公平对待民办和公办机构。充分体现了按照国家公共服务发展总体规划要求，统筹公共服务资源配置，在提高城乡区域基本公共服务均等化质量水平的基础上，推进公平准入，营造事业单位与社会力量公平竞争的市场环境，成为“十四五”时期重点工作。因此，调整优化事业单位布局结构，要立足国家公共服务全局，整体通盘考虑。该撤的撤，该设的设，该合的合，该下沉的下沉，该上收的上收。按照高效便民、科学布局要求，整合撤并规模过小、功能萎缩、公益性弱化的“小散弱”事业单位，全面清理“空壳”单位或未进行法人登记的事业单位，探索一个机构多个分支、多个机构一体运营的有效形式，推进职能相同或相近的事业单位跨地区、跨层级、跨部门优化整合，推动打破条块分割及行政区划界限，进行结构调整和资源共享。同时，要处理好事业单位与民办机构、市场组织的关系。坚持新发展理念，充分发挥市场在资源配置中的决定性作用，更好发挥政府作用，政府必须承担不宜由市场或社会提供的服务，能够通过政府购买或社会组织提供的服务，不再直接由事业单位提供，凝聚合力、强化协同、突出优化，推动形成政府保障基本、社会多元参与、全民共建共治共享的公共服务供给格局。另外，鼓励运用人工智能、互联网、大数据等现代信息技术手段提升治理能力和水平，提供智慧便捷的公共服务。从某种意义上说，这些都是一种机构编制管理创新，改变了政府举办事业单位直接提供公共服务的方式，降低机构编制需求，通过竞争和现代信息技术等的运用，不断增加公共服务品种，提高公共服务质量、水平和效率，满足不同群体不同层次的公共服务需求。

## （二）优化事业单位机构编制配置

坚持总量控制、结构调整、分类管理，形成严控与优化相结合、审批与备案相结合、编制保障与购买服务相结合的管理方式，管住盘活用好机构编制资源。

总量控制、优化配置。贯彻“严控总量、统筹使用、有减有增、动态平衡、保证重点、服务发展”的思路，提高机构编制管理科学化、规范化、精细化水平，推动机构编制管理由“控量”向“提质”转变。一是科学测算总量规模，并根据经济社会发展进行动态调整、同频共振；二是健全机构编制管理评估机制，客观分析机构编制使用效果，精准配置机构编制资源；三是挖潜创新、优化结构、统筹使用，通过跨地区、跨层级、跨部门统筹调剂、动态调整、周转使用等方式，妥善解决严控机构编制与满足发展需要之间的矛盾，提升机构编制资源使用效益，推动机构编制资源向普惠性、基础性、兜底性民生领域、重点领域及基层倾斜；四是联动配合，加强监督，建立事业单位机构编制信息共享平台，加强机构编制执行情况动态监测；加强与纪检监察、组织、人社、审计等部门协作配合，推动机构编制工作情况、纪律执行情况纳入巡视巡察、党政主要领导干部经济责任审计、选人用人专项检查、党委督促检查等工作；建立健全事业单位年度报告公开、信息公开等制度，稳妥推进事业单位信用建设；强化机构编制刚性约束，加强问题督促整改，严肃纪律问责，维护机构编制管理权威性、严肃性。

区别功能、分类管理。公益一类事业单位，继续实行审批管理，明确单位名称和类别、职责任务、领导职数、经费来源、编制数额、编制结构比例等。积极推进公益二类事业单位实行备案管理或不纳入编制管理。创新事业单位机构编制管理方式，更多地管总量、管标准，加大政府购买服务力度，探索实行员额制、人员控制数等管理办法，加强机构编制宏观管理和间接管理，进 步减少微观管理和直接管理。

### （三）完善事业单位治理机制

习近平总书记在深化党和国家机构改革总结会议上强调："完成组织架构重建、实现机构职能调整，只是解决了面上的问题，真正发生化学反应，还有大量工作要做。""把机构职责调整优化同健全完善制度机制有机统一起来、把加强党的长期执政能力建设同提高国家治理水平有机统一起来，继续巩固机构改革成果。"完善事业单位治理机制，建立功能明确、治理完善、运行高效、监管有力的管理体制和运行机制，是深化事业单位改革的核心任务。

一是构建新型政事关系。面向社会提供公益服务的事业单位逐步建立政事权限清单，根据相关法律法规、政策文件及事业单位职责宗旨、业务范围等，以清单方式逐项明确主管部门、相关职能部门和事业单位在党建、干部人事、收入分配、财务资产、业务运行等方面的权限，合理界定主管部门的举办监督职责、相关职能部门的管理职责和事业单位自主运营管理权，做到定位准、责任明、边界清。以政事权限清单为抓手，推动减权、规范用权，理顺政事管办关系，深入推进政事分开、管办分离，推动行业主管部门从"办事业"向"管行业"转变，将主要精力放在加强面向全社会的行业管理上，重在抓好规划、政策和行业监管，为推动公益事业多元发展、公平竞争创造条件。政府转变职能，简政放权，放管结合、优化服务，加强宏观管理和间接管理，减少对事业单位的微观管理和直接管理，落实事业单位管理自主权，使事业单位真正成为面向社会提供服务的独立法人。

二是完善机构职能编制规定（三定）。提升"三定"规定的科学性、规范性，为事业单位规范履职奠定基础。聚焦主责主业，明确功能定位，优化机构设置和编制配备。树立"三定"规定就是法律的理念，事业单位要按照"三定"规定确定的职责任务、机构数、编制数、领导职数等设置机构、配备人员、开展业务，不能擅自增设机构、超编进人、超配干部、超职能范围开展业务。强化公益属性，破除逐利机制，除党中央、国务院赋予特殊职能的以外，政府举办的公益性事业单位禁止投资办企业，禁止开展竞争性经营活动。以"三定"规定为抓手，明确功能定位，规范履职行为和机构编制制度执行，出现违反“三定”规定的情况，必须严肃查处、及时纠正。

三是加强事业单位章程管理。面向社会提供公益服务的事业单位，探索建立多种形式的法人治理结构，明确内外部权利义务关系。完善党对事业单位领导体制机制，提升党建质量，把党对事业单位的领导落地落实。加强事业单位领导班子建设，实现利益相关方共同参与治理，促进重大事项决策科学化、民主化。以章程管理为抓手，理顺领导体制和组织结构，加强分类指导，健全治理机制，保障事业单位规范、透明、高效、自主运行，推动事业单位去行政化，实现专业化、职业化发展。为机关提供支持保障的事业单位，要明确功能定位，逐步压缩规模，严格控制机构编制，原则上一个部门只设置一个机构，实行与机关统筹管理。

通过政事权限清单、机构编制职能规定、章程管理等有形载体，把政府转变职能、简政放权与事业单位规范自主运行，既要管住又要放活落实到制度层面、操作层面，在法治下推进改革，在改革中完善法治，强化协同配合，持续激发事业单位生机与活力，促进公益事业发展，不断满足人民群众对美好生活的向往。通过自上而下推动与自下而上探索的有机结合，积极稳妥深化事业单位改革，确保改革取得实效。

## 参考文献

张崇和：《全面推进事业单位机构编制标准工作提高机构编制管理科学化水平》，《中国机构改革与管理》2014 年第 12 期。

张雅林：《对地方事业编制挖潜创新服务发展具体措施的说明》，《中国机构改革与管理》2017 年第 8 期。

中央编办监督检查局：《机构编制监督检查制度研究》，人民日报出版社，2019。

中央编办理论学习中心组：《深入学习领会习近平新时代中国特色社会主义思想深刻认识机构编制工作的基本属性和特质》，《中国机构改革与管理》2019 年第 9 期。

《中国共产党机构编制工作条例释义》，党建读物出版社，2020。

# B.6

# 事业单位人事制度改革的回顾与展望（2020～2021）

胡铁俊*

摘　要：　2020年7月至2021年6月，事业单位人事制度改革处于稳步推进之中。根据国家经济社会发展要求，人社事业发展规划和各行业发展规划对事业单位人事制度改革进行了新的布局。事业单位人事制度改革继续深化，涵盖事业单位机构编制、岗位管理、绩效工资分配、职称评价、人才队伍建设和奖励等方面。同时，围绕乡村振兴战略，国家对基层事业单位人才队伍建设制定了具有针对性的人事政策，为边远地区和乡村引人留人提供了政策支持。此外，科教文卫等行业改革中的人事政策也是构成事业单位人事制度改革的重要内容。本文具体梳理了事业单位人事制度的改革进展，并且认为人事制度改革体现了以国家战略为导向，以激发活力为着眼点，以精准施策、分业推进为路径的发展趋势。

关键词：　事业单位　人事制度改革　“十四五”规划　乡村振兴战略

2020～2021年，是实现“两个百年”奋斗目标的交汇之年，是“十四五”规划的开局之时，具有承上启下的历史意义。这期间，事业单位人事

* 胡铁俊，中国人事科学研究院事业单位管理研究室助理研究员，主要研究方向为事业单位人事管理。

制度改革在新的形势下，不断适应并深入发展。下文将对 2020 年 7 月至 2021 年 6 月的事业单位人事制度改革进行回顾。

## 一 “十四五”规划中人事制度新布局

2020 年是“十三五”规划的收官之年，也是“十四五”规划的谋划之年，我国先后制定了《中共中央关于制定国民经济和社会发展第十四个五年规划和二〇三五年远景目标的建议》和《中华人民共和国国民经济和社会发展第十四个五年规划和 2035 年远景目标纲要》，为将我国建成文化强国、教育强国、人才强国、体育强国和健康中国，根据不同行业特点，从编制、岗位、薪酬、职称等方面对事业单位人事制度改革提出了相应要求。人力资源和社会保障部与各行业主管部门在此基础上，编制了相应工作领域的“十四五”规划，为各类公共事业的人事制度改革谋篇布局，以求推动我国公共服务的高质量发展。

### （一）人社事业发展规划

2021 年 6 月，人力资源和社会保障部印发了《人力资源和社会保障事业发展“十四五”规划》，要求持续推进事业单位人事制度改革，以激发人才活力；要求改革完善事业单位工资制度，深入分配制度改革，更加积极有为地促进共同富裕。

规划指出，事业单位人事制度的改革要适应分类推进事业单位改革要求，通过建立权责清单，理顺人事管理权责边界。具体的制度安排包括：事业单位聘用合同管理、公开招聘、岗位管理、交流制度、监督制度、“一件事”服务模式、县以下管理岗位职员等级晋升制度、专业技术一级岗设置工作以及工作人员考核、奖惩和培训机制等。同时，要求通过人事制度安排支持鼓励高校、科研院所等科研人员创新创业，以及落实乡村振兴战略。

事业单位工资制度的改革，要求体现岗位绩效和分级分类管理，体现事业单位行业特点。具体要求包括：落实基本工资标准、艰苦边远地区津贴标准正常调整机制，逐步实现绩效工资总量正常调整，构建创新要素价值的收益分配机制，落实科研人员职务科技成果转化现金奖励政策，完善高层次人才绩效工资总量单列，探索主要领导人员的收入分配制度，完善事业单位工作人员福利制度和特岗津贴补贴制度，推进工资管理信息化建设，推动落实带薪休假制度。此外，分行业分步骤深化和推进公立医院、高校、科研院所和其他事业单位绩效工资管理办法，以及完善消防员工资福利。

### （二）行业发展规划

2021 年 4 月，文化和旅游部印发《“十四五”文化和旅游发展规划》，提出深化国有文艺院团改革，开展社会效益评价；加强人才队伍建设，优化人才培养结构、培养模式、评价机制，引导人才向艰苦边远地区和基层流动。2021 年 6 月，文化和旅游部印发《“十四五”公共文化服务体系建设规划》，为保障公共文化服务体系建设，提出了要健全公共文化人才队伍培养、激励和评价机制，强调了基层公共文化机构人才培养，以及公共图书馆、文化馆（站）干部的专业化建设等。

2021 年 6 月，国家发改委、国家卫健委等四部门联合印发了“十四五”期间医疗服务体系建设的实施方案。实施方案对公共卫生防控救治能力提升工程、公立医院高质量发展工程、重点人群健康服务补短板工程、促进中医药传承创新工程等四大工程进行了具体设计，并在配套措施中提出了岗位核定、人才聘用、薪酬分配、职称晋升等相应的人事政策。①

## 二　事业单位人事制度改革

当前，事业单位人事制度改革工作正稳步推进中，涉及的内容包括事业单位机构编制、岗位管理、绩效工资分配、职称评价、人才队伍建设和奖励等。

① 参见《关于印发“十四五”优质高效医疗卫生服务体系建设实施方案的通知》，2021 年 6 月 17 日。

### （一）深化事业单位改革

2020 年 2 月，中央深化改革委员会会议通过了深化事业单位改革试点工作的指导意见，全国有 9 个省份和 5 个中央国家机关部门作为试点，对事业单位机构和职能进行改革，探索建立政事权限清单、机构编制职能规定、章程管理等制度。近一年来，试点地区和部门都已陆续推进改革实施，以期对事业单位进行整体重塑和功能再造。在人事制度上目前主要涉及编制管理，有的省市建立了统筹使用、动态调整、重点保障的编制周转池制度，重点保障与民生紧密联系的事业单位。[①]

### （二）推进事业单位人事管理“一件事”服务

2021 年 2 月，人力资源和社会保障部办公厅印发通知，推进事业单位人事管理“一件事”服务。事业单位人事管理“一件事”服务是指将事业单位工作人员人事管理重点环节、人事业务所涉及的人社领域相关服务事项整合成“一件事”联动办理。[②] 目前，黑龙江、江苏、江西等 8 个省份已开展“一件事”服务全流程试点。

### （三）全面推行县以下事业单位管理岗位职员等级晋升制度

2021 年 2 月，中央召开全面深化改革委员会第十八次会议，会议审议通过了县以下事业单位管理岗位的职员等级晋升制度，强调将县以下事业单位职员等级与岗位等级适当分离，建立主要体现德才素质、个人资历、工作实绩的等级晋升制度，拓展县以下事业单位管理人员职业发展空间。[③]

---

① 参见《关于深化事业单位改革试点工作的指导意见》，2020 年 2 月 14 日。

② 参见《人力资源社会保障部办公厅关于落实“人社服务快办行动”推进事业单位人事管理“一件事”服务的通知》，2021 年 2 月 24 日。

③ 参见《关于县以下事业单位建立管理岗位职员等级晋升制度的意见》，2021 年 2 月 19 日。

## （四）改革完善事业单位绩效工资制度

事业单位绩效工资改革进入了重点领域先行改革探索阶段，以逐步建立体现行业特点的绩效工资制度。

2021 年 3 月，人力资源和社会保障部等三部门联合印发文件，明确职务科技成果实现转化后，可对相关工作人员进行现金奖励，额度计入单位绩效工资总量，但不受总量限制，不作为下一年度总量核定基数。文件还明确，若企业或社会组织委托课题中存在“三技”（科研人员在成果转化工作中开展的技术开发、技术咨询、技术服务）活动的，在当地科技部门进行技术合同登记认定后，其绩效工资分配可按照本文件规定执行。①

2020 年 12 月，国家卫生健康委、人力资源和社会保障部等八部门联合印发文件，将完善医疗机构的绩效工资分配制度作为规范医疗行为的改革措施之一。文件明确指出，不得将可能诱导过度检查和医疗的指标与医务人员收入挂钩，要综合考量各种指标，优绩优酬，使收入充分体现劳动价值和技术价值。②

2021 年 5 月，中央宣传部、人力资源和社会保障部等九部门联合印发文件推进博物馆改革，明确了要健全博物馆激励机制，合理核定绩效工资总量，对开展陈列展览策划、教育项目设计、文创产品研发取得成效明显的单位可适当增核绩效工资总量，内部分配向从事上述工作的人员倾斜。③

## （五）人才队伍建设

事业单位是人才的主要聚集地，促进人才职业发展、激发人才活力、强化人才队伍建设是事业单位人事制度改革的重要内容。

2020 年 12 月，人力资源和社会保障部为推动高技能人才与专业技术人

---

① 参见《关于事业单位科研人员职务科技成果转化现金奖励纳入绩效工资管理有关问题的通知》，2021 年 2 月 8 日。

② 参见《关于进一步规范医疗行为促进合理医疗检查的指导意见》，2020 年 12 月 29 日。

③ 参见《关于推进博物馆改革发展的指导意见》，2021 年 5 月 11 日。

才职业发展贯通印发文件，在原有的职称制度改革基础上，进一步打通高技能人才与专业人才的职业发展通道。主要是通过扩大职称贯通领域、完善评价标准、创新职称评价机制、加强评价制度与用人制度衔接等措施来激励高技能人才。①

2020～2021 年，为贯彻深化职称制度改革的相关要求，分类推进改革，人力资源和社会保障部与相关部门先后制定了高等学校教师、新闻专业技术人员、图书资料专业人员、工艺美术专业人员、出版专业技术人员等的职称制度改革指导意见，健全了职称评价体系、完善了职称评价标准，以此推动专业技术人员的职业发展，加强专业技术人才队伍建设。

2020 年 12 月，教育部、人力资源和社会保障部等六部门联合印发文件，为高校教师队伍建设提出了一系列支持举措。人事政策方面明确，完善聘用制度，落实高校用人自主权；加快岗位管理改革，探索高校人员总量管理、准聘与长聘相结合等管理方式；强化教育教学管理，多维度考评教学工作实绩，并加大教学实绩与教育实效在绩效分配、职务职称评聘和岗位晋级考核中的比重；推进职称制度改革，下放评审权限，完善评审标准；深化考核评价机制，注重能力、实绩和贡献等综合评价，破除“五唯”；健全教师兼职和兼职教师管理制度；落实以增加知识价值为导向的收入分配政策，推进高校薪酬制度改革，完善高校内部收入分配激励机制，吸引一流人才从事高等教育。②

2021 年 4 月，国家卫生健康委、人力资源和社会保障部等三部门联合印发文件指导建立保护关爱医务人员长效机制。为对医护人员提供切实的权益保障，使其能持续投入医疗卫生事业，指导意见中强调要落实待遇职称政策。待遇方面，落实“两个允许”要求，深化改革医疗机构薪酬制度。建立绩效工资奖励机制，明确提出，对公益目标任务完成好、考核优秀的医疗机构，核增一次性绩效工资总量。职称评审方面，将突发公共卫生事件中的

① 参见《人力资源社会保障部关于进一步加强高技能人才与专业技术人才职业发展贯通的实施意见》，2020 年 12 月 28 日。

② 参见《关于加强新时代高校教师队伍建设改革的指导意见》，2020 年 12 月 24 日。

表现作为重要内容。此外，对突发公共卫生事件中表现突出的编外人员，可按规定直接聘用或组织专项招聘。①

2021 年 6 月，科技部、人力资源和社会保障部等 13 个部门联合印发文件，为女性科技人才制定了有针对性的科研政策支持，从资源获取、评价激励、支持哺乳期女性科技人才科研工作、高级职称女性科技人才退休等人事政策方面进行了规定。②

### （六）奖励

2020 年 7 月，根据《事业单位工作人员奖励规定》，人力资源和社会保障部决定于 2020 年下半年对全国事业单位开展脱贫攻坚专项奖励工作，并制定发布了通知，明确了奖励范围、奖励条件和种类、奖励程序和权限以及有关工作要求等。截至 2020 年 12 月中旬，被奖励的个人和集体涵盖了农业、教育、卫生和综合服务等领域，总计 226 名记大功个人和 114 个记大功集体。③

## 三　乡村振兴战略下的人事政策

在打赢脱贫攻坚战后，需进一步巩固脱贫地区发展成果和推动乡村全面振兴。基层事业单位的相关人事政策安排，聚焦如何引人留人、加强人才队伍建设，为乡村振兴提供人才支撑。

2020 年 7 月，教育部、人力资源和社会保障部等六部门联合印发文件指导加强乡村教师队伍建设。文件中对编制管理、人才交流、职业成长、地位待遇提高等方面进行了一系列相应的人事政策安排，包括编制资源的倾斜、义务教育学校教师“县管校聘”改革、职称评聘政策标准设置、乡村教师平均工资水平不低于或高于当地公务员平均工资水平的要求和荣誉制度的完善等。④

---

① 参见《关于建立保护关心爱护医务人员长效机制的指导意见》，2021 年 4 月 13 日。

② 参见《关于支持女性科技人才在科技创新中发挥更大作用的若干措施》，2021 年 6 月 17 日。

③ 参见《关于在全国事业单位集中开展脱贫攻坚专项奖励工作的通知》，2020 年 7 月 27 日。

④ 参见《关于加强新时代乡村教师队伍建设的意见》，2020 年 7 月 31 日。

2021 年 2 月，国家卫健委、人力资源和社会保障部等 13 个部门联合印发文件，指导巩固拓展健康扶贫成果同乡村振兴有效衔接。为加强基层医疗卫生人才建设，文件对脱贫地区的基层医疗卫生机构，在编制、招聘、职称评定、基本养老保险等方面予以政策倾斜。例如，明确继续实施全科医生特岗政策，对部分急需紧缺人才的招聘更加灵活，全面推广“县管乡用”“乡管村用”，职称评定考虑基层医疗服务经历等。①

2021 年 2 月，中共中央办公厅、国务院办公厅印发了文件推进乡村人才振兴。为引导各类人才投入到乡村振兴实业中，进行了全局性的制度设计。其中，乡村教师相关人事政策包括职称评定中“定向评定、定向使用”机制，高级岗位总量控制、比例单列机制，乡村教师生活补助政策以及周转房、保障房政策等。乡村卫生健康人才相关人事政策包括编制核定与动态调整政策、公开招聘双放宽（放宽学历、放宽年龄）政策、全科医生特岗计划以及优化岗位设置、合理核定绩效工资总量和落实乡村医生各项补助等激励机制。乡镇事业人员相关人事政策包括，健全从乡镇事业人员中选拔乡镇领导干部常态化机制，并允许基层事业单位拿出一定数量的职位面向本地户籍或长期在本地生活的人员。②

## 四　各行业改革中的人事政策

人事政策作为各行业事业单位改革的重要保障，在行业改革中发挥着不可或缺的作用。各行业主管部门为促进行业发展，加强人才建设，激发人才活力，也会在人事政策方面进行相应的改革与创新。

### （一）科技行业人事政策

为进一步加强科研风气建设，科技部制定了一系列相关的文件，对

① 参见《关于巩固拓展健康扶贫成果同乡村振兴有效衔接的实施意见》，2021 年 2 月 1 日。

② 参见《关于加快推进乡村人才振兴的意见》，2021 年 2 月 23 日。

科研活动中的不当行为进行了规范。2020 年 6 月，科技部制定发布《科学技术活动违规行为处理暂行规定》，完善了违规行为的认定、处理措施以及惩处。[①] 7 月，科技部、自然科学基金委印发文件，明确了国家科技计划（专项、基金等）的科研作风和科研诚信责任主体，并对责任主体在奖励奖金、入职、晋升和考核评优等方面的日常人事工作提出了要求。[②] 12 月，科技部具体针对科技活动评审工作中的请托行为的处理进行了制度规定。[③]

2020 年 10 月，科技部修订了《国家科学技术奖励条例》（国务院令第 731 号第三次修订），适应了新形势新要求，将之前深化科技奖励改革的有效举措和有益探索上升为法规，完善了国家的科技奖励制度，进一步调动了科研人员的投身科研事业的积极性。[④]

### （二）教育行业人事政策

博士生导师承担着为国家培养顶尖人才的重要任务，有必要进一步加强博士生导师队伍的建设。2020 年 9 月，教育部印发文件，明确了博士生导师岗位的权责，对聘用、培训、考核评价、激励示范、退出、岗位设置管理和监督管理进行了规定。[⑤]

2020 年 10 月，为实现教育现代化，建设体育强国，构建全面培养的教育体系，中共中央办公厅、国务院办公厅印发了文件，分别对我国的体育教育和美育教育提出了相关要求和举措，其中包括体育老师和美育老师的招聘、职业发展、工资分配等方面的人事政策。[⑥]

---

① 参见《科学技术活动违规行为处理暂行规定》，2020 年 6 月 18 日。

② 参见《关于进一步压实国家科技计划（专项、基金等）任务承担单位科研作风学风和科研诚信主体责任的通知》，2020 年 7 月 17 日。

③ 参见《科学技术活动评审工作中请托行为处理规定（试行）》，2020 年 12 月 23 日。

④ 参见《国家科学技术奖励条例》（国务院令第 731 号第三次修订），2020 年 10 月 7 日。

⑤ 参见《关于加强博士生导师岗位管理的若干意见》，2020 年 9 月 29 日。

⑥ 参见《关于全面加强和改进新时代学校体育工作的意见》和《关于全面加强和改进新时代学校美育工作的意见》，2020 年 10 月 15 日。

为完善人才评价机制、优化学术生态，教育部先后印发了《关于正确认识和规范使用高校人才称号的若干意见》① 和《关于破除高校哲学社会科学研究评价中“唯论文”不良导向的若干意见》②，对高校人才的管理以及评价提出了相应的指导意见。

## （三）文化行业人事政策

为推进文化公共服务的高质量发展，满足人民群众对美好生活的需求，2021 年 3 月，文化和旅游部等三部门印发文件指导推动公共文化服务高质量发展，其中强调了建设一支精干高效的基层文化人才队伍，建立健全文化人才相关人事管理政策，落实基层文化服务岗位的编制和经费，保证基层文化服务人员的相对稳定。③

为进一步深化文化体制机制改革，推进公共文化事业发展，2021 年 5 月，中央宣传部、人力资源和社会保障部等九部门印发文件推进博物馆改革发展，明确提出要深化人事制度改革，在博物馆干部人事管理、职称评审、岗位设置自主权等方面予以增强。④

同年 6 月，中共中央办公厅、国务院办公厅印发文件，深化国有文艺院团改革，明确指出对于保留事业单位性质的国有文艺院团，强化公益属性与增强活力兼顾，完善人事、收入分配各项政策。同时，强调要建立完善鼓励演职人员多演出的激励机制。⑤

## （四）医疗卫生行业人事政策

为推动构建我国的分级诊疗制度，规范医疗联合体的建设、管理和运行，2020 年 7 月，国家卫生健康委、国家中医药管理局制定了医联体管理

① 参见《关于正确认识和规范使用高校人才称号的若干意见》，2020 年 12 月 8 日。

② 参见《关于破除高校哲学社会科学研究评价中“唯论文”不良导向的若干意见》，2020 年 12 月 10 日。

③ 参见《关于推动公共文化服务高质量发展的意见》，2021 年 3 月 8 日。

④ 参见《关于推进博物馆改革发展的指导意见》，2021 年 5 月 24 日。

⑤ 参见《关于深化国有文艺院团改革的意见》，2021 年 6 月。

办法。文件中明确医疗联合体应当设立专门的管理机构，统筹内部的人事安排、薪酬分配和考核监督等事项。①

2021 年 5 月，国务院办公厅印发文件推动公立医院高质量发展，为提升公立医院高质量发展新效能，要求改革公立医院内部绩效考核，根据聘用合同、岗位职责考核实绩，并与薪酬分配相挂钩；为激活公立医院高质量发展新活力，要求从编制核定、岗位管理等方面改革人事管理制度，落实“两个允许”改革薪酬分配制度，健全医务人员培养评价机制。②

## 五　发展趋势总结

在回顾了 2020 年 7 月至 2021 年 6 月事业单位人事制度改革的基础上，不难发现，改革举措大多目标一致，受到国家大政方针的引领；逻辑连贯，各项人事政策的设计都在相同的理念之下；思路清晰，改革步骤安排有序。其发展趋势具体总结如下。

第一，事业单位人事制度改革的基本导向是促进我国公共事业高质量发展、推动实施国家战略。事业单位是公共事业发展的主要载体，为推动实施科教兴国战略、人才强国战略、创新驱动发展战略、乡村振兴战略等国家战略提供人才支撑。因此，事业单位人事政策改革必将以国家战略为导向，强化事业单位公益属性，匹配公共事业高质量发展需求，服务于国家经济社会发展大局。

第二，事业单位人事制度改革的着力点是激发事业单位活力、强化人才队伍建设。事业单位是人才聚集的主要阵地，事业单位人事制度改革就是深化改革编制核定、公开招聘、岗位管理、职称评定、考核评优以及工资分配等方面的人事政策，充分授予事业单位人事管理自主权，引才留才，稳定人才队伍。

① 参见《医疗联合体管理办法（试行）》，2020 年 7 月 9 日。

② 参见《国务院办公厅关于推动公立医院高质量发展的意见》，2021 年 5 月 14 日。

第三，事业单位人事制度改革的基本路径是精准施策、分业推进。事业单位类型复杂、数目众多，涵盖科教文卫等大多数公共事业领域。在对事业单位人事制度进行整体性的规范后，改革措施趋向精准化，匹配不同行业需求，适应不同行业特点；同时，改革实施趋向科学化，分步实施、分业推进，在公立医院、高校、科研院所等重点领域率先进行改革探索后，再逐步扩展到其他事业单位，符合政策执行与扩散的科学规律。

# B.7
# 事业单位纪检监察工作的回顾与展望（2020～2021）

潘春玲　安家妤*

摘　要：党的十八大以来尤其是十九大之后，我国不断推动纪检监察体制改革，各个领域的纪检监察工作都取得了更大进展。事业单位纪检监察工作在这一大趋势中也实现了新的发展。2020年以来，事业单位纪检监察机关结合新形势的要求，坚持落实“两个维护”，持续深化作风建设，构建协调高效的监督机制，一体推进不敢腐、不能腐、不想腐，打造高素质专业化队伍。经过不懈努力，事业单位纪检监察工作取得了诸多成效，但也面临一些挑战。在新发展阶段，事业单位纪检监察机关要切实维护党中央权威和党的集中统一领导，在实践探索中不断推动政治监督的具体化常态化发展，构建科学有效的大监督格局，深化一体推进不敢腐、不能腐、不想腐，提高干部的政治能力和专业化水平，为实现党和国家发展新目标保驾护航。

关键词：事业单位　纪检监察工作

党的十八大以来，事业单位纪检监察工作在党的领导和推动下取得了丰

* 潘春玲，中国农业大学马克思主义学院讲师，清华大学廉政与治理研究中心客座研究员，主要研究方向为廉政建设；安家妤，中国矿业大学（北京）文法学院博士生，清华大学廉政与治理研究中心研究助理。

硕的成果。党的十九大之后，纪检监察工作有了新的发展目标和要求。中央和地方各级纪检监察机关积极探索，促进纪检监察工作的高质量发展。在这一过程中，事业单位纪检监察机关也在原有发展的基础上，按照党中央的要求，继续加大全面从严治党力度，并结合实际情况，从多个维度采取了相应举措，推动纪检监察工作取得了新成效，也积累了丰富的经验。回顾2020年以来事业单位纪检监察工作的发展，总结成效和挑战，展望新发展阶段的工作重点和方向，对于提高纪检监察工作成效、发挥保障作用具有重要的现实意义。

## 一　2020年以来中国事业单位纪检监察工作回顾

事业单位在国家发展中肩负着重要责任。2020 年，新冠肺炎疫情对中国乃至全球的经济政治社会发展造成了很大的冲击。如何更好地应对疫情所带来的挑战，为国家的发展创造良好的条件，成为纪检监察工作的重要任务。同时，为了打赢脱贫攻坚战，助力全面建成小康社会，事业单位也不断发挥自身的优势，做好党和国家交给的各项任务。2020 年以来，为了有效地履行事业单位的职责，更好地发挥事业单位在国家发展过程中的作用，事业单位纪检监察机关也结合国家形势的发展，积极开展纪检监察工作，进行了一系列的探索。

### （一）坚持落实“两个维护”

新时代党领导人民进行伟大斗争，必须坚决维护习近平总书记的核心地位、维护党中央权威和集中统一领导。只有坚决做到“两个维护”，才能更好地坚持和加强党的全面领导，不断推进党和国家事业。落实“两个维护”，是新时代纪检监察工作的根本和灵魂。[①] 作为管党治党的重要力量，同时也作为党内监督和国家监察专责机关，各级纪检监察机关都应肩负起同

① 《坚决把“两个维护”落实到纪检监察工作中》，《中国纪检监察》2018 年第 11 期。

危害党中央权威和集中统一领导的各种言行作斗争的责任，以自身的实际行动来落实好“两个维护”。2020 年以来，事业单位纪检监察机关始终以维护和落实“两个维护”作为重要使命，立足于各事业单位的工作内容和工作特点，在工作中紧扣自身首要职责和基本职责，把监督挺在前面，突出遵守党章党规、贯彻党的路线方针政策等重要问题，进一步严明政治纪律和政治规矩。对于不利于落实党中央重大决策部署的行为，事业单位纪检监察机关给予严肃处理，确保将“两个维护”落实到纪检监察工作的每一项具体工作中，为落实“两个维护”提供坚强的组织保障。例如，在疫情防控工作中，事业单位纪检监察机关认真履行监督职责，严格督促单位各部门履行好本职工作，落实好疫情防控要求，为相关部门开展好疫情防控工作提供了有力保障。

### （二）持续深化作风建设

党的作风就是党的形象，关系人心向背，关系党的生死存亡。必须加大力度加强党的作风建设，净化党内风气，密切党同人民群众的关系，有效巩固党的群众基础。党的十八大以来，我们党高度重视作风建设，并采取多项举措来提高作风建设成效。其中，我们党以中央八项规定作为重要抓手，并开展“反四风”工作，持续推动净化党内不良作风，使党风、政风和社会风气不断好转，同时也带动管党治党全面从严，增强了党的凝聚力、向心力。2020 年以来，各级纪检监察机关按照党中央、中央纪委关于作风建设的总体要求，立足于本地区本领域的作风状况，以落实中央八项规定精神为抓手，重点整治形式主义、官僚主义，不断推进作风建设常态化长效化，取得了诸多成效。在这一过程中，事业单位纪检监察机关持续查处违反中央八项规定精神问题，尤其紧盯重要领域和重要节点，避免出现违纪甚至违法的问题。例如，事业单位纪检监察机关聚焦脱贫攻坚的关键问题，重点关注扶贫领域的腐败问题和作风问题，并开展专项治理工作，查处了扶贫领域存在的贪污挪用、虚报冒领等问题，为决战决胜脱贫攻坚提供重要保障。此外，事业单位纪检监察机关还持续整治形式主义、官僚主义，同时不断推进作风建设常态化长效化，促进纪检监察工作的高效开展。

## （三）构建协调高效的监督机制

随着反腐败形势越来越复杂，全面从严治党任务越来越重，要开展好纪检监察工作，不能仅靠纪检监察机关，还需要科学有效整合运用各种监督力量，形成强大的监督合力。党的十八大以来，党中央非常重视各种监督力量的协调发展。十九大之后，提出了坚持和完善党和国家监督体系，强调要以党内监督为主导，推动各类监督有机贯通、相互协调。在这一要求的指导下，各级纪检监察机关在已有工作模式的基础上，进一步探索整合不同监督力量的方法，使监督合力不断得到增强，为纪检监察工作的开展聚集更多的力量。2020 年以来，事业单位纪检监察机关围绕工作目标和内容，着力推动纪律监督、派驻监督、巡视监督等不同党内监督形式的统筹衔接，同时也逐步促进党内监督和党外监督的协同协调，进一步构建协调高效的监督机制。在这一过程中，事业单位相关部门的力量得到充分发挥，纪检监察工作的开展更为顺畅，专业领域的问题得到了相关部门的专业指导，工作成效也得到了有效的提高。

## （四）一体推进不敢腐、不能腐、不想腐体制机制

一体推进不敢腐、不能腐、不想腐体制机制，是党的十八大以来全面从严治党和反腐败斗争实践的科学总结。[①] 不敢腐、不能腐、不想腐之间存在密切的内在联系，要求在严厉惩治、形成震慑，做到“不敢腐”的同时，还要扎牢制度笼子、规范权力运行，巩固“不能腐”，并加强党性教育、提高思想觉悟，实现“不想腐”。党的十八大以来尤其是十九大之后，一体推进不敢腐、不能腐、不想腐的管党治党思路更为突出。2020 年以来，各级纪检监察机关继续秉持一体推进“三不”体制机制的理念，强调标本兼治、综合治理，反腐败工作取得新的成效。各事业单位纪检监察机关在加大力度惩治腐败问题的同时，加强制度的完善和执行，注重开展各

① 苗庆旺：《构建一体推进不敢腐、不能腐、不想腐体制机制》，《求是》2019 年第 24 期。

项监督工作，并开展一系列教育活动，从多个维度着手，综合提升腐败治理效能。

### （五）打造高素质专业化队伍

高素质专业化的纪检监察干部队伍是纪检监察工作取得突出成效的关键条件。建设一支政治素质高、忠诚干净担当、专业化能力强、敢于善于斗争的纪检监察铁军，是推动新时代纪检监察工作高质量发展的组织保障，是全面从严治党、正风肃纪反腐取得实效的关键。① 党的十八大以来，党中央始终高度重视纪检监察干部队伍建设，并对纪检监察干部提出了明确的要求。2020 年以来，各级纪检监察工作队伍在纪检监察工作一线锤炼政治品格，提高政治能力。各级纪检监察机关也围绕这一阶段的任务和要求，做好干部培训工作，提高纪检监察干部的素质和能力。同时，也进一步加强纪检监察干部的法治意识、规矩意识等方面的教育，防止“灯下黑”。事业单位纪检监察机关也认真贯彻党中央的重要精神，对纪检监察干部开展一系列学习教育活动，同时围绕事业单位的工作特点开展有针对性的业务培训，为纪检监察工作的有效开展提供保障。

## 二 2020年以来事业单位纪检监察工作的成效与挑战

2020 年以来，事业单位纪检监察机关在党中央、中央纪委和相关部门的指导下，立足于本领域的工作特点，认真开展纪检监察工作，取得了良好成效。但由于纪检监察工作的对象愈加复杂，任务要求越来越高，也面临一些挑战，亟待有效解决。

### （一）事业单位纪检监察工作取得的主要成效

2020 年以来，各级事业单位纪检监察机关采取多项举措来开展纪检监

① 白广磊、陈杨：《锻造新时代纪检监察铁军——学习习近平总书记关于纪检监察干部队伍建设的重要论述》，《中国纪检监察》2021 年第 5 期。

察工作，推动全面从严治党向纵深发展，为事业单位各项工作的规范有序开展创造了有利的环境。这一时期事业单位纪检监察工作取得的成效主要包括以下几个方面。

一是推动党中央各项政策在事业单位的有效落实。事业单位作为从事教育、科技、文化、卫生等活动的社会服务组织，在国家事业发展中起着举足轻重的作用。因此，党中央各项政策能否有效落实，必然离不开各级事业单位的认真贯彻执行。2020 年以来，事业单位纪检监察机关围绕脱贫攻坚、全面建成小康社会、疫情防控等专项工作，对事业单位相关领域、相关部门和相关人员进行有针对性的监督，并对违纪行为进行查处，为相关政策的有效落实提供了重要保障，助力事业单位发挥应有作用，为党和国家事业做出积极贡献。

二是党内政治生态进一步好转。营造良好政治生态，是全面从严治党的题中应有之义。2020 年以来，事业单位纪检监察机关注重加强党内政治生态建设，以政治建设为统领，严密党的政治纪律，强化全体党员尤其是党员干部的规矩意识，严格贯彻实施民主集中制，不断改造党员干部的思想观念，进一步营造良好的党内政治生态，提高党组织的创造力、凝聚力、战斗力。政治生态的好转也为事业单位创造了良好的发展环境，使广大事业单位领导干部和普通工作人员的廉洁发展更有保障。

三是作风建设成效突出。党的作风如何，会影响到党群干群关系，影响到党的形象。十九届中央纪委五次全会工作报告指出，2020 年，全国共查处享乐主义、奢靡之风问题 5.7 万个，批评教育帮助和处理 8 万人。在查处腐败行为方面，2020 年，中央纪委国家监委立案审查调查中管干部 24 人；全国纪检监察机关共立案 61.8 万件，处分 60.4 万人。[①] 2020 年以来，事业单位纪检监察机关继续推动加强党的作风建设，紧盯违反中央八项规定精神问题并加以惩治，力戒事业单位各项工作中的形式主义、官僚

① 赵乐际：《推动新时代纪检监察工作高质量发展以优异成绩庆祝中国共产党成立 100 周年——在中国共产党第十九届中央纪律检查委员会第五次全体会议上的工作报告（2021 年 1 月 22 日）》，《中国纪检监察报》2021 年 3 月 16 日。

主义，切实办好各项工作，使事业单位的内部风气进一步优化。风气的优化也提升了事业单位在广大群众中的好感度，得到了群众的支持和配合。事业单位纪检监察机关也查处了一批违纪违法的党员领导干部，不断巩固不敢腐的氛围，同时通过制度建设和监督工作，以及系统的党性教育，带动了事业单位党风政风的持续好转。

四是事业单位工作效率有了新的提升。各部门、各环节的规范运行，是提高工作效率的重要保障。这有赖于纪检监察机关的有效监督，使各项工作能够在正常的轨道上开展，避免了一些不必要的环节或阻碍。2020 年以来，事业单位纪检监察机关通过加强监督，及时发现事业单位运行过程中出现的问题，并给予纠正和处理，为工作的开展扫清了诸多障碍。这在很大程度上降低了工作运行的时间和成本，提高了事业单位的工作效率，从而能够更好地为国家事业的发展助力。同时，也有效提高了服务对象的满意度和获得感。

### （二）事业单位纪检监察工作面临的主要挑战

事业单位的任务和要求会随着国家政策的变化而变化。同时，随着全面从严治党的不断深化发展，纪检监察工作所面临的形势也更加严峻复杂。无论是从事业单位自身发展的需要，还是从全面从严治党的内在要求来看，都使事业单位纪检监察工作面临一定的挑战，影响了当前乃至下一阶段事业单位纪检监察工作的高质量发展。因此，要把握当前事业单位纪检监察机关面临的挑战，以更好地提出有针对性的解决方案。综合来看，事业单位纪检监察工作面临的挑战主要包括以下几个方面。

一是政治监督具体化常态化程度不够高。2020 年以来，事业单位纪检监察机关遵循党中央的重要精神和指示，高度重视政治监督，着力推动政治监督的具体化常态化发展，督促事业单位各部门切实落实好党中央的各项重大政策，保障各项工作的有序实施。但也要看到，事业单位纪检监察机关在开展政治监督的过程中，关于政治监督的内容和对象、政治监督的手段和方法以及政治监督与其他监督之间的关系等相关理论与实践问题还没有能够得到有效解决，各事业单位纪检监察机关在开展政治监督过程中仍存在思想上的困惑和实践上的难题，要实现政治监督的具体化常态化还存在困难，需要加以重视和解决。

二是监督力量整合力度不够大。促进各监督力量之间的协调发展，是新时代事业单位纪检监察机关开展好纪检监察工作的重要保障。2020 年以来，事业单位纪检监察机关加强与其他部门的合作，在协同发展过程中有效发挥了其他监督力量的作用。与此同时，事业单位纪检监察机关也注重构建大监督格局，着力整合监督力量，推动不同监督形式之间的协调，促进党内监督与国家监督、社会监督等监督形式之间的互动。但从监督力量整合的形式和效果来看，在合作内容、合作方式等方面还不够深入，部分监督形式的功能还没有得到有效实现，更多的还是依靠纪检监察机关开展的党内监督，需要进一步探索更有效的协调方式，形成监督合力，提高监督成效。

三是纪检监察工作效能还不够高。工作效能如何，在一定程度上反映了工作的科学性、合理性如何。只有不断提高工作效能，才能够切实履行好纪检监察机关的职责，为相关工作的规范开展保驾护航。2020 年以来，事业单位纪检监察机关不断创新工作方式方法，以提高工作成效。但从已有的成果来看，事业单位纪检监察机关在工作的精准度、效率等方面还有待进一步提高，可以加强大数据的应用。同时，一些工作的重复性问题仍一定程度存在，影响了工作的效能。因此，需要在工作效能方面着力，提高成效。

四是纪检监察干部队伍仍存在“本领恐慌”问题。纪检监察工作对政治性和专业性都有很高的要求。一方面，要求纪检监察干部有很高的政治意识和政治觉悟；另一方面，也要求纪检监察干部能够熟悉业务知识，同时还要对相关领域的业务工作有一定的了解。2020 年以来，事业单位纪检监察机关开展了诸多学习培训，为实践工作提供了科学的理论指导。但在应对事业单位各类事务实施的过程中，仍存在对相关业务流程不熟悉、对相关工作要求不了解等所导致的“本领恐慌”问题。此外，对丁党中央最新精神的把握、党纪和国法的衔接等方面工作还有待深化。综合来看，纪检监察干部理论联系实际的能力还不够，履职能力有待进一步提升。这些都对事业单位纪检监察队伍建设提出了更高的要求。

## 三　新发展阶段事业单位纪检监察工作展望

2021 年，我们开启了全面建设社会主义现代化国家新征程，开始进入向第二个百年奋斗目标进军的新发展阶段。新发展阶段对事业单位纪检监察工作提出了新的更高的要求。在新发展阶段，事业单位纪检监察工作应紧扣新的目标和要求，进一步明确自身的职责，提高工作质量，为推动“十四五”规划建设、促进社会主义现代化国家建设做出应有的贡献。为此，事业单位纪检监察机关在新发展阶段要着重把握以下几个方面工作，推动纪检监察工作的高质量发展，为“十四五”规划落实落地提供重要保障。

### （一）维护党中央权威和党的集中统一领导

要确保各项工作的正确方向和顺利实施，必须坚持党的全面领导。这就要求各级党组织讲政治，坚决拥护党中央的领导。旗帜鲜明讲政治，是马克思主义政党的鲜明特征，也是我们党一以贯之的政治优势。作为党内监督和国家监察专责机关，纪检监察机关不仅要督促各级党组织自觉维护党中央权威和党的集中统一领导，还要履行好本职工作，以自身的实际行动来维护党中央权威和党的集中统一领导。《中共中央关于制定国民经济和社会发展第十四个五年规划和二〇三五年远景目标的建议》明确提出“坚持党的全面领导”作为“十四五”时期经济社会发展必须遵循的原则。[①] 要坚持党的全面领导，必须做到“两个维护”。习近平总书记强调，纪检监察机关要带头

① 《中共中央关于制定国民经济和社会发展第十四个五年规划和二〇三五年远景目标的建议（二〇二〇年十月二十九日中国共产党第十九届中央委员会第五次全体会议通过）》，《人民日报》2020 年 11 月 4 日。

加强党的政治建设，坚定维护党中央权威和党的团结统一。[①] 为此，在新发展阶段，事业单位纪检监察机关不仅要对自身提出更高的要求，自觉践行“两个维护”，为实现“十四五”规划和2035年远景目标作出努力，使纪检监察工作统一到党中央决策部署上来，同时还要通过履行好职责，督促事业单位各级党组织也做到坚决维护党中央权威和党的集中统一领导，为实现党和国家各项工作目标保驾护航。

## （二）推动政治监督具体化常态化

纪检监察机关要履行好职责和使命，助力“十四五”规划的实施和2035年远景目标的实现，就必须突出政治监督，以强有力的政治监督来督促各级党组织和广大党员干部做到“两个维护”。政治监督不是抽象的，要体现并落实到具体工作中，并推动其具体化常态化。当前，事业单位纪检监察机关在政治监督具体化常态化方面已经取得一定成效。在新发展阶段，要围绕新的目标和任务，进一步推动政治监督的具体化常态化。一方面，要将政治监督具体化到“十四五”规划的各项重大决策部署中。事业单位在“十四五”规划实施过程中扮演着重要角色。事业单位纪检监察机关要围绕各事业单位落实“十四五”规划的具体任务开展监督，做到党中央重大决策部署到哪里，政治监督就跟进到哪里，确保具体任务的实施符合党中央的要求。另一方面，要常抓政治监督。要确保党中央重大决策部署的有效落实，就必须经常开展政治监督工作，不能将其当成一时之功。为此，事业单位纪检监察机关要将政治监督融入日常、抓在经常，使政治监督常态化，持续推动各项政策的实施。在这一过程中，各项监督都要强化政治监督的属性，以更好地实现政治监督常态化。

## （三）构建科学有效的大监督格局

有效的监督，是推动国家治理体系和治理能力现代化的重要保障。作

---

① 《习近平在十九届中央纪委五次全会上发表重要讲话强调充分发挥全面从严治党引领保障作用确保“十四五”时期目标任务落到实处》，《人民日报》2021年1月23日。

为国家治理体系的重要组成部分，党和国家监督体系在实现国家治理体系和治理能力现代化目标中发挥着重要的作用。纪检监察机关要持续深化纪检监察体制改革，不断推进和完善党和国家监督体系，并形成有效的运行机制，促进不同监督形式之间的融会贯通，提升管党治党成效。在新发展阶段，事业单位纪检监察机关所面临的任务更加艰巨，挑战也会更多，需要借助多方力量来开展纪检监察工作。为此，事业单位纪检监察机关需要进一步构建科学有效的大监督格局，以有效的监督来推动纪检监察工作的整体高质量发展。一方面，事业单位纪检监察机关要明确不同部门的职责，建立相应的联动机制，调动事业单位内部的监督力量，发挥各个部门的专业优势；另一方面，事业单位纪检监察机关要明确党内监督与国家监督、民主监督、社会监督等监督力量的关系，做好不同监督形式在内容上的共享、在方法上的借鉴、在成果上的转化等，有效推动党和国家监督体系的运行。此外，事业单位纪检监察机关要优化监督方式方法，探索将大数据手段应用到监督工作中，实现资源的共享，同时提高监督工作的精准度和便捷度。

### （四）深化一体推进不敢腐、不能腐、不想腐

一体推进不敢腐、不能腐、不想腐，构建科学有效的体制机制，是落实“十四五”规划的重要保障。要落实好“十四五”规划的各项工作，事业单位纪检监察机关必须深化一体推进不敢腐、不能腐、不想腐，进一步营造良好的政治生态。十九届中央纪委五次全会强调，要持续压实金融管理部门、监管机构和地方党委、政府主体责任，做好金融反腐和处置金融风险统筹衔接。这些工作与事业单位密切相关。为此，在新发展阶段，事业单位纪检监察机关要坚持严的主基调不动摇，毫不松懈纠治“四风”，聚焦关键领域，惩治违纪违法行为，尤其要重点查处政治问题和经济问题交织的腐败案件，坚持受贿行贿一起查。同时，进一步完善制度建设，注重对腐败问题的防范工作。此外，还要继续加强廉洁文化建设，对党员、干部进行全方位的教育，牢固树立正确的世界观、人生观、价值观。总之，事业单位纪检监察机

关要把握“惩、治、防”辩证统一关系，坚持严惩腐败、制度建设、权力监督、思想教育等多措并举，深化标本兼治，实现对腐败问题的综合治理，提升纪检监察工作成效。

### （五）提高干部的政治能力和专业化水平

新发展阶段，要保证纪检监察工作的高效开展，必须进一步提高纪检监察干部的整体素质和能力。十九届中央纪委五次全会明确指出，各级纪检监察机关要旗帜鲜明讲政治，不断提高政治判断力、政治领悟力、政治执行力。这为新发展阶段纪检监察干部队伍建设提供了基本遵循。同时，“十四五”规划和2035年远景目标的实现也对纪检监察干部的素质和能力提出了新的更高的要求，要求干部能够及时应对发展过程中出现的问题，为事业的发展扫清障碍。要适应新发展阶段的形势和任务，事业单位纪检监察机关要更加突出政治能力建设，并进一步加强对相关业务能力的培训。一方面，要提升干部队伍的政治能力。习近平总书记明确指出，年轻干部要提高政治能力。① 所谓政治能力，主要是保持政治定力、驾驭政治局面、防范政治风险、辨别政治是非的能力。为此，纪检监察干部要继续加强理论学习，把握党中央的方针政策，明确新发展阶段对纪检监察工作提出的新要求，始终围绕党中央各项重大战略部署推动工作，提升应对风险的意识和能力，为落实“十四五”规划营造良好政治生态和发展环境。另一方面，要提高干部队伍的专业化水平。事业单位纪检监察机关要加强对干部队伍专业能力的培训，包括强化纪法意识、纪法思维、纪法素养，纪检监察工作方式方法的学习和掌握，以及对其他专业领域相关知识的学习。同时，要掌握大数据技术应用的基本方法，为纪检监察工作提质增效创造条件。

① 《习近平在中央党校（国家行政学院）中青年干部培训班开班式上发表重要讲话强调年轻干部要提高解决实际问题能力想干事能干事干成事》，《人民日报》2020年10月11日。

# 行业分析篇

Industry Analysis Reports

## B.8
## 教育事业单位发展状况分析

胡铁俊 *

摘　要：　本文收集、汇总2019年《全国教育事业发展统计公报》《中国教育统计年鉴》《2019年全国教育经费执行情况统计快报》《中国教育经费统计年鉴》中的相关数据，分析了我国教育行业事业单位建设、教育人才队伍建设、教育经费投入等方面的数据。总体而言，我国教育事业正从大众化向普及化发展，教师学历和职称结构持续优化，教育经费"一个不低于、两个只增不减"政策落到实处。

关键词：　教育事业　人才队伍　教育经费

* 胡铁俊，中国人事科学研究院事业单位管理研究室助理研究员，主要研究方向为事业单位人事管理。

2019年是全国教育大会召开后的开局之年，我国以“加快教育现代化、建设教育强国、办好落实人民满意的教育”为目标，按照三个优先战略，即“在经济社会发展规划上优先安排教育、财政资金投入上优先保障教育、公共资源配置上优先满足教育和人力资源开发需要”，积极发展教育事业。同时，我国根据《中国教育现代化2035》和《加快推进教育现代化实施方案（2018～2022）》的要求和规划，正分阶段稳步推进教育现代化。为客观反映过去一年中我国在教育事业方面的工作，本文基于《全国教育事业发展统计公报》、《中国教育统计年鉴》和《中国教育经费统计年鉴》等资料，对2019年我国教育事业发展、教育人才队伍变化和教育经费投入等方面进行了描述与分析。

## 一　教育事业发展状况

2019年，我国各级各类公办学校[①]中，学前教育、普通小学、普通初中、职业初中、普通高中、中职教育[②]、本科院校和高职教育学校的数量为32.90万所[③]，较2018年增加了5229所，增长率为1.62%；在校学生数量为21185.59万人，增加了470.84万人，增幅为2.27%。以下将从毛入学率、学校数量、在校生数量和生师比等方面描述我国2019年教育事业发展状况。[④]

### （一）毛入学率

毛入学率统计的是在校人数与学龄人口的比例。2019年我国各级教育的毛入学率与2018年相比，除小学阶段外，都有所增长。小学阶段的毛入学率向100%趋近，说明我国控辍保学工作卓有成效。学前教育、高中阶段

---

① 公办学校：由年鉴中的各级各类学校总数减去各级各类民办学校总数而得，下文公办学校在校生数量、专任教师数量由相同方法获得。

② 中职教育包括普通中专、成人中专、职业高中和技工学校。

③ 文中采用以万为单位的数据描述中，由于四舍五入，与部分计算结果会略有出入，此时以表中数据为准。

④ 毛入学率和生师比反映的是我国教育事业整体状况，此处不区分公办教育和民办教育。

教育、高等教育的毛入学率的增长，也体现了这些阶段教育相对规模和公众受教育机会的提升。2015～2019年各级教育毛入学率具体见表1。

**表1　2015～2019年各级教育毛入学率**

单位：%

| 年份 | 学前教育 | 小学阶段 | 初中阶段 | 高中阶段 | 高等教育 |
|---|---|---|---|---|---|
| 2015 | 75 | 103.5 | 104 | 87 | 40 |
| 2016 | 77.4 | 104.4 | 104 | 87.5 | 42.7 |
| 2017 | 79.6 | 104.8 | 103.5 | 88.3 | 45.7 |
| 2018 | 81.7 | 103.2 | 100.9 | 88.8 | 48.1 |
| 2019 | 83.4 | 103 | 102.6 | 89.5 | 51.6 |

资料来源：《中国教育统计年鉴2019》。

## （二）学校数量

2019年，我国各级各类公办学校数量出现增长的有学前教育、普通初中、普通高中和本科院校，分别增加了7040所、102所、16所和5所，可见学前教育有较大幅度的增长，增长率为6.98%。数量减少的有普通小学和职业教育学校。其中，普通小学减少了1712所；职业教育中，职业初中、中职教育和高职教育学校分别减少了2所、143所和77所。2015～2019年各级各类公办学校数量具体见表2。

**表2　2015～2019年各级各类公办学校数量**

单位：所

| 年份 | 学前教育 | 义务教育 | | 普通高中 | 本科院校 | 职业教育 | | |
|---|---|---|---|---|---|---|---|---|
| | | 普通小学 | 普通初中 | | | 职业初中 | 中职教育 | 高职教育 |
| 2015 | 77307 | 184666 | 47508 | 10655 | — | 21 | 8977 | — |
| 2016 | 85609 | 171658 | 47018 | 10596 | — | 15 | 8732 | — |
| 2017 | 94578 | 160902 | 46603 | 10553 | 817 | 14 | 8652 | 1068 |
| 2018 | 100898 | 155632 | 46511 | 10521 | 826 | 11 | 8236 | 1088 |
| 2019 | 107938 | 153920 | 46613 | 10537 | 831 | 9 | 8093 | 1011 |

资料来源：《中国教育统计年鉴2019》。

## （三）在校生数量

2019年，公办学校的在校生数量中，学前教育、普通小学、普通初中、普通高中、本科院校、职业初中和高职教育都有所增长，增长人数分别为47.81万人、161.65万人、123.21万人、7.53万人、31.54万人、0.24万人和110.99万人。中职教育学生数量减少了12.13万人。2015～2019年各级各类公办学校在校生数量具体见表3。

**表3　2015～2019年各级各类公办学校在校生数**

单位：人

| 年份 | 学前教育 | 义务教育 | | 普通高中 | 本科院校 | 职业教育 | | |
|---|---|---|---|---|---|---|---|---|
| | | 普通小学 | 普通初中 | | | 职业初中 | 中职教育 | 高职教育 |
| 2015 | 19623855 | 89783606 | 38085190 | 21174348 | 11933532 | 5049 | 11518756 | 8210932 |
| 2016 | 19762041 | 91566835 | 37961833 | 20875671 | 12233614 | 3683 | 10917210 | 8492981 |
| 2017 | 20277959 | 92795260 | 38641114 | 20682876 | 12469510 | 2681 | 10569609 | 8713257 |
| 2018 | 20166357 | 94546795 | 40160861 | 20471022 | 12802483 | 1949 | 10039254 | 8958703 |
| 2019 | 20644409 | 96163307 | 41393001 | 20546285 | 13117897 | 4356 | 9917981 | 10068621 |

资料来源：《中国教育统计年鉴2019》。

## （四）生师比

2019年，我国各级学校生师比统计情况为：普通小学为16.85，比2018年下降0.12，初中上升0.09，普通高中下降0.11，中等职业学校下降0.16、本科院校下降0.03，专科院校上升1.35。2015～2019年各级学校生师比具体见表4。

**表4　2015～2019年各级学校生师比**

| 年份 | 普通小学 | 初中 | 普通高中 | 中等职业学校 | 普通高校 | | |
|---|---|---|---|---|---|---|---|
| | | | | | 全国 | 本科院校 | 专科院校 |
| 2015 | 17.05 | 12.41 | 14.01 | 20.47 | 17.73 | 17.69 | 17.77 |
| 2016 | 17.12 | 12.41 | 13.65 | 19.68 | 17.07 | 16.78 | 17.73 |

续表

| 年份 | 普通小学 | 初中 | 普通高中 | 中等职业学校 | 普通高校 | | |
|---|---|---|---|---|---|---|---|
| | | | | | 全国 | 本科院校 | 专科院校 |
| 2017 | 16.98 | 12.52 | 13.39 | 19.59 | 17.52 | 17.42 | 17.74 |
| 2018 | 16.97 | 12.79 | 13.10 | 19.10 | 17.56 | 17.42 | 17.89 |
| 2019 | 16.85 | 12.88 | 12.99 | 18.94 | 17.95 | 17.39 | 19.24 |

资料来源：《中国教育统计年鉴 2019》。

## 二　教育人才队伍建设状况

2019 年，我国学前教育[①]、普通小学、普通初中、普通高中、本科教育、职业初中、中职教育和高职教育公办学校的专任教师数量为 1426.24 万人，比 2018 年增加 78.43 万人，增幅达 5.82%。

### （一）专任教师数量

2019 年，除职业初中外，我国各级各类公办学校的专任教师都有所增长。其中增幅最为明显的是普通初中和学前教育，分别增长了 47.5 万人和 9.77 万人，增幅分别高达 15.00% 和 10.05%。普通小学增长 13.37 万人，增幅 2.38%；普通高中增长 2.27 万人，增幅 1.41%；本科教育增长 3.45 万人，增幅 3.67%；中职教育增长 0.33 万人，增幅 0.44%；高职教育增长 1.74 万人，增幅 4.26%。2015 ~2019 年各级各类公办学校专任教师数量具体见表 5。

**表 5　2015 ~2019 年各级各类公办学校专任教师数量**

单位：万人

| 年份 | 学前教育 | 义务教育 | | 普通高中 | 本科院校 | 职业教育 | | |
|---|---|---|---|---|---|---|---|---|
| | | 普通小学 | 普通初中 | | | 职业初中 | 中职教育 | 高职教育 |
| 2015 | 77.98 | 534.87 | 318.91 | 154.21 | — | 0.06 | 77.20 | — |
| 2016 | 83.86 | 541.83 | 317.93 | 156.56 | — | 0.05 | 76.86 | — |

① 注：学前教育的专任教师不包含幼儿园园长，下同。

续表

| 年份 | 学前教育 | 义务教育 | | 普通高中 | 本科院校 | 职业教育 | | |
|---|---|---|---|---|---|---|---|---|
| | | 普通小学 | 普通初中 | | | 职业初中 | 中职教育 | 高职教育 |
| 2017 | 92.18 | 553.56 | 320.92 | 158.65 | 91.99 | 0.04 | 76.61 | 39.71 |
| 2018 | 97.24 | 562.67 | 316.74 | 160.50 | 94.03 | 0.03 | 75.79 | 40.81 |
| 2019 | 107.01 | 576.04 | 364.24 | 162.77 | 97.48 | 0.03 | 76.12 | 42.55 |

资料来源：《中国教育统计年鉴2019》。

## （二）专任教师学历结构

对于专任教师学历结构的分析，主要分析幼儿园、小学、初中、普通高中和普通高校的专任教师。2019年，除幼儿园外，其他几个群体的教师学历大多分布在本科及以上，具体分析如下。

1. 幼儿园专任教师

2019年，幼儿园教师中，58.49%为专科毕业，24.04%为本科毕业，0.20%为研究生毕业，这三种学历的人群都较2018年有所增长，其中本科毕业占比增长最多，增加了1.51个百分点。高中阶段毕业的占比为15.64%，较2018年占比减少了1.75个百分点，高中阶段以下毕业占比为1.63%，减少了0.01个百分点。2015～2019年幼儿园专任教师学历结构具体见表6。

**表6　2015～2019年幼儿园专任教师学历结构**

单位：人，%

| 项目 | | 研究生毕业 | 本科毕业 | 专科毕业 | 高中阶段毕业 | 高中阶段以下毕业 |
|---|---|---|---|---|---|---|
| 2015年 | 人数 | 3278 | 376025 | 1134371 | 492029 | 45318 |
| | 占比 | 0.16 | 18.33 | 55.31 | 23.99 | 2.21 |
| 2016年 | 人数 | 3863 | 439326 | 1265325 | 479335 | 44218 |
| | 占比 | 0.17 | 19.68 | 56.69 | 21.47 | 1.98 |
| 2017年 | 人数 | 4347 | 513723 | 1404501 | 466674 | 42893 |
| | 占比 | 0.18 | 21.12 | 57.75 | 19.19 | 1.76 |

续表

| 项目 | | 研究生毕业 | 本科毕业 | 专科毕业 | 高中阶段毕业 | 高中阶段以下毕业 |
|---|---|---|---|---|---|---|
| 2018 年 | 人数 | 4856 | 581592 | 1503628 | 448850 | 42437 |
| | 占比 | 0.19 | 22.53 | 58.25 | 17.39 | 1.64 |
| 2019 年 | 人数 | 5406 | 664370 | 1616244 | 432105 | 44979 |
| | 占比 | 0.20 | 24.04 | 58.49 | 15.64 | 1.63 |

资料来源：《中国教育统计年鉴 2019》。

2. 小学专任教师

2019 年，小学教师中 61.15% 的为本科毕业，较上年增加 3.18 个百分点；研究生毕业占比 1.36%，增加了 0.21 个百分点；专科毕业和高中阶段毕业占比都出现了下降，分别为 34.75% 和 2.71%，分别减少了 2.63 个百分点和 0.76 个百分点。2015 ~ 2019 年小学专任教师学历结构具体见表 7。

**表 7　2015 ~ 2019 年小学专任教师学历结构**

单位：人，%

| 项目 | | 研究生毕业 | 本科毕业 | 专科毕业 | 高中阶段毕业 | 高中阶段以下毕业 |
|---|---|---|---|---|---|---|
| 2015 年 | 人数 | 35417 | 2575703 | 2612994 | 456061 | 4943 |
| | 占比 | 0.62 | 45.31 | 45.96 | 8.02 | 0.09 |
| 2016 年 | 人数 | 44914 | 2874007 | 2502616 | 364105 | 3503 |
| | 占比 | 0.78 | 49.64 | 43.23 | 6.29 | 0.06 |
| 2017 年 | 人数 | 56460 | 3217461 | 2389380 | 279341 | 2268 |
| | 占比 | 0.95 | 54.12 | 40.19 | 4.70 | 0.04 |
| 2018 年 | 人数 | 69711 | 3531559 | 2276957 | 211818 | 1863 |
| | 占比 | 1.14 | 57.97 | 37.38 | 3.48 | 0.03 |
| 2019 年 | 人数 | 85135 | 3833676 | 2178498 | 170109 | 1666 |
| | 占比 | 1.36 | 61.15 | 34.75 | 2.71 | 0.03 |

资料来源：《中国教育统计年鉴 2019》。

3. 初中专任教师

2019 年，初中专任教师中，本科毕业占比为 83.84%，研究生毕业占比为 3.51%，分别增加了 0.66 个百分点和 0.47 个百分点；专科毕业占比

12.52%，高中阶段毕业占比0.12%，分别减少了1.12个百分点和0.01个百分点。2015～2019年初中专任教师学历结构具体见表8。

**表8 2015～2019年初中专任教师学历结构**

单位：人，%

| 项目 | | 研究生毕业 | 本科毕业 | 专科毕业 | 高中阶段毕业 | 高中阶段以下毕业 |
|---|---|---|---|---|---|---|
| 2015年 | 人数 | 65193 | 2723316 | 675293 | 11459 | 375 |
| | 占比 | 1.88 | 78.35 | 19.43 | 0.33 | 0.01 |
| 2016年 | 人数 | 76857 | 2799585 | 602922 | 8182 | 243 |
| | 占比 | 2.20 | 80.27 | 17.29 | 0.23 | 0.01 |
| 2017年 | 人数 | 92411 | 2910727 | 539517 | 5783 | 250 |
| | 占比 | 2.60 | 82.02 | 15.20 | 0.16 | 0.01 |
| 2018年 | 人数 | 110659 | 3026933 | 496449 | 4824 | 134 |
| | 占比 | 3.04 | 83.18 | 13.64 | 0.13 | 0.00 |
| 2019年 | 人数 | 131646 | 3141892 | 469255 | 4496 | 140 |
| | 占比 | 3.51 | 83.84 | 12.52 | 0.12 | 0.00 |

资料来源：《中国教育统计年鉴2019》。

4. 普通高中专任教师

2019年，普通高中专任教师中，本科毕业占比最高，为88.03%，其次为研究生毕业，占比为10.60%，专科毕业占比1.36%，高中阶段毕业占比0.02%。其中，唯一实现增长的为研究生毕业，占比增加了0.78个百分点。2015～2019年高中专任教师学历结构具体见表9。

**表9 2015～2019年普通高中专任教师学历结构**

单位：人，%

| 项目 | | 研究生毕业 | 本科毕业 | 专科毕业 | 高中阶段毕业 | 高中阶段以下毕业 |
|---|---|---|---|---|---|---|
| 2015年 | 人数 | 121289 | 1535109 | 38103 | 829 | 24 |
| | 占比 | 7.15 | 90.55 | 2.25 | 0.05 | 0.00 |
| 2016年 | 人数 | 137689 | 1559619 | 35338 | 754 | 59 |
| | 占比 | 7.94 | 89.97 | 2.04 | 0.04 | 0.00 |

续表

| 项目 | | 研究生毕业 | 本科毕业 | 专科毕业 | 高中阶段毕业 | 高中阶段以下毕业 |
|---|---|---|---|---|---|---|
| 2017 年 | 人数 | 158550 | 1582588 | 32175 | 615 | 25 |
| | 占比 | 8.94 | 89.21 | 1.81 | 0.03 | 0.00 |
| 2018 年 | 人数 | 177968 | 1605873 | 28229 | 489 | 25 |
| | 占比 | 9.82 | 88.60 | 1.56 | 0.03 | 0.00 |
| 2019 年 | 人数 | 197002 | 1636615 | 25257 | 349 | 19 |
| | 占比 | 10.60 | 88.03 | 1.36 | 0.02 | 0.00 |

资料来源：《中国教育统计年鉴 2019》。

5. 普通高校专任教师

2019 年，普通高校专任教师中，硕士研究生占比最高为 36.77%，其次为本科，占比为 35.08%，再次为博士研究生，占比为 27.34%。其中占比出现增长的为硕士研究生和博士研究生，分别增加了 0.17 个百分点和 1.41 个百分点。2015 ~ 2019 年普通高校专任教师学历结构具体见表 10。

**表 10　2015 ~ 2019 年普通高校专任教师学历结构**

单位：人，%

| 项目 | | 博士研究生 | 硕士研究生 | 本科毕业 | 专科及以下 |
|---|---|---|---|---|---|
| 2015 年 | 人数 | 338442 | 569321 | 645068 | 19734 |
| | 占比 | 21.52 | 36.20 | 41.02 | 1.25 |
| 2016 年 | 人数 | 366289 | 581615 | 634501 | 19563 |
| | 占比 | 22.86 | 36.31 | 39.61 | 1.22 |
| 2017 年 | 人数 | 397974 | 596302 | 621137 | 17835 |
| | 占比 | 24.37 | 36.51 | 38.03 | 1.09 |
| 2018 年 | 人数 | 433807 | 612308 | 611594 | 15044 |
| | 占比 | 25.93 | 36.60 | 36.56 | 0.90 |
| 2019 年 | 人数 | 475787 | 639922 | 610369 | 14067 |
| | 占比 | 27.34 | 36.77 | 35.08 | 0.81 |

资料来源：《中国教育统计年鉴 2019》。

### （三）专任教师专业技术职称结构①

2019 年，幼儿园专任教师的专业技术职称结构中，未定职级的占比最高，为 75.73%；其次为初级（助理级和员级），占比 16.00%；再次为中级，占比为 7.43%；副高级为 0.83%；正高级极少，为 0.002%，即全国有 42 名正高级幼儿园专任教师。

小学专任教师中，中级教师占比最高，为 44.25%；第二为初级教师，助理级和员级占比总和为 32.70%；第三为未定职级的教师，占比为 15.86%；第四为副高级教师，占比为 7.18%；第五为正高级，占比为 0.01%，人数为 931 人。

初中专任教师中，中级教师占比最高，为 40.60%；第二为初级教师，助理级和员级占比总和为 27.66%；第三为副高级教师，占比为 19.82%；第四为未定职级教师，占比为 11.87%，最后为正高级教师，占比为 0.05%，人数为 1912 人。

普通高中专任教师中，占比第一的为中级教师，为 36.68%；第二为副高级教师，占比 27.60%；第三为初级教师，助理级和员级占比总和为 25.42%，与副高级教师占比接近；第四为未定职级教师，占比 10.05%；最后为正高级教师，占比 0.25%，人数为 4623 人。

普通高校专任教师中，占比最高为中级教师，为 38.72%；第二为副高级教师，占比 30.19%；第三为正高级教师，占比为 13.17%；第四为初级教师，占比 10.36%；最后为未定职级教师，占比 7.56%。2019 年各级各类教师职称结构具体见表 11。

---

① 注：由于 2019 年幼儿园、小学、初中、普通高中专任教师的职称统计口径发生变化，职称由以往的“中学高级、中学一级、中学二级、中学三级和未定职级”调整为“正高级、副高级、中级、助理级、员级和未定职级”，因此，此处仅对 2019 年的职称结构进行描述，不再进行纵向对比。

表 11　2019 年各级各类公办学校教师职称结构

单位：人，%

| 项　目 | | 正高级 | 副高级 | 中级 | 初级 | | 未定职级 |
|---|---|---|---|---|---|---|---|
| | | | | | 助理级 | 员级 | |
| 幼儿园 | 人数 | 42 | 22926 | 205316 | 330916 | 111292 | 2092612 |
| | 占比 | 0.002 | 0.83 | 7.43 | 11.98 | 4.03 | 75.73 |
| 小学 | 人数 | 931 | 449831 | 2773945 | 1860741 | 189220 | 994416 |
| | 占比 | 0.01 | 7.18 | 44.25 | 29.68 | 3.02 | 15.86 |
| 初中 | 人数 | 1912 | 742917 | 1521323 | 979660 | 56799 | 444818 |
| | 占比 | 0.05 | 19.82 | 40.60 | 26.14 | 1.52 | 11.87 |
| 普通高中 | 人数 | 4623 | 513213 | 681882 | 454822 | 17787 | 186915 |
| | 占比 | 0.25 | 27.60 | 36.68 | 24.46 | 0.96 | 10.05 |
| 普通高校 | 人数 | 229157 | 525371 | 673857 | 180196 | | 131564 |
| | 占比 | 13.17 | 30.19 | 38.72 | 10.36 | | 7.56 |

资料来源：《中国教育统计年鉴 2019》。

## （四）专任教师性别结构

2019 年，除幼儿园外，女性专任教师的占比都有所提高。小学女性专任教师占比为 70.02%，比 2018 年增加了 1.27 个百分点；初中女教师占比 57.80%，增加了 1.02 个百分点；普通高中女教师占比 54.74%，增加了 0.84 个百分点；普通高校占比为 50.75%，增加了 0.43 个百分点；幼儿园占比最高，为 97.79%，但比 2018 年下降了 0.05 个百分点（见表 12）。

表 12　2015～2019 年各级各类公办学校女性专任教师占比情况

单位：人，%

| 项　目 | | 幼儿园 | 小学 | 初中 | 普通高中 | 普通高校 |
|---|---|---|---|---|---|---|
| 2015 年 | 总数 | 2051021 | 5685118 | 3475636 | 1695354 | 1572565 |
| | 女 | 2008462 | 3623303 | 1860680 | 870620 | 764577 |
| | 占比 | 97.92 | 63.73 | 53.53 | 51.35 | 48.62 |
| 2016 年 | 总数 | 2232067 | 5789145 | 3487789 | 1733459 | 1601968 |
| | 女 | 2184795 | 3782693 | 1900525 | 903797 | 788558 |
| | 占比 | 97.88 | 65.34 | 54.49 | 52.14 | 49.22 |

续表

| 项　目 | | 幼儿园 | 小学 | 初中 | 普通高中 | 普通高校 |
|---|---|---|---|---|---|---|
| 2017 年 | 总数 | 2432138 | 5944910 | 3548688 | 1773953 | 1633248 |
| | 女 | 2378291 | 3994105 | 1974445 | 941702 | 813837 |
| | 占比 | 97.79 | 67.19 | 55.64 | 53.08 | 49.83 |
| 2018 年 | 总数 | 2581363 | 6091908 | 3638999 | 1812584 | 1672753 |
| | 女 | 2525667 | 4188201 | 2066233 | 976982 | 841680 |
| | 占比 | 97.84 | 68.75 | 56.78 | 53.90 | 50.32 |
| 2019 年 | 总数 | 2763104 | 6269084 | 3747429 | 1859242 | 1740145 |
| | 女 | 2702111 | 4389430 | 2165951 | 1017816 | 883138 |
| | 占比 | 97.79 | 70.02 | 57.80 | 54.74 | 50.75 |

资料来源：《中国教育统计年鉴2019》。

本文也对2019年女性专任教师的职称结构进行了分析。结合上文，小学女教师总占比为70.02%。在初级职称中，女教师占比为76.14%（助理级）和78.93%（员级）；中级职称中，女教师占比为63.43%；副高级职称中，女教师占比为54.06%；正高级职称中，女教师占比为63.05%。

初中专任教师中，女教师占比57.80%。在初级职称中，女教师占比66.61%（助理级）和66.66%（员级）；中级职称中，女教师占比53.58%；副高级职称中，女教师占比46.06%；正高级职称中，女教师占比为45.40%。

普通高中专任教师中，女教师占比为54.74%。在初级职称中，女教师占比66.72%（助理级）和63.98%（员级）；中级职称中，女教师占比54.14%；副高级职称中，女教师占比40.14%；正高级职称中，女教师占比为27.19%。

普通高校专任教师中，女教师占比为50.75%。在初级职称中，女教师占比60.59%；中级职称中，女教师占比56.00%；副高级职称中，女教师占比47.46%；正高级职称中，女教师占比为31.43%（见表13）。

表 13　2015～2019 年各级各类公办学校女性专任教师职称结构

单位：人，%

| 项　目 | | 正高级 | 副高级 | 中级 | 初级 | | 未定职级 |
|---|---|---|---|---|---|---|---|
| | | | | | 助理级 | 员级 | |
| 小学 | 总数 | 931 | 449831 | 2773945 | 1860741 | 189220 | 994416 |
| | 女 | 587 | 243193 | 1759459 | 1416699 | 149348 | 820144 |
| | 占比 | 63.05 | 54.06 | 63.43 | 76.14 | 78.93 | 82.47 |
| 初中 | 总数 | 1912 | 742917 | 1521323 | 979660 | 56799 | 444818 |
| | 女 | 868 | 342194 | 815118 | 652550 | 37865 | 317356 |
| | 占比 | 45.40 | 46.06 | 53.58 | 66.61 | 66.66 | 71.35 |
| 普通高中 | 总数 | 4623 | 513213 | 681882 | 454822 | 17787 | 186915 |
| | 女 | 1257 | 206025 | 369162 | 303446 | 11381 | 126545 |
| | 占比 | 27.19 | 40.14 | 54.14 | 66.72 | 63.98 | 67.70 |
| 普通高校 | 总数 | 229157 | 525371 | 673857 | 180196 | | 131564 |
| | 女 | 72026 | 249361 | 377365 | 109182 | | 75204 |
| | 占比 | 31.43 | 47.46 | 56.00 | 60.59 | | 57.16 |

资料来源：《中国教育统计年鉴 2019》。

## 三　教育经费投入状况

根据《2019 年全国教育经费执行情况统计快报》，2019 年，全国教育经费总投入为 50175 亿元，比上年增长 8.74%。其中，国家财政性教育经费（主要包括一般公共预算安排的教育经费、政府性基金预算安排的教育经费、国有及国有控股企业办学中的企业拨款、校办产业和社会服务收入用于教育的经费等）为 40049 亿元，比上年增长 8.25%，① 占国内生产总值的 4.04%。

教育经费在各级教育间的分配情况为：全国学前教育经费总投入为 4099 亿元，比上年增长 11.63%。全国义务教育经费总投入为 22780 亿

① 中华人民共和国教育部：《2019 年全国教育经费执行情况统计快报》，http://www.moe.gov.cn/jyb_xwfb/gzdt_gzdt/s5987/202006/t20200612_465295.html。

元，比上年增长9.12%。全国高中阶段教育经费总投入为7730亿元，比上年增长7.53%，其中，中等职业教育经费总投入为2617亿元，比上年增长6.20%。全国高等教育经费总投入为13464亿元，比上年增长11.99%，其中，普通高职高专教育经费总投入为2402亿元，比上年增长11.25%。[①]

## 四 总结与展望

2019年，我国为实现教育现代化，全面贯彻落实教育优先战略，不断改善保障条件和改革体制机制，教育规模不断扩大，教育人才队伍更加壮大，教育经费投入持续有力保障。

### （一）教育事业从大众化向普及化发展

我国各级各类受教育群体不断扩大，教育事业发展呈现普及化趋势。2019年，我国学前教育毛入学率已经达到83.4%；九年义务教育毛入学率超100%；高中阶段教育毛入学率达到89.5%；高等教育毛入学率超过50%，达到了51.6%。对学前教育、职业教育等较受关注的领域更是出台了相关政策。2018年11月，中共中央、国务院印发《关于学前教育深化改革规范发展的若干意见》，以解决“入园难、入园贵”问题。2019年，全国公办幼儿园10.79万所，较2018年有了大幅增长，涨幅为6.98%。在园幼儿为2064.44万人，增加47.81万人。2019年3月，李克强总理在政府工作报告中提出“今年高职院校大规模扩招100万人”，得益于扩招政策，公办高职院校在校人数迅猛增长，高达1006.86万人，较2018年增长了110.99万人。随着教育规模的不断扩大，我国的教育事业进入了普及化的新阶段，为全面提升国民素质，实现国家科教兴国、人才兴国等战略提供支撑。

① 中华人民共和国教育部：《2019年全国教育经费执行情况统计快报》，http://www.moe.gov.cn/jyb_xwfb/gzdt_gzdt/s5987/202006/t20200612_465295.html。

## （二）教师学历和职称结构持续优化

教师队伍整体素质不断提高，教师学历和职称结构不断得到优化。高学历教师比例不断提高，具有大学专科、本科学历的教师成为新增教师主体。小学、初中、高中具有本科及以上学历的教师分别为 62.51%、87.35%、98.62%。教师职称结构总体上不断改善，小学、初中、高中和普通高等教育具有中高级职称的教师分别为 51.44%、60.47%、64.53%、82.08%。教师队伍的建设关系到教育质量的提升，教师的培养和发展近年来也日渐得到重视，因此教师人才队伍的建设将不断加强。

## （三）教育经费持续有力保障

2019 年，我国教育投入保持了“十三五”期间“一个不低于、两个只增不减”的要求：国家财政性教育经费支出占国内生产总值比例一般不低于 4%（2019 年为 4.04%），财政一般公共预算教育支出逐年只增不减，在校学生人数平均的一般公共预算教育支出逐年只增不减。国家财政性教育经费 2019 年超过 4 万亿元，并有效带动了全国教育经费总投入首次超过 5 万亿元，支撑了世界上规模最大的国民教育体系，建立了世界上覆盖最广的学生资助体系，有力推动了我国教育总体发展水平跃居世界中上行列。在全国教育大会上，进一步强调了“全面落实教育优先发展战略”，教育事业在经济社会发展规划、财政资金投入、公共资源配置上将继续得到优先安排、保障和满足。

# B.9
# 高等教育事业单位发展状况分析

翁秋怡*

摘　要：　2020年，全国普通高等学校数达到3003所。国家出台系列政策，加强高校思想政治工作建设，改革高等教育评价体系，加快研究生教育发展，加强高校教师队伍建设，高等教育进入内涵式发展。人才培养规模不断扩大，高学历人才培养人数有所提高，工科毕业生人数最多，为制造业等第二产业发展提供人力保障。高校教师队伍建设不断完善，教师学历水平有所提升。

关键词：　高等教育发展　高等教育机构　人才培养　教师队伍

## 一　高等教育重要政策文件

2020年是“十四五”规划的开局年，也是中长期教育发展规划（2010～2020）的收官年。2020年，国家出台相关政策文件，继续加强高校思想政治教育工作，改革高等教育评价体系，大力发展研究生教育，现就当年出台的重要教育文件进行梳理。

### （一）加强高校思想政治工作建设

2020年1月，教育部审议通过《新时代高等学校思想政治理论课教师

* 翁秋怡，管理学博士，中国教育科学研究院助理研究员，主要研究方向为教育经济学、高等教育学、教育政策评估等。

队伍建设规定》。2020年4月，教育部等八部门发布《关于加快构建高校思想政治工作体系的意见》，两个文件的出台是贯彻落实新时代党对高校思想政治工作新要求的重要举措。建设一支政治强、情怀深、思维新、视野广、自律严、人格正的思政课教师队伍，构建高校思想政治工作体系是落实立德树人根本任务、推动把思想政治工作贯穿教育教学全过程的重要抓手。

### （二）颁布“双一流”建设成效评价办法

2020年12月，教育部、财政部、国家发改委制定了《“双一流”建设成效评价办法（试行）》，该评价是对高校及其学科建设实现大学功能、内涵发展及特色发展成效的多元多维评价，综合体现高校自我评价、专家评价和第三方评价结果。评价内容包括人才培养评价、教师队伍建设评价、科学研究评价、社会服务评价、文化传承创新评价和国际交流合作评价六个方面，重视对成长性、特色性发展的评价，引导高校和学科关注长远发展。

### （三）加强新时代教师队伍建设

2020年12月，教育部等六部门印发《关于加强新时代高校教师队伍建设改革的指导意见》，推进加强新时代高校教师队伍建设改革。该意见聚焦高校内涵式发展，落实立德树人根本任务，明确了新时代高校教师队伍建设的指导思想和目标任务，以加强高校教师思想政治素质和师德师风建设为首要任务，以提高教师专业素质能力为关键，以推进人事制度改革为突破口，遵循教育规律和教师成长发展规律，为提高人才培养质量、增强科研创新能力、服务国家经济社会发展提供坚强的师资保障。

### （四）落实高等教育评价改革

2020年12月，教育部印发《关于破除高校哲学社会科学研究评价中“唯论文”不良导向的若干意见》的通知。深入落实中共中央、国务院印发的《深化新时代教育评价改革总体方案》，切实扭转当前高校哲学社会科学研究评价中存在的“唯论文”不良导向，建立健全中国特色哲学社会科学学术规范和评价体系，全面优化学术生态，不断提高研究质量，推动高校加快构建中国特色哲学社会科学体系。

### （五）加快研究生教育改革发展

2020 年 9 月，教育部、国家发改委、财政部发布《关于加快新时代研究生教育改革发展的意见》，提出“到 2025 年，基本建成规模结构更加优化、体制机制更加完善、培养质量显著提升、服务需求贡献卓著、国际影响力不断扩大的高水平研究生教育体系。到 2035 年，初步建成具有中国特色的研究生教育强国”。该意见的颁布确立了研究生扩招的总体基调，确定了学科调整的步伐，匹配国家战略需求，建立了国家重点支持学科专业清单，确定了学硕以科研为导向、专硕重应用的整体布局。

## 二　高等教育机构发展状况

### （一）我国普通高等学校数量

2020 年，全国高等教育学校共有 3003 所，其中，普通高等学校 2738 所。普通高等学校中本科院校 1270 所，专科院校 1468 所。民办高校 771 所，其中，本科层次的民办学校 434 所（含独立院校 241 所），高职 337 所。

### （二）不同区域高等学校分布

考虑不同省份，全国普通高等学校办学数量位于第一梯队的省份有江苏省（167 所）、广东省（154 所）、山东省（152 所）、河南省（151 所）、四川省（132 所）、湖北省（129 所）、湖南省（128 所）、河北省（125 所）、安徽省（120 所）、辽宁省（114 所）、浙江省（109 所）、江西省（105 所）。第二梯队的省份有陕西省、北京市、福建省、山西省、广西壮族自治区、云南省、黑龙江省、贵州省、重庆市、吉林省、上海市、天津市、新疆维吾尔自治区、内蒙古自治区和甘肃省。第三梯队的省份中西藏自治区和青海省普通高等学校数量相对较少，分别为7所和12所，海南省和宁夏回族自治区为20所左右。由此可见，不同省份的高等学校分布存在较大的差异，高等教育发展处在不同的水平。

其中，中央部门办普通高校数量共118所，北京市中央部门办高校达39所，上海市、江苏省10所，湖北省8所，四川省、陕西省6所，辽宁省5所，河北省、广东省4所，山东省、黑龙江省、湖南省、天津市为3所，甘肃省、吉林省、安徽省、重庆市、福建省为2所，河南省、浙江省、云南省、宁夏回族自治区为1所，山西省、江西省、内蒙古自治区、广西壮族自治区、海南省、贵州省、西藏自治区、青海省、新疆维吾尔自治区无，不同省份地区差异较大，仍有相当一部分省份没有中央部门所办高校（见图1）。

在本科层次的普通高等学校上，江苏省数量最多（78所），与其共属第一梯队的有山东省（70所），湖北省（68所），广东省（67所），北京市（67所），辽宁省（63所），河北省（61所），浙江省（60所），河南省（57所），陕西省（57所），四川省（53所），湖南省（52所），第二梯队的有安徽省、江西省、上海市、福建省、黑龙江省、广西壮族自治区、吉林省、山西省、云南省、天津市、贵州省、重庆市、甘肃省、新疆维吾尔自治区、内蒙古自治区。第三梯队中海南省8所，宁夏回族自治区8所，青海省4所，西藏自治区4所，数量较少（见图2）。

### （三）不同区域民办高等教育机构数量

上海市民办高等教育机构数量尤为突出，高达227所，北京市64所，前者多于后者二倍之多，山东省60所、山西省55所、辽宁省54所、河南省50所、四川省39所、河北省38所、黑龙江省35所、甘肃省32所、广东省29所、湖南省27所、浙江省20所、湖北省18所、吉林省15所、江西省13所、安徽省7所、重庆市5所，其中，山西省、黑龙江省、甘肃省等第二梯队省份发展势头良好。天津市、内蒙古自治区、江苏省、福建省、广西壮族自治区、海南省、贵州省、云南省、西藏自治区、陕西省、青海省、新疆维吾尔自治区、宁夏回族自治区等无民办高等教育机构（见图3）。

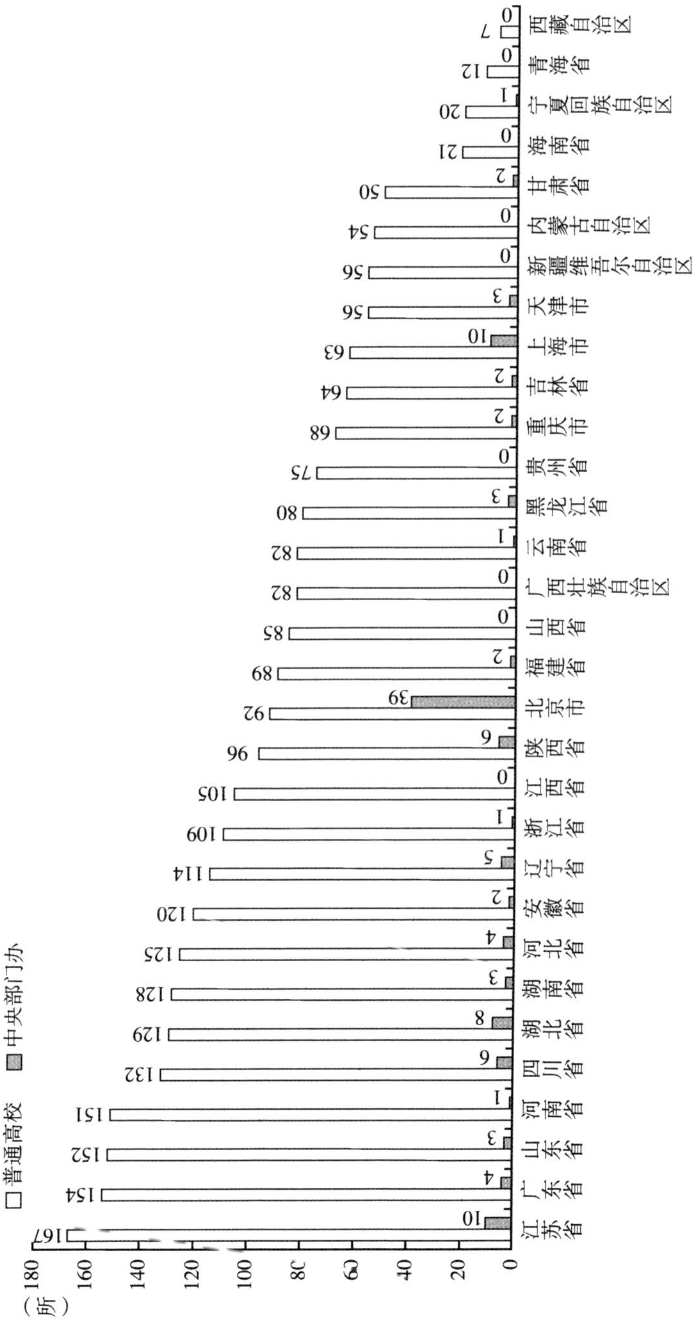


**图 1　2020 年各省份普通高校与中央部门办学校数**

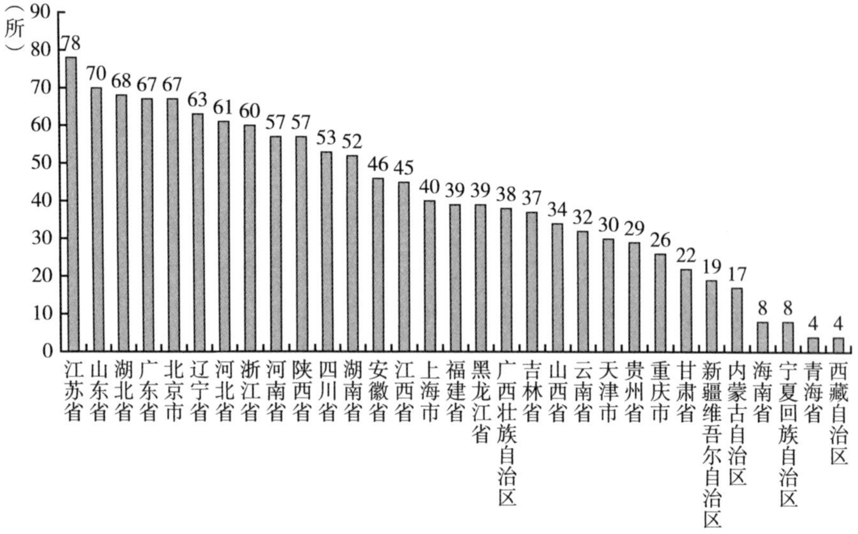


**图 2　2020 年各省份本科学校数**

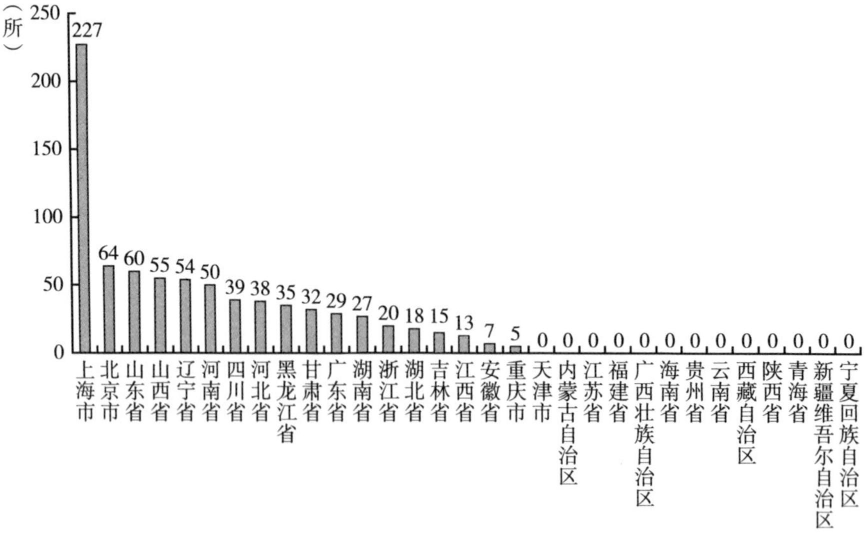


**图 3　2020 年各省份民办高等教育机构数**

### （四）硕士、博士学位点

博士学位授权（一级学科）点3598个、博士学位授权二级学科点（不含一级学科覆盖点）624个，硕士学位授权（一级学科）点9716个、硕士学位授权二级学科点（不含一级学科覆盖点）2488个（见图4）。

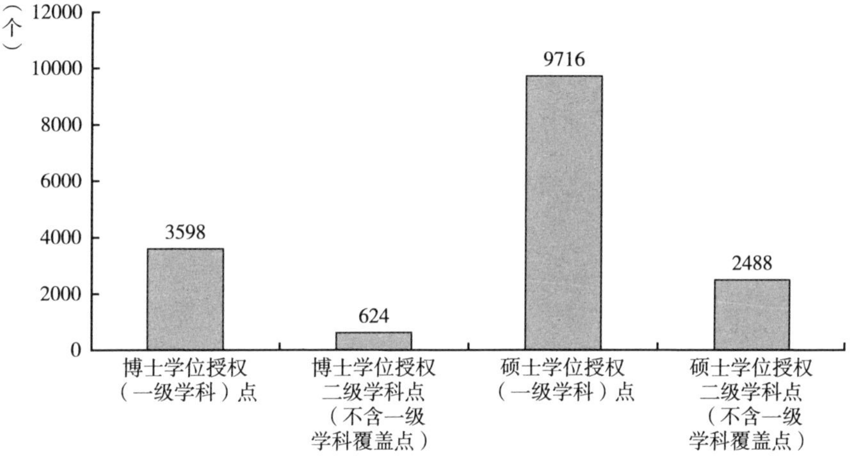


**图4　2020年硕士、博士学位点数**

## 三　高等学校人才培养状况

### （一）本专科、研究生招生人数

高等教育研究生、本科和专科共招生1441.87万人，其中，研究生110.66万人（博士116047人，硕士99.05万人），普通本专科96745万人（本科44312万人，专科52434万人），成人本专科363.76万人（本科189.63万人，专科174.13万人）。

### （二）本专科、研究生在校生规模

高等教育研究生、本科和专科在校生4376.55万人，其中，研究生

313.96 万人（博士 466549 人，硕士 267.3 万人），普通本专科生 3285.29 万人（本科 1825.75 万人，专科 1459.55 万人），成人本专科 777.29 万人（本科 405.1 万人，专科 372.19 万人）。

## （三）不同学校类型本科生培养数量

不同学校类型本科生培养规模具有显著差异，理工院校和综合大学提供超过一半本科毕业生，分别为 128.8 万人和 116.6 万人，共占比 58.36%，师范院校 60.1 万人，占比 14.3%，财经院校 42.7 万人，占比 10.17%，医药院校 24.1 万人，占比 5.74%，农业院校 17.8 万人，占比 4.22%，语文院校、艺术院校、政法院校分别为 7.3 万人、6.4 万人、4.9 万人，占比 1.73%、1.53%、1.17%，林业院校和体育院校未超过 1%，分别为 3.1 万人和 2.7 万人，占比 0.74% 和 0.63%（见图 5）。

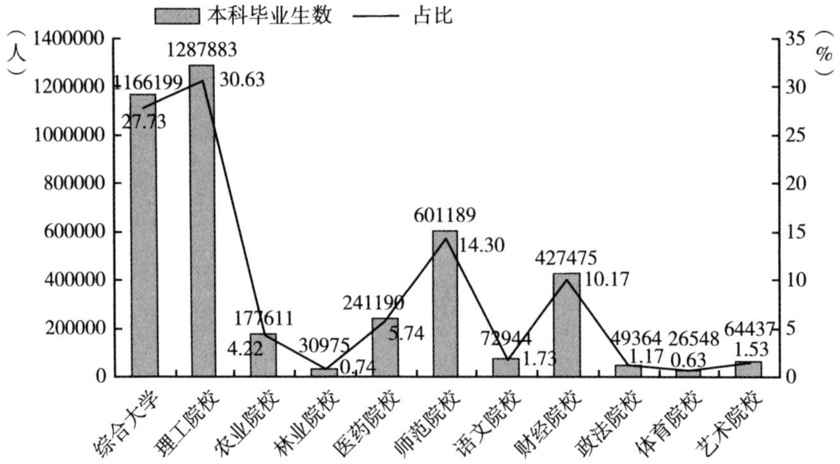


**图 5　2020 年不同学校类型本科毕业生数及占比**

## （四）不同层次学校培养人数

对于不同层次学校而言，本科院校（含独立院校）培养人数 478.6 万人，高职院校培养人数 316.9 万人，二者占比约为 3∶2（见图 6）。

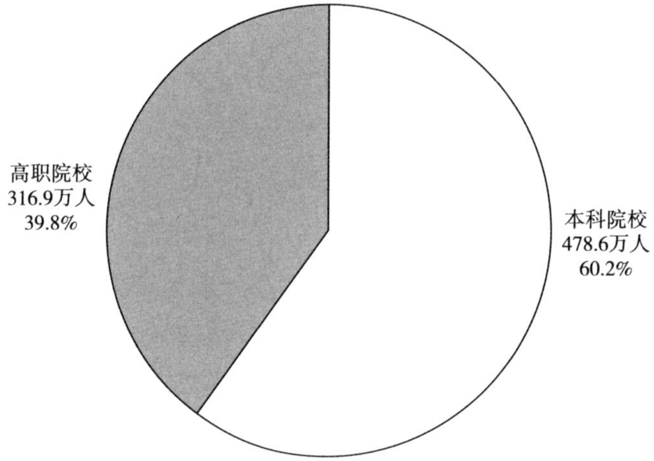


**图 6　2020 年本科院校、高职院校毕业生数及占比**

## （五）普通本科分学科学生数

考虑学科培养结构，本科毕业生中，工学毕业生最多，2020 年工学本科毕业生 138. 1 万人，占比 32. 85%，为制造业等第二产业发展提供人力保障。其次是管理学学科，本科毕业生人数 79. 5 万人，占比 18. 91%。二者共占比一半。文学、艺术学、医学、理学和经济学的本科毕业生有 24 万 ~ 41 万人，占比 6% ~10%。教育学本科毕业 17. 1 万人，法学 14. 7 万人，占比均 4% 左右，农学本科毕业生为 7. 1 万人，占比 1. 69%，历史学 1. 9 万人，哲学毕业生最少，为 2260 人（见图 7）。

## （六）普通专科分专业大类学生数

专科专业更容易适应社会职业技术要求，2020 年普通专科专业大类中，财经商贸大类毕业生数量最多，达 72. 8 万人，占比 19. 32%，其次，医药卫生大类、电子信息大类、教育与体育大类、装备制造大类为 51. 0 万人、46. 7 万人、45. 6 万人、42. 2 万人，占比均 12% 左右。土木建筑大类 27. 4 万人和交通运输大类 24. 4 万人，占比 7. 28% 和 6. 48%，文化艺术大类、旅游大类占比 4% 左右，农林牧渔大类、食品药品与粮食大类等占比 2% 以内（见图 8）。

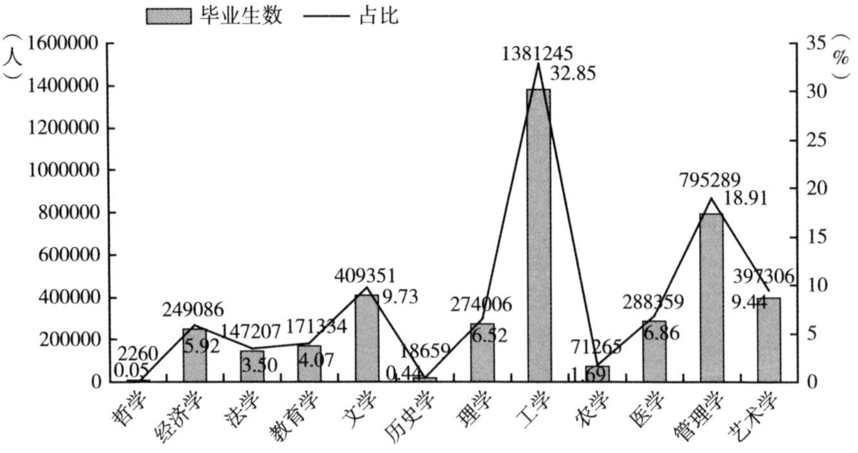


**图 7　2020 年普通本科分学科毕业生数及占比**

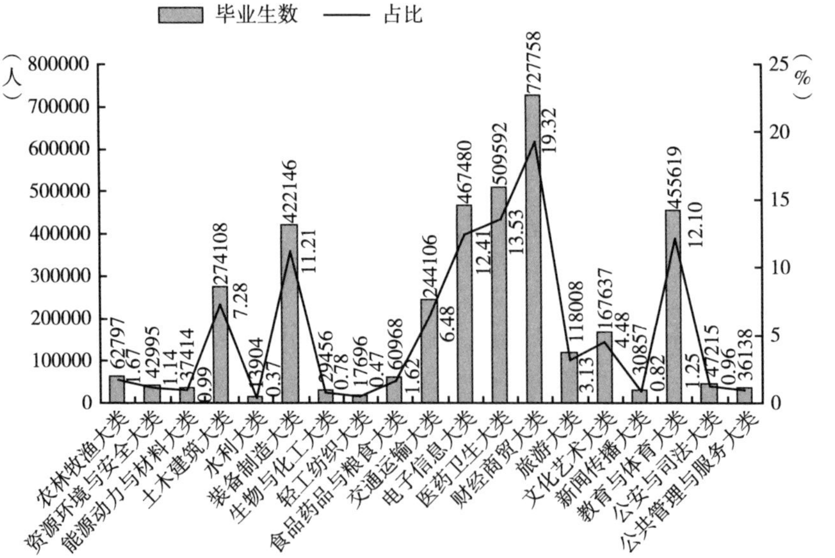


**图 8　2020 年普通专科分专业大类毕业生数及占比**

## （七）普通高校分学科研究生数

普通高校毕业研究生中，学术学位硕士研究生 288317 人，专业学位硕士研究生 367622 人，占比分别为 44% 和 56%，专业学位研究生占比更大（见图 9）。

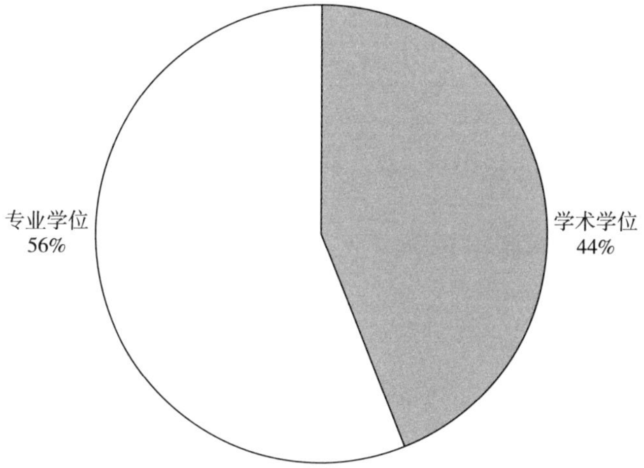


**图 9　2020 年学术学位和专业学位硕士研究生毕业生数**

普通高校硕士毕业生中，同毕业生人数一致的是，工学硕士研究生占比最大，共 22.4 万人，占比 34.14%，管理学第二，共 10 万人，占比 15.30%。医学、教育学、法学、理学、农学学科占比上升，分别为 10.55%、7.76%、6.98%、6.70%、3.95%，且居第 3 位、第 4 位、第 5 位、第 6 位、第 9 位。第 8 位经济学 3.1 万人，占比 4.76%。艺术学占比显著下降，硕士研究生 2.3 万人，占比 3.53%，历史学、哲学最少（见图 10）。

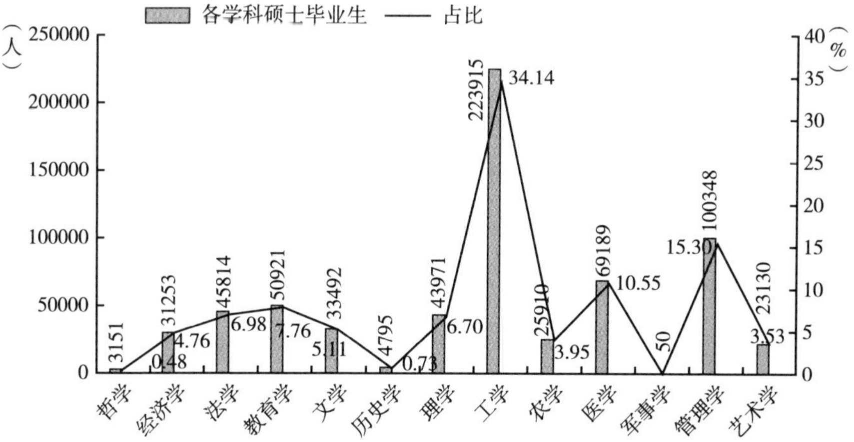


**图 10　2020 年各学科硕士研究生毕业生数及占比**

普通高校博士毕业生中，工学保持占比第一，共 2.36 万人，占比 36.43%，理学 1.38 万人，占比 21.25%，位居第二，第三为医学 1.05 万人，占比 16.20%。管理学、法学、农学、文学、经济学占比 3% ~6%，历史学、哲学、艺术学占比 1% 左右，军事学占比最低（见图 11）。

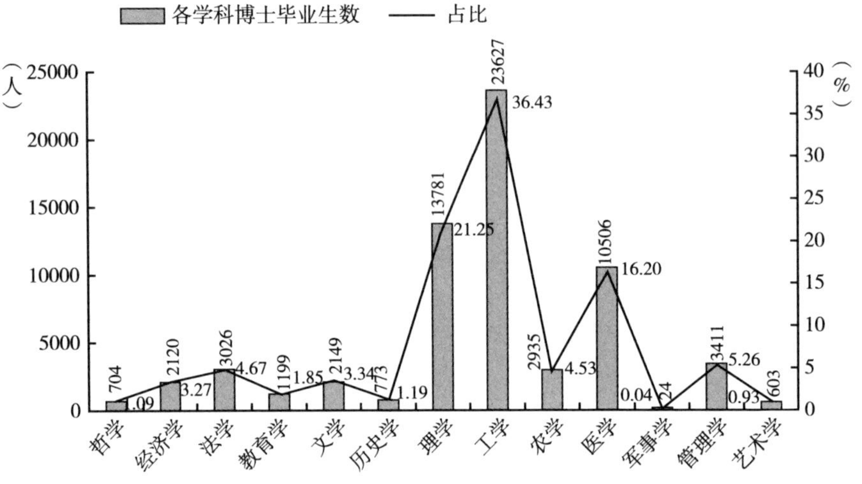


**图 11　2020 年各学科博士研究生毕业生数及占比**

## 四　高等学校教职工状况

### （一）普通高校教职工状况

2020 年我国普通高等学校专任教师达 183.3 万人。普通高校生师比为 18.37∶1，其中，本科院校为 17.51∶1，专科院校为 20.28∶1。普通高等学校校均规模 11982 人，其中，本科院校 15749 人，专科院校 8723 人。

### （二）普通高校专任教师职称情况

普通高校专任教师中，正高级职称 24.3 万人，副高级职称 55.1 万人，中级职称 69.9 万人，初级职称 19.0 万人，其余 15.0 万人未定职级，中级职称占比最高，达 38.12%，其余依次为副高级、正高级、初级。高级职称（包括正高级和副高级）专任教师占比 43.29%（见图 12）。

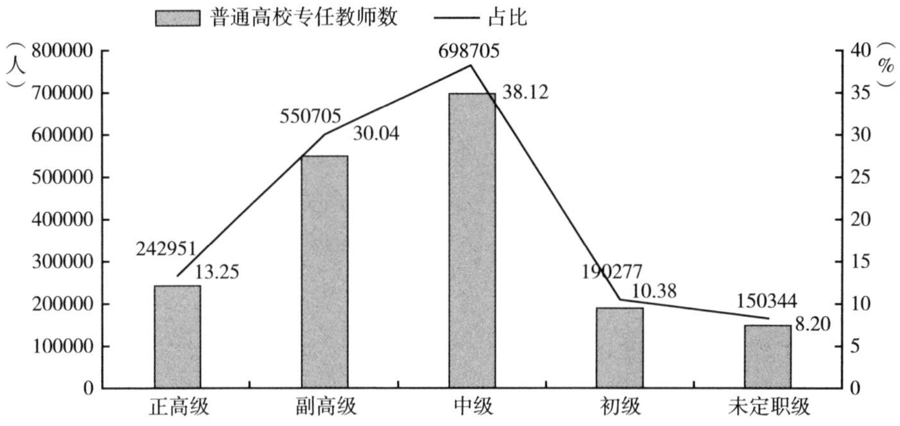


**图 12　2020 年普通高校专任教师职称总体情况**

对于不同层次学校而言，本科院校和高职高专院校在正高级职称专任教师上差距最大，本科院校正高级职称专任教师 21.7 万人，高职高专院校正高级职称专任教师 2.6 万人，约差 7 倍，其次为副高级、中级，而高职高专院校初级职称专任教师更多（见图 13）。

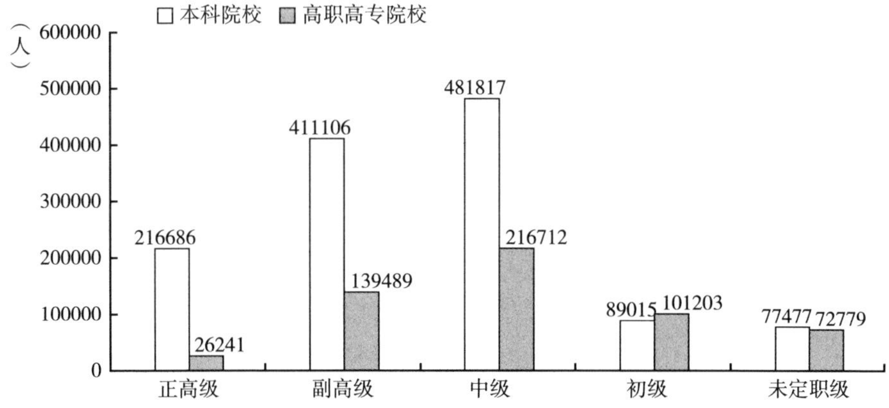


**图 13　2020 年本科院校和高职高专院校专任教师职称情况**

对于不同举办者，地方教育部门举办高校不同职称专任教师总量均高于中央有关部门举办高校。地方教育部门举办高校中级职称专任教师40.8万人，远高于中央有关部门举办高校5.7万人（教育部举办高校4.2万人），是教育部举办高校的10倍。地方教育部门举办高校副高级专任教师30.9万人，中央有关部门举办高校8.3万人（教育部举办高校6.5万人）。地方教育部门举办高校正高级专任教师12.8万人，中央有关部门举办高校6.7万人（教育部举办高校5.1万人），二者差距显著降低，同时，中央有关部门举办高校初级职称专任教师仅4300余人，由此可知，中央有关部门举办高校专任教师高级职称比例较高（见图14）。

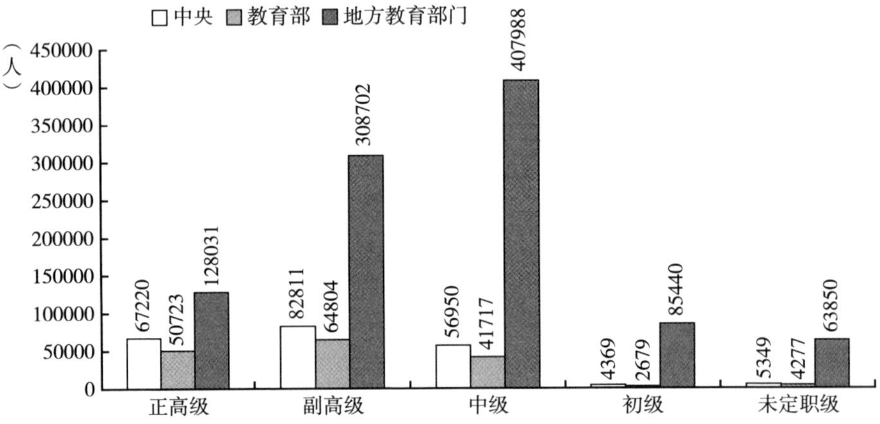


**图14　2020年中央、教育部和地方教育部门专任教师职称情况**

### （三）普通高校专任教师学历情况

普通高校专任教师硕士学历最多，占比37.18%，本科34.07%，博士27.99%，专科及以下0.76%（见图15）。

### （四）普通高校专任教师年龄情况

普通高校专任教师年龄集中于30~44岁，35~39岁专任教师最多，占比20.90%，30~34岁专任教师和40~44岁专任教师占比大致相同，分别为17.90%和17.82%。其次为45~49岁专任教师占比12.27%、29岁及以下专

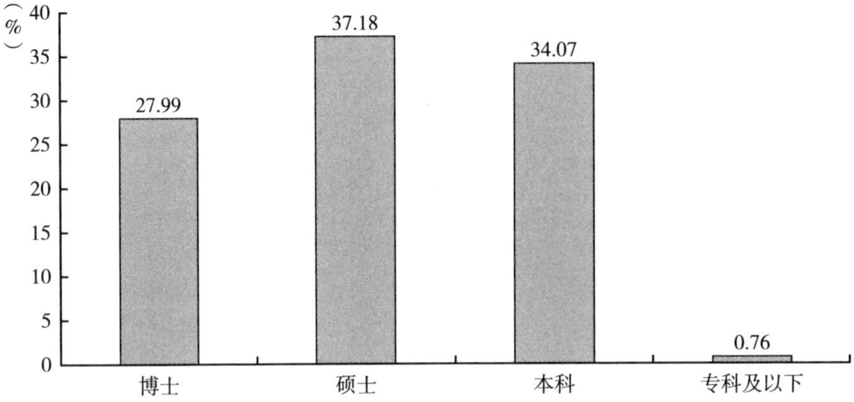


**图 15　2020 年普通高校专任教师学历情况**

任教师占比 10.64%，50～54 岁专任教师占比 9.48%。60～64 岁和 65 岁及以上专任教师占比最低，分别为 1.58% 和 0.68%。可见普通高校专任教师大多处于壮年时期（见图 16）。

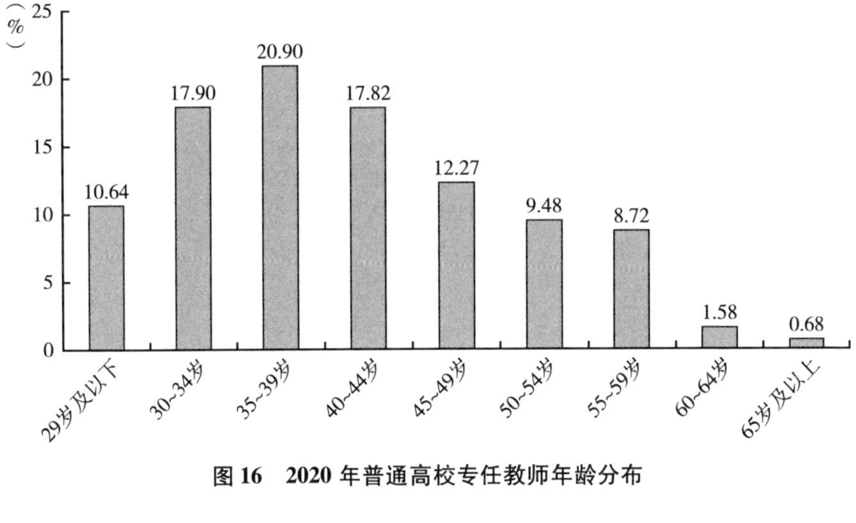


**图 16　2020 年普通高校专任教师年龄分布**

### （五）研究生指导教师

研究生指导教师职称均为中高级，正高级和副高级接近持平，分别占比 45.09% 和 44.72%，中级占比 10.18%（见图 17）。

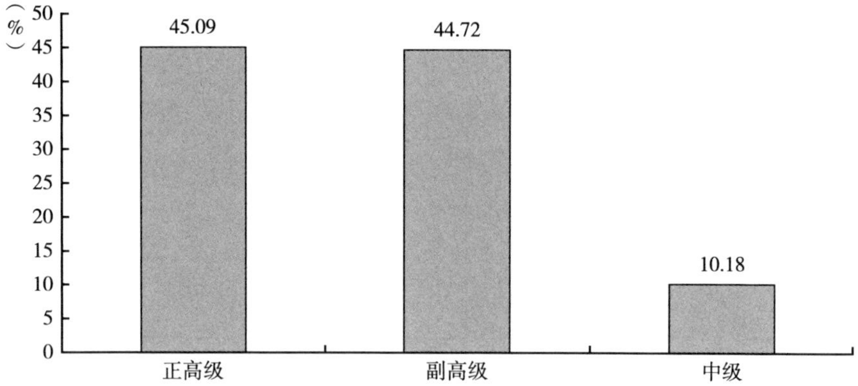


**图 17　2020 年研究生指导教师职称分布**

博士生导师年龄集中于 50～59 岁，55～59 岁博士生导师占比最大，为 23.85%，50～54 岁博士生导师占比 18.61%，40～44 岁和 45～49 岁博士生导师占比 15% 左右，35～39 岁和 60～64 岁博士生导师占比约 10%，65 岁及以上博士生导师占比 7.19%，29 岁及以下和 30～34 岁博士生导师占比最小，占比 0.06% 和 2.36%，可见博士生导师的资历需要更长的时间积累（见图 18）。

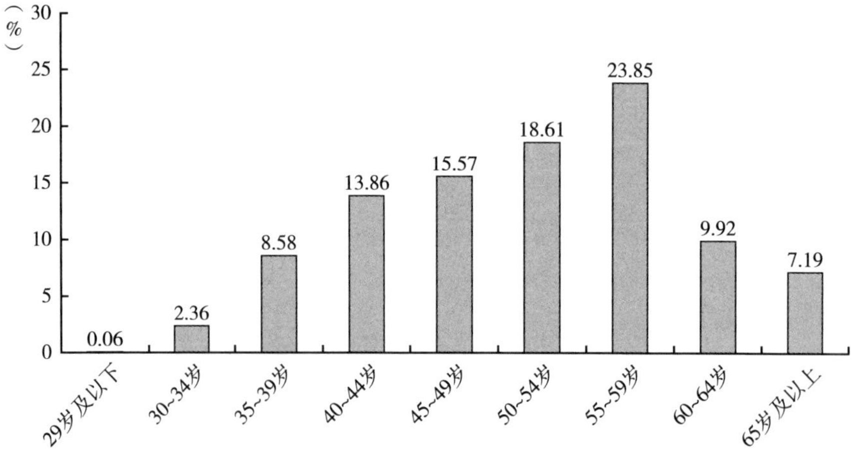


**图 18　2020 年博士生导师年龄分布**

而硕士生导师年龄集中在 35～49 岁，40～44 岁硕士生导师占比最大，为 22.29%，35～39 岁和45～49 岁硕士生导师占比约 18%，50～54 岁硕士生导师占比 14.73%，55～59 岁硕士生导师占比 13.29%，而 30～34 岁硕士生导师占比 9.29%，60 岁及以上和 29 岁及以下硕士生导师占比较小（见图 19）。

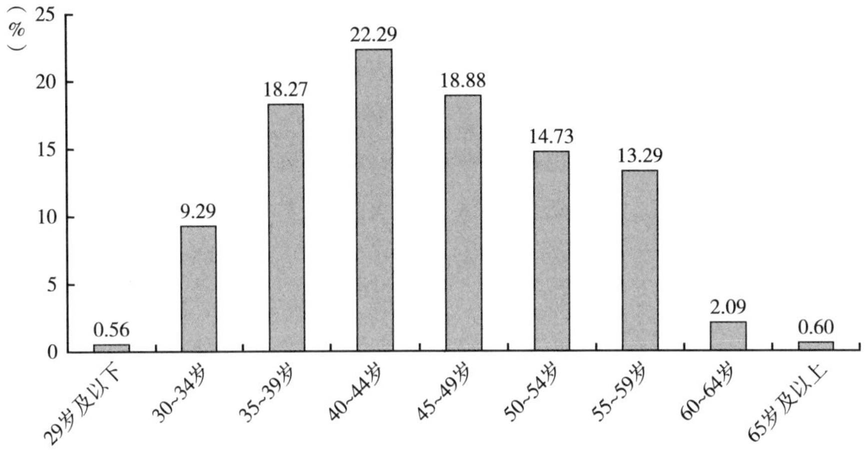


**图 19　2020 年硕士生导师年龄分布**

**B**.10

# 科研事业单位发展状况分析

毕苏波*

摘 要: 科研事业单位在我国科研体系中发挥着骨干作用，为国家科技进步和经济发展提供强有力的支撑。本文基于《中国科技统计年鉴》等资料，分别从科研机构、人才队伍建设、科研经费、科研产出四个方面对科研事业单位进行描述，并由此得出结论：科研事业单位精简机构工作稳步推行；科研力量进一步集中；人员结构进一步优化；基础研究进一步发展；科研产出进一步增长；东北地区科研事业发展显著。

关键词: 科研事业单位　人才队伍建设　科研经费　科研产出

2019年，在扩大科研事业单位自主权改革的背景下，我国科研事业进一步发展，取得了丰硕成果。本文基于《中国科技统计年鉴》等资料，分别从科研机构、人才队伍建设、科研经费、科研产出四个方面对科研事业单位进行描述，并以此分析未来发展趋势。

## 一 科研机构发展状况

### （一）各级机构数量变化

2019年，科研事业单位数量进一步下降为3217家。相较于2018年，

* 毕苏波，中国人事科学研究院研究实习员，主要研究方向为事业单位岗位管理、工资管理。

减少了89家，缩减2.7%。从隶属关系来看，下降主要集中在地方部门属科研事业单位，地方部门属科研事业单位下降了3.8%，为2491家；中央部门属科研事业单位数量增加1.3%，为726家（见图1）。

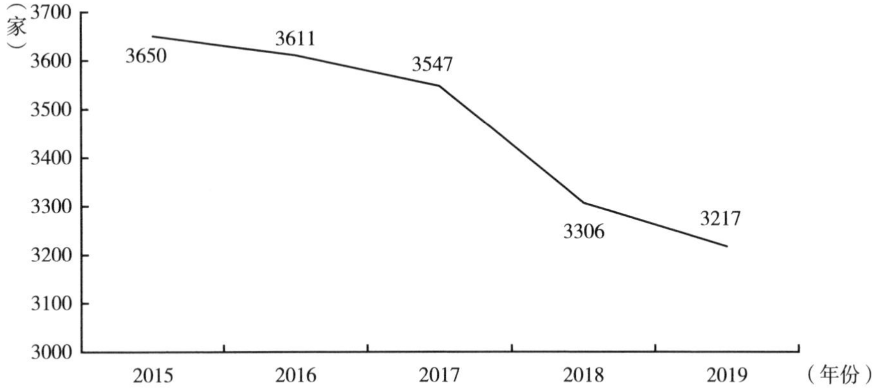


**图1　2015～2019年科研事业单位数量**

资料来源：《中国科技统计年鉴》，由笔者自制而成，下同。

## （二）不同门类学科的机构数量变化

总体上，农业科学类科研事业单位1121家，占比最大，为34.8%；其次为工程与技术科学类科研事业单位1009家，占比31.4%；人文与社会科学类科研事业单位574家，占比17.8%，自然科学和医药科学类科研事业单位均占比8%（见图2）。

相较于2018年，除自然科学类科研事业单位，其他学科科研事业单位数量均下降，其中农业科学类科研事业单位下降4.0%，幅度最大（见表1）。

**表1　2018～2019年不同门类学科科研事业单位数量**

单位：家，%

| 门类学科 | 2018年 | 2019年 | 变化幅度 |
|---|---|---|---|
| 自然科学 | 248 | 256 | 3.2 |
| 农业科学 | 1168 | 1121 | -4.0 |
| 医药科学 | 263 | 257 | -2.3 |
| 工程与技术科学 | 1035 | 1009 | -2.5 |
| 人文与社会科学 | 592 | 574 | -3.0 |

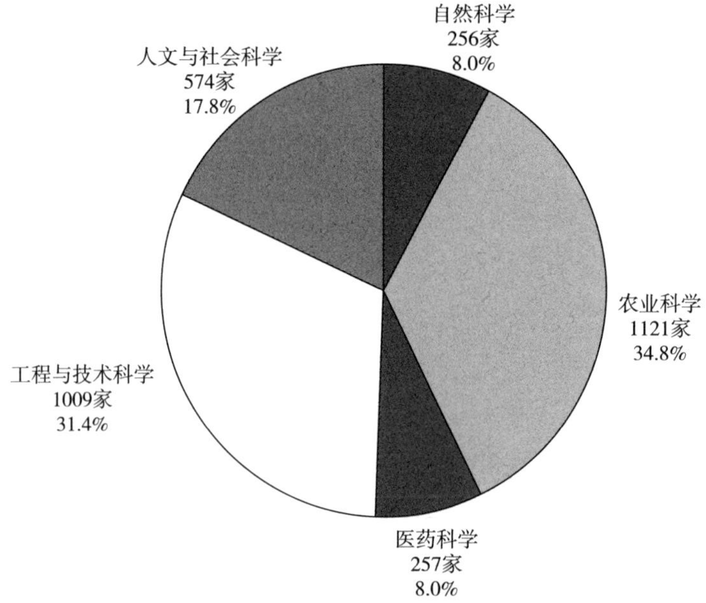


**图 2　2019 年科研事业单位学科分布**

## （三）不同地区机构数量变化

东部地区的科研事业单位为 1364 家，占比 42.4%，其次为西部地区 935 家，占比 29.1%，中部地区为 20.8%，东北地区为 7.7%（见图 3）。

与 2018 年相比，各地区科研事业单位数量均有一定幅度的下降，其中东北地区下降了 11.4%，幅度最大；中部地区其次，下降 5.4%（见表 2）。

**表 2　2018～2019 年各地区科研事业单位数量变化**

单位：家，%

| 按地区 | 2018 年 | 2019 年 | 变化幅度 |
|---|---|---|---|
| 东部地区 | 1369 | 1364 | -0.4 |
| 中部地区 | 708 | 670 | -5.4 |
| 西部地区 | 949 | 935 | -1.5 |
| 东北地区 | 280 | 248 | -11.4 |

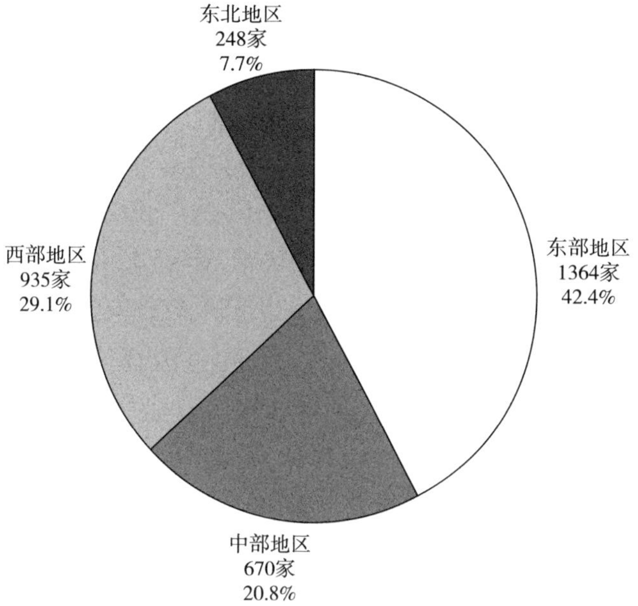


**图 3　2019 年科研事业单位地区分布**

## 二　人才队伍建设状况

### （一）研究与试验发展人员总量变化

2019 年，科研事业单位 R&D 人员数量为 48.5 万人，与上年相比增加 2 万余人，增长 4.5%。

按隶属关系划分，中央部门属科研事业单位 R&D 人员增长 4.37%，地方部门属科研事业单位 R&D 人员增长 5.04%，地方部门属科研事业单位 R&D 人员占比进一步上升，但超过 3/4 的人员仍集中在中央部门属科研单位（见图 4）。

按门类学科划分，2019 年，工程与技术科学类 R&D 人员占比最大，为 59%，其次为自然科学类 18%、农业科学类 13%、医药科学类 7%、人文与社会科学类 3%（见图 5）。

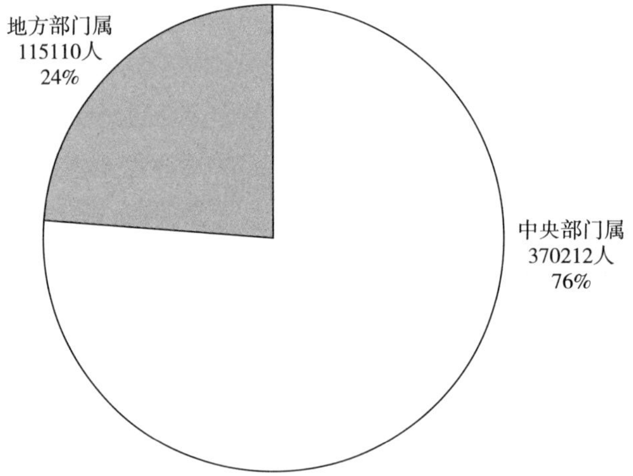


**图4　2019年不同隶属关系科研事业单位R&D人员分布**

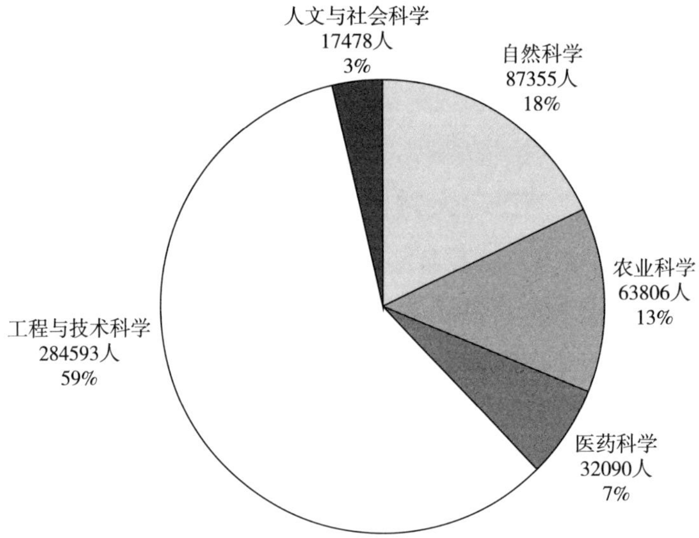


**图5　2019年不同门类学科科研事业单位R&D人员分布**

自然科学类R&D人员增长11.8%，增幅最大；农业科学、工程与技术科学、医药科学类R&D人员分别增长7.3%、4.1%、1.2%，人文与社会科学类R&D人员呈现负增长，下降5.5%（见图6）。

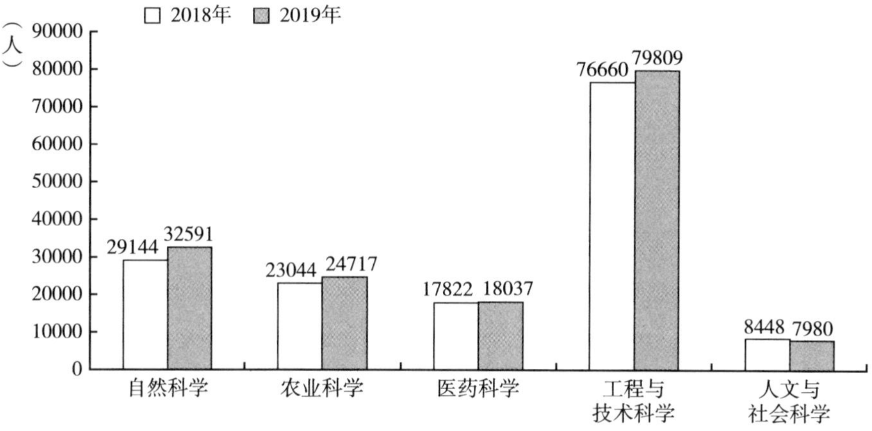


**图6　2018～2019年各门类学科科研事业单位R&D人员变化**

按地区划分，56%的R&D人员集中在东部地区，其次为西部地区，集聚了25%的R&D人员（见图7）。

与2018年相比，中部地区R&D人员出现负增长，下降0.9%；东部地区增长最快，增长6.1%，东北地区增长5.8%，西部地区增长3.5%（见图8）。

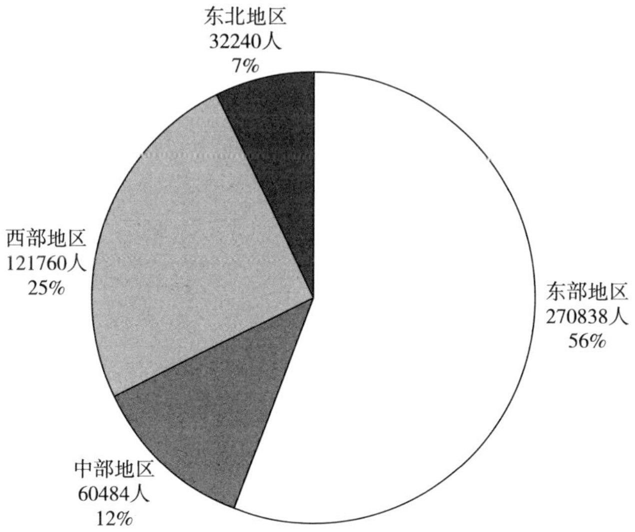


**图7　不同地区科研事业单位R&D人员分布**

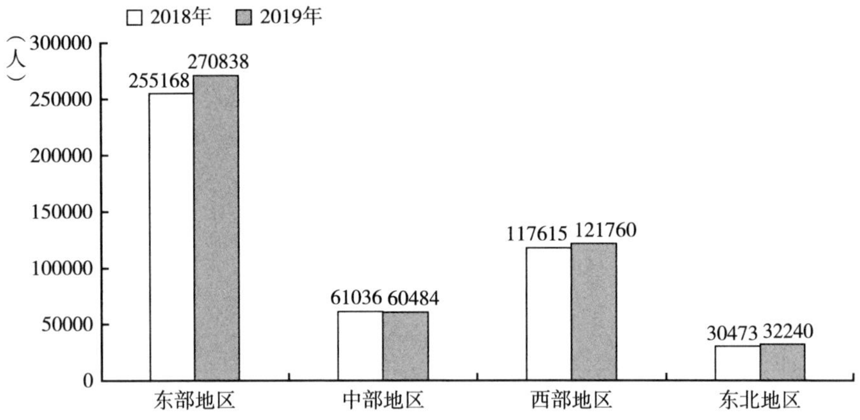


**图 8　2018～2019 年各地区科研事业单位 R&D 人员变化**

## （二）研究与试验发展机构人员性别结构变化

2019 年，科研事业单位中女性人员为 16.3 万人，占比达到 33.6%。与 2018 年相比，科研事业单位中女性人数增长 5.2%。

从隶属关系看，中央部门属科研事业单位女性人员 11.6 万人，地方部门属科研事业单位女性人员 4.7 万人。地方部门属科研事业单位中女性增长 5.3%，中央部门属科研事业单位女性增长 5.1%（见表 3）。

**表 3　2018～2019 年不同隶属关系科研事业单位女性人员数量变化**

单位：人，%

| 隶属关系 | 2018 年 | 2019 年 | 变化幅度 |
|---|---|---|---|
| 中央部门属 | 110390 | 116045 | 5.1 |
| 地方部门属 | 44728 | 47089 | 5.3 |

从不同门类学科来看，与 R&D 人员学科分布相同，工程与技术科学类的女性人员数量最多。与 2018 年相比，自然科学类女性增幅最大，增长 11.8%，其次为农业科学、工程与技术科学和医药科学类，增幅分别为 7.3%、4.1% 和 1.2%，人文与社会科学类呈下降趋势，下降 5.5%（见表 4）。

**表 4　2018～2019 年不同门类学科科研事业单位女性人员数量变化**

单位：人，%

| 门类学科 | 2018 年 | 2019 年 | 变化幅度 |
| --- | --- | --- | --- |
| 自然科学 | 29144 | 32591 | 11. 8 |
| 农业科学 | 23044 | 24717 | 7. 3 |
| 医药科学 | 17822 | 18037 | 1. 2 |
| 工程与技术科学 | 76660 | 79809 | 4. 1 |
| 人文与社会科学 | 8448 | 7980 | -5. 5 |

截至 2019 年，医药科学类女性研究人员占比超过半数，达到 56. 2%，人文与社会科学类女性占比 45. 7%，工程与技术科学类女性人员占比不到 30%（见图 9）。

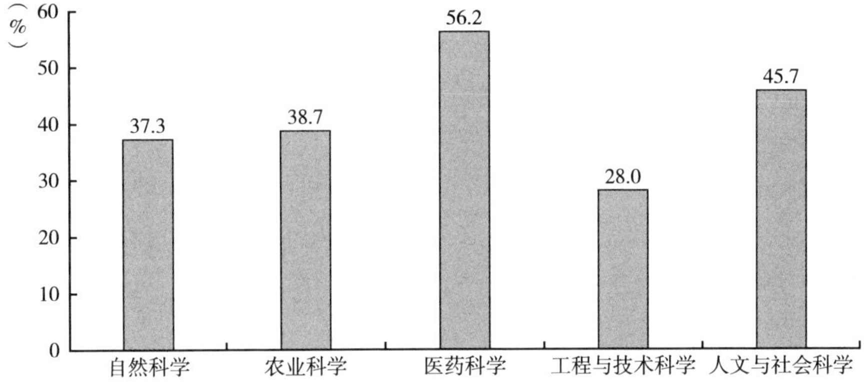


**图 9　2019 年各门类学科科研事业单位女性人员占比情况**

从地区上看，东北地区女性研究人员增长 13. 7%，东部地区、中部地区、西部地区女性研究人员分别增长 5. 8%、2. 4%、2. 7%（见表 5）。

**表 5　2018～2019 年不同地区科研事业单位女性人员数量变化**

单位：人，%

| 地区 | 2018 年 | 2019 年 | 变化幅度 |
| --- | --- | --- | --- |
| 东部地区 | 90046 | 95305 | 5. 8 |
| 中部地区 | 17900 | 18329 | 2. 4 |
| 西部地区 | 37459 | 38459 | 2. 7 |
| 东北地区 | 9713 | 11041 | 13. 7 |

截至2019年，东部地区科研事业单位的女性占比最高，为35.2%；其次为东北地区34.2%；西部地区、中部地区分别占比31.6%、30.3%（见图10）。

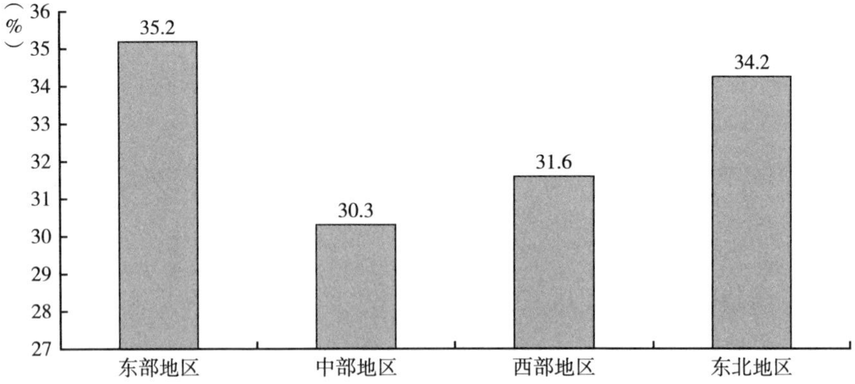


**图10　2019年各地区科研事业单位女性人员占比情况**

## （三）研究与试验发展机构人员学历结构变化

2019年，科研事业单位R&D人员学历层次进一步提高。R&D人员中拥有博士学历的人数为9.6万人，硕士学历人数为18万人。目前科研事业单位R&D人员学历以硕士学历为主。博士和硕士学历人数呈上升趋势，其中博士增长12.8%，硕士增长5.0%（见图11）。

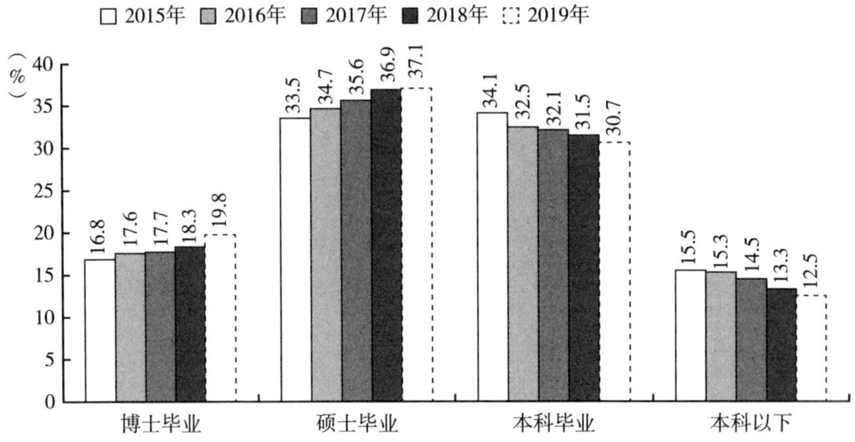


**图11　2015～2019年科研事业单位R&D人员学历变化**

从地区看，东部地区、中部地区、西部地区、东北地区 R&D 人员博士和硕士学历占比均进一步增长，其中东北地区博士学历 R&D 人员增幅最大，增长 28.0%（见表6）。

**表6　2018～2019 年不同地区科研事业单位硕博人数变化**

单位：人，%

| 学历 | 地区 | 2018 年 | 2019 年 | 变化幅度 |
|---|---|---|---|---|
| 博士毕业 | 东部地区 | 59410 | 68103 | 14.6 |
| | 中部地区 | 7639 | 8046 | 5.3 |
| | 西部地区 | 12843 | 13191 | 2.7 |
| | 东北地区 | 5140 | 6579 | 28.0 |
| 硕士毕业 | 东部地区 | 95408 | 100581 | 5.4 |
| | 中部地区 | 22874 | 23705 | 3.6 |
| | 西部地区 | 41999 | 44306 | 5.5 |
| | 东北地区 | 11021 | 11266 | 2.2 |

截至 2019 年，东部地区 R&D 人员的硕博比例最高，达 62.2%，其次为东北地区 55.3%，中部地区 52.5%，西部地区 47.2%（见图 12）。

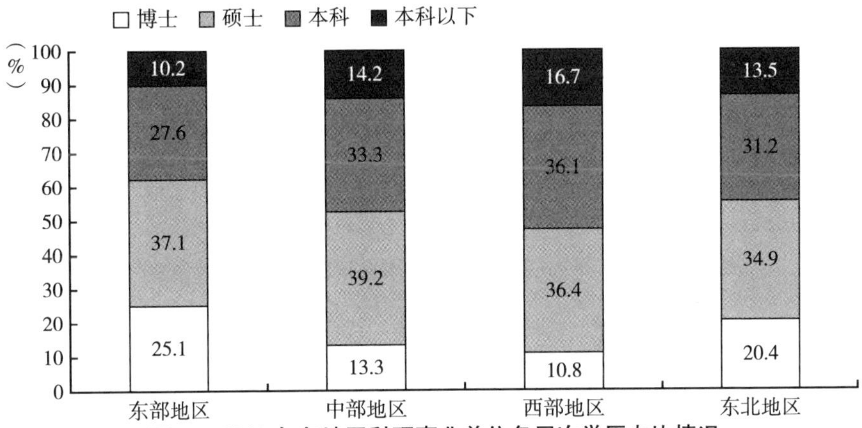


**图12　2019 年各地区科研事业单位各层次学历占比情况**

从不同门类学科来看，工程与技术科学类博士人数增幅最大，为 16.0%，自然科学、医药科学、农业科学类分别增长 15.1%、11.5%、8.5%，人文与社会科学类下降 6.0%（见表7）。

**表 7　2018～2019 年不同门类学科科研事业单位博士学历人员数量变化**

单位：人，%

| 门类学科 | 2018 年 | 2019 年 | 变化幅度 |
|---|---|---|---|
| 自然科学 | 29979 | 34502 | 15.1 |
| 农业科学 | 10679 | 11586 | 8.5 |
| 医药科学 | 7009 | 7814 | 11.5 |
| 工程与技术科学 | 31285 | 36303 | 16.0 |
| 人文与社会科学 | 6080 | 5714 | -6.0 |

截至 2019 年，自然科学类的硕博比例最高，为 68.0%，其次为人文与社会科学类 64.8%。医药科学、工程与技术科学、农业科学类分别为 56.4%、54.5%、50.1%（见图 13）。

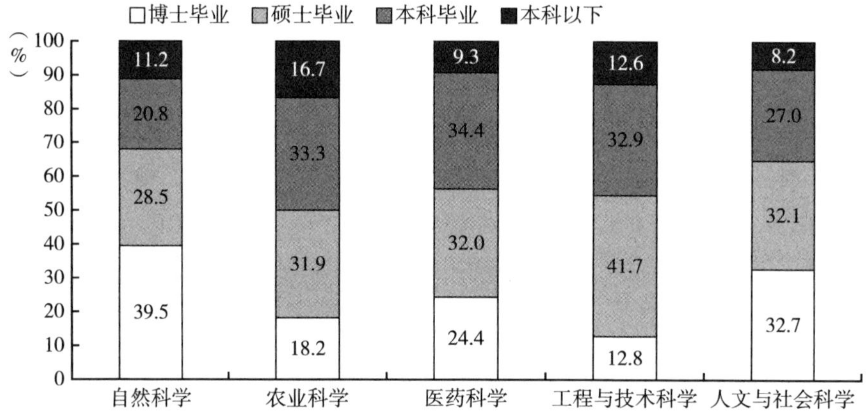


**图 13　2019 年不同门类学科科研事业单位人员学历数量变化**

## （四）研究与试验发展机构人员研究方向变化

总体上，科研事业单位中从事基础研究的人员比重上升，增长 1.1 个百分点，从事应用研究和试验发展的人员比重下降，分别下降 0.8 个百分点、0.3 个百分点。2019 年，以试验发展为主、应用研究和基础研究为辅的人员投入格局维持不变（见图 14）。

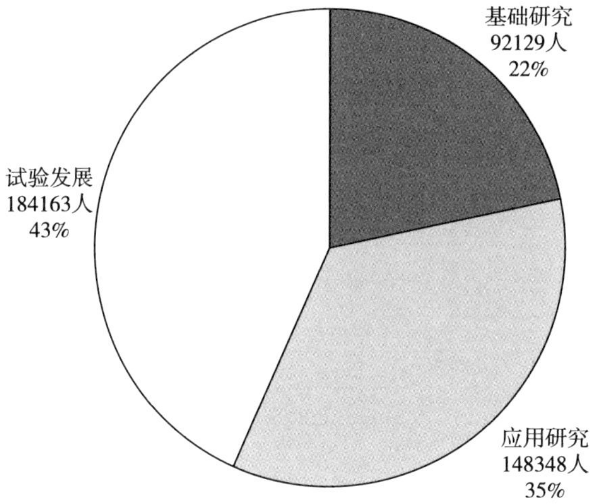


**图14　2019年科研事业单位学科分布**

从隶属关系看，中央部门属科研事业单位从事基础研究的人员比重上升1.3个百分点。地方部门属科研事业单位从事试验发展和应用研究的人员占比均下降0.2个百分点，从事基础研究的人员比重上升0.4个百分点（见表8）。

**表8　2018～2019年不同隶属关系科研事业单位R&D人员占比及变化**

单位:%，百分点

| 隶属关系 | 研究方向 | 2018年 | 2019年 | 变化幅度 |
|---|---|---|---|---|
| 中央部门属 | 基础研究 | 21.0 | 22.3 | 1.3 |
| | 应用研究 | 36.6 | 35.6 | -1.0 |
| | 试验发展 | 42.4 | 42.1 | -0.3 |
| 地方部门属 | 基础研究 | 19.2 | 19.5 | 0.4 |
| | 应用研究 | 32.8 | 32.6 | -0.2 |
| | 试验发展 | 48.1 | 47.9 | -0.2 |

从门类学科看，自然科学、工程与技术科学、人文与社会科学、医药科学类从事基础研究的人员占比进一步增长，分别增长2.1个、1.2个、0.6个、0.4个百分点，农业科学类从事基础研究的人员占比下降0.1个百分点（见表9）。

**表 9　2018～2019 年各门类学科科研事业单位不同研究方向的 R&D 人员占比及变化**

单位：%，百分点

| 门类学科 | 研究方向 | 2018 年 | 2019 年 | 变化幅度 |
|---|---|---|---|---|
| 自然科学 | 基础研究 | 51.7 | 53.8 | 2.1 |
| | 应用研究 | 36.5 | 32.9 | -3.6 |
| | 试验发展 | 11.9 | 13.3 | 1.4 |
| 农业科学 | 基础研究 | 17.2 | 17.1 | -0.1 |
| | 应用研究 | 23.4 | 23.3 | -0.1 |
| | 试验发展 | 59.4 | 59.6 | 0.2 |
| 医药科学 | 基础研究 | 30.4 | 30.8 | 0.4 |
| | 应用研究 | 50.2 | 50.6 | 0.4 |
| | 试验发展 | 19.5 | 18.6 | -0.9 |
| 工程与技术科学 | 基础研究 | 10.9 | 12.2 | 1.2 |
| | 应用研究 | 35.4 | 35.6 | 0.2 |
| | 试验发展 | 53.6 | 52.2 | -1.4 |
| 人文与社会科学 | 基础研究 | 36.6 | 37.2 | 0.6 |
| | 应用研究 | 53.5 | 47.1 | -6.4 |
| | 试验发展 | 10.0 | 15.8 | 5.8 |

截至 2019 年，各个学科形成了具有各自特点的研究方向分布：自然科学类以基础性研究为主，农业科学类以试验发展为主，医药科学类以应用研究为主，工程与技术科学类以试验发展为主，人文与社会科学类以应用研究为主（见图 15）。

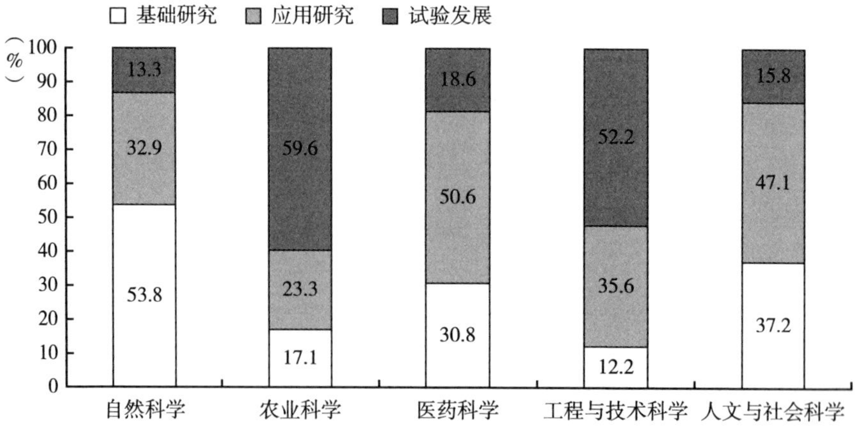


**图 15　各门类学科科研事业单位不同研究方向的 R&D 人员占比情况**

从地区看，四个地区从事基础研究的 R&D 人员占比均进一步提高。在应用研究上，中部地区、东北地区、东部地区人员占比分别下降 3.6 个、3.4 个、1.3 个百分点，西部地区人员占比上升 2.4 个百分点。在试验发展研究上，中部地区、东北地区、东部地区人员占比分别上升 2.4 个、0.8 个、0.1 个百分点；西部地区人员占比下降 2.8 个百分点（见表 10）。

**表 10　2018～2019 年不同地区科研事业单位不同研究方向的 R&D 人员占比及变化**

单位：%，百分点

| 地区 | 研究方向 | 2018 年 | 2019 年 | 变化幅度 |
|---|---|---|---|---|
| 东部地区 | 基础研究 | 23.7 | 24.9 | 1.2 |
| | 应用研究 | 37.9 | 36.6 | -1.3 |
| | 试验发展 | 38.4 | 38.5 | 0.1 |
| 中部地区 | 基础研究 | 15.7 | 16.9 | 1.2 |
| | 应用研究 | 38.5 | 35.0 | -3.6 |
| | 试验发展 | 45.7 | 48.1 | 2.4 |
| 西部地区 | 基础研究 | 16.3 | 16.6 | 0.3 |
| | 应用研究 | 29.6 | 32.0 | 2.4 |
| | 试验发展 | 54.1 | 51.3 | -2.8 |
| 东北地区 | 基础研究 | 21.4 | 24.0 | 2.6 |
| | 应用研究 | 35.7 | 32.3 | -3.4 |
| | 试验发展 | 42.9 | 43.7 | 0.8 |

截至 2019 年，各地区 R&D 人员的研究方向格局与全国研究方向分布基本相同，都以试验发展为主，应用研究和基础研究为辅。

## 三　科研经费状况

科研经费支出包括内部支出和外部支出，内部支出指机构用于内部开展 R&D 活动（基础研究、应用研究和试验发展）的实际支出。外部支出则指本机构委托外单位或与外单位合作而拨给对方的经费。本文主要研究内部支出状况。

### （一）R&D 经费内部支出总量

从 2016 年开始，R&D 经费内部支出增长连续 4 年加速。截至 2019 年，R&D 经费内部支出为 3081 亿元，相比 2018 年增长 14.2%（见图 16）。

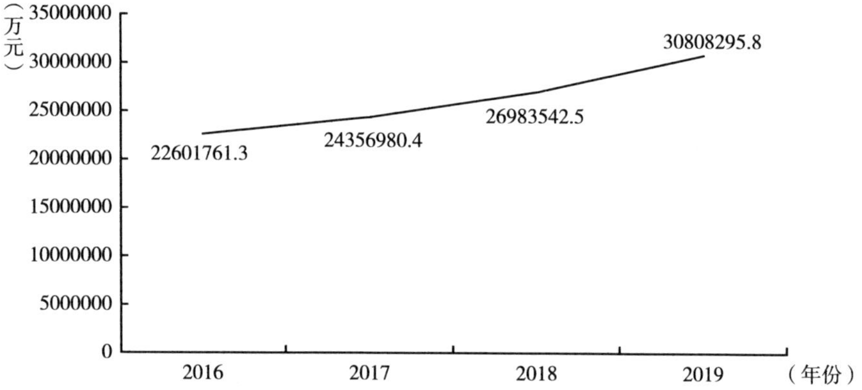


图 16　2016 ~ 2019 年 R&D 经费内部支出变化

从学科层面看，工程与技术科学类内部支出占比最大，达到 70%，其次为自然科学类占 16%（见图 17）。

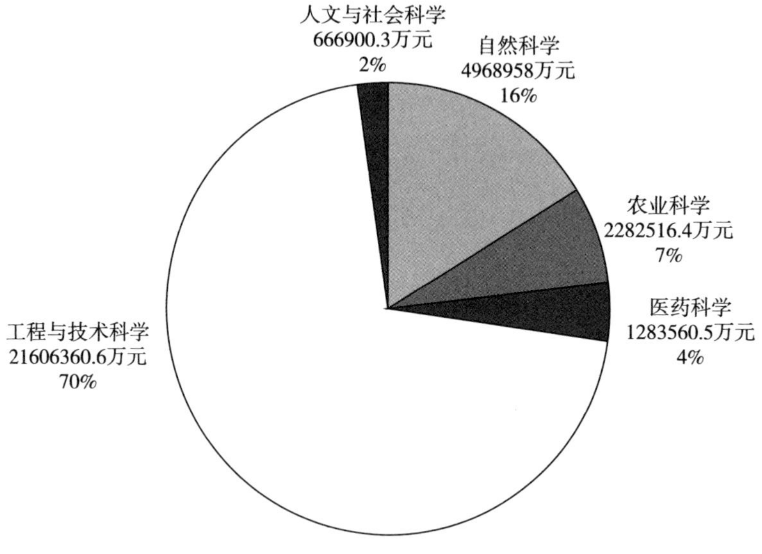


图 17　2019 年各学科科研事业单位内部支出分布

自然科学类支出增幅较大，增长19.1%，工程与技术科学和人文与社会科学类增幅其次，分别为13.8%、11.6%（见表11）。

**表11　2018～2019年不同门类学科科研事业单位内部支出变化**

单位：万元，%

| 门类学科 | 2018年 | 2019年 | 变化幅度 |
|---|---|---|---|
| 自然科学 | 4172347.8 | 4968958 | 19.1 |
| 农业科学 | 2057539.1 | 2282516.4 | 10.9 |
| 医药科学 | 1163190.5 | 1283560.5 | 10.3 |
| 工程与技术科学 | 18993050.2 | 21606360.6 | 13.8 |
| 人文与社会科学 | 597414.9 | 666900.3 | 11.6 |

从地区来看，东北地区支出增长26.3%，增幅最大。其次为东部地区15.2%、西部地区10.8%、中部地区9.8%（见表12）。

**表12　2018～2019年不同地区科研事业单位内部支出变化**

单位：万元，%

| 地区 | 2018年 | 2019年 | 变化幅度 |
|---|---|---|---|
| 东部地区 | 16800369.6 | 19356181.1 | 15.2 |
| 中部地区 | 2762082.9 | 3031902 | 9.8 |
| 西部地区 | 6137204.9 | 6798796.5 | 10.8 |
| 东北地区 | 1283885.1 | 1621416.2 | 26.3 |

日常性支出增长14.3%，资产性支出增长13.5%。日常性支出中劳务费支出增长13.9%，资产性支出中仪器和设备支出增长6.1%（见表13）。

**表13　2015～2019年科研事业单位内部支出具体项目变化**

单位：万元

| 项目 | 2015年 | 2016年 | 2017年 | 2018年 | 2019年 |
|---|---|---|---|---|---|
| 日常性支出 | 16908742 | 18081185 | 19707125 | 21705145 | 24817236 |
| #劳务费 | 4256742 | 4739242 | 5636095 | 6791098 | 7732363 |
| 资产性支出 | 4456123 | 4520577 | 4649855 | 5278398 | 5991060 |
| #仪器和设备支出 | 2792814 | 2946161 | 2885534 | 3410724 | 3619938 |

## （二）R&D经费内部支出结构

基础研究内部支出增长幅度最大，增长20.4%，应用研究内部支出增长17%，试验发展内部支出增长10.8%（见表14）。

表14 2018～2019年科研事业单位不同研究方向内部支出变化

单位：万元，%

| 研究方向 | 2018年 | 2019年 | 变化幅度 |
|---|---|---|---|
| 基础研究 | 4237862.4 | 5103100.6 | 20.4 |
| 应用研究 | 7976424.8 | 9336308 | 17.0 |
| 试验发展 | 14769255.3 | 16368887.2 | 10.8 |

基础研究内部支出占比进一步上升，由2018年的15.7%升至2019年的16.6%。

从学科来看，自然科学类试验发展支出占比不断扩大，基础研究支出、应用研究支出占比分别下降1.1个、1.2个百分点。农业科学类应用研究支出占比增加0.6个百分点，试验发展支出占比进一步下降，但仍占主要地位。工程与技术科学类基础研究和应用研究支出占比扩大，试验发展支出占比下降。医药科学类基础研究和试验发展支出占比增大，应用研究支出占比呈现下降趋势。工程与技术科学类基础研究和应用研究支出占比分别增长1.1个、1.5个百分点，试验发展支出占比下降2.6个百分点。人文与社会科学类应用研究支出占比进一步减小，基础研究和试验发展支出占比不断上升（见表15）。

表15 2018～2019年各门类学科科研事业单位不同研究方向内部支出变化

单位：%，百分点

| 门类学科 | 研究方向 | 2018年 | 2019年 | 变化幅度 |
|---|---|---|---|---|
| 自然科学 | 基础研究 | 51.5 | 50.4 | -1.1 |
| | 应用研究 | 37.5 | 36.3 | -1.2 |
| | 试验发展 | 11.0 | 13.3 | 2.3 |
| 农业科学 | 基础研究 | 13.9 | 13.5 | -0.4 |
| | 应用研究 | 25.4 | 26.0 | 0.6 |
| | 试验发展 | 60.7 | 60.4 | -0.3 |

续表

| 门类学科 | 研究方向 | 2018 年 | 2019 年 | 变化幅度 |
|---|---|---|---|---|
| 医药科学 | 基础研究 | 26.8 | 28.2 | 1.4 |
| | 应用研究 | 51.7 | 48.1 | -3.6 |
| | 试验发展 | 21.4 | 23.6 | 2.2 |
| 工程与技术科学 | 基础研究 | 6.6 | 7.7 | 1.1 |
| | 应用研究 | 26.3 | 27.8 | 1.5 |
| | 试验发展 | 67.1 | 64.5 | -2.6 |
| 人文与社会科学 | 基础研究 | 39.9 | 41.3 | 1.4 |
| | 应用研究 | 48.7 | 45.5 | -3.2 |
| | 试验发展 | 11.3 | 13.2 | 1.9 |

从地区上看，东部地区基础研究、应用研究支出占比进一步扩大，试验发展支出虽下降，但仍占主导地位。中部地区试验发展支出占比扩大 5.8 个百分点，应用研究、基础研究支出占比分别缩小 5.4 个、0.2 个百分点。西部地区基础研究、应用研究支出占比分别扩大 0.5 个、1.9 个百分点，试验发展支出占比缩小 2.3 个百分点。东北地区基础研究、应用研究支出占比下降，试验发展支出占比扩大（见表 16）。

**表 16　2018～2019 年各地区科研事业单位不同研究方向内部支出变化**

单位：%，百分点

| 地区 | 研究方向 | 2018 年 | 2019 年 | 变化幅度 |
|---|---|---|---|---|
| 东部地区 | 基础研究 | 17.9 | 19.2 | 1.3 |
| | 应用研究 | 30.1 | 31.4 | 1.3 |
| | 试验发展 | 52.1 | 49.4 | -2.7 |
| 中部地区 | 基础研究 | 12.6 | 12.4 | -0.2 |
| | 应用研究 | 36.5 | 31.1 | -5.4 |
| | 试验发展 | 50.8 | 56.6 | 5.8 |
| 西部地区 | 基础研究 | 11.3 | 11.8 | 0.5 |
| | 应用研究 | 23.9 | 25.8 | 1.9 |
| | 试验发展 | 64.7 | 62.4 | -2.3 |
| 东北地区 | 基础研究 | 14.6 | 13.1 | -1.5 |
| | 应用研究 | 35.1 | 34.4 | -0.7 |
| | 试验发展 | 50.2 | 52.5 | 2.3 |

## （三）R&D 经费支出来源

R&D 经费内部支出中，来源于政府的资金增长 13.0%，来源于企业的资金增长 15.6%，国外资金减少 2.6%（见表 17）。

**表 17　2018～2019 年科研事业单位 R&D 经费支出来源变化**

单位：万元，%

| 经费来源 | 2018 年 | 2019 年 | 变化幅度 |
|---|---|---|---|
| 政府资金 | 22849361.3 | 25824046.4 | 13.0 |
| 企业资金 | 1026354.1 | 1186593.4 | 15.6 |
| 国外资金 | 51773.5 | 50450.4 | -2.6 |
| 其他资金 | 3056053.6 | 3747205.6 | 22.6 |

在占比上，变化波动不大，截至 2019 年，政府资金占比 83.8%，其他资金[①]占比 12.2%，企业资金占比 3.9%，国外资金占比 0.2%（见图 18）。

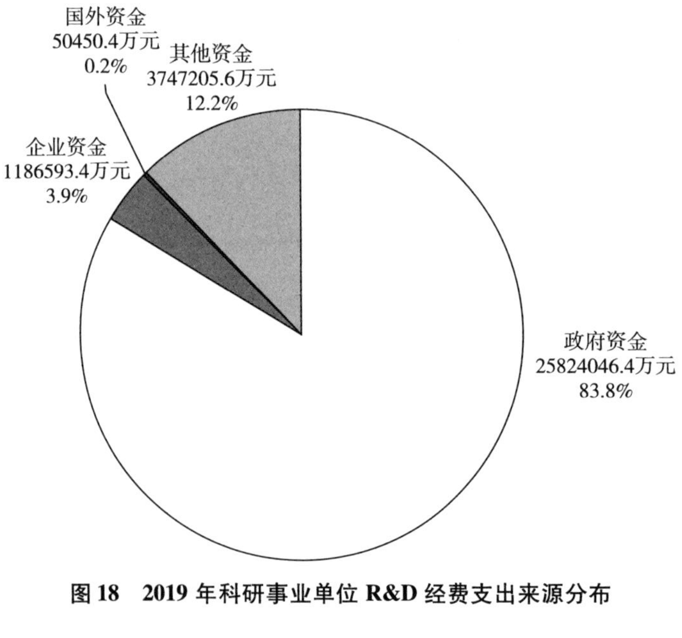


**图 18　2019 年科研事业单位 R&D 经费支出来源分布**

① 其他资金主要包括社会组织等在内的机构提供的科研资金。

## 四　科研产出状况

2019 年，我国科研事业稳步发展，取得了丰硕成果，在课题、论文、著作、专利申请等方面均增长迅速。

### （一）研发与开发机构课题

2019 年，我国课题数增长 9.8%，达到 12.6 万项。其中，中央部门属科研事业单位增长仍高于地方属科研事业单位，课题数增长 9.4%，地方部门属科研事业单位的课题数出现较小幅度的增长。

在学科上，自然科学、工程与技术科学、人文与社会科学、农业科学类课题数均出现增长，增幅分别为 11.3%、7.0%、5.1%、3.1%。值得注意的是医药科学类，课题数出现负增长，减少 1.7%（见表 18）。

**表 18　2018～2019 年不同门类学科科研事业单位课题数量变化**

单位：项，%

| 门类学科 | 2018 年 | 2019 年 | 变化幅度 |
|---|---|---|---|
| 自然科学 | 36507 | 40625 | 11.3 |
| 农业科学 | 26096 | 26913 | 3.1 |
| 医药科学 | 10275 | 10100 | －1.7 |
| 工程与技术科学 | 37774 | 40418 | 7.0 |
| 人文与社会科学 | 7220 | 7586 | 5.1 |

从地区来看，东北地区的课题数增长最快，增长 11.2%，其次为西部地区 6.6%、东部地区 6.4%、中部地区 5.4%（见表 19）。

**表 19　2018～2019 年不同地区科研事业单位课题数量变化**

单位：项，%

| 地区 | 2018 年 | 2019 年 | 变化幅度 |
|---|---|---|---|
| 东部地区 | 76050 | 80894 | 6.4 |
| 中部地区 | 11303 | 11913 | 5.4 |
| 西部地区 | 23743 | 25301 | 6.6 |
| 东北地区 | 6776 | 7534 | 11.2 |

## （二）研究与开发机构科技论文

2019 年，我国发表科技论文 185978 篇，增长 5.7%，其中国外发表的科技论文数量增长 10.0%。

从隶属关系上看，中央部门属科研事业单位科技论文数量增长 9.1%，地方部门属科研事业单位科技论文数量下降 0.6%。中央部门属科研事业单位科技论文数量占比进一步上升（见图 19）。

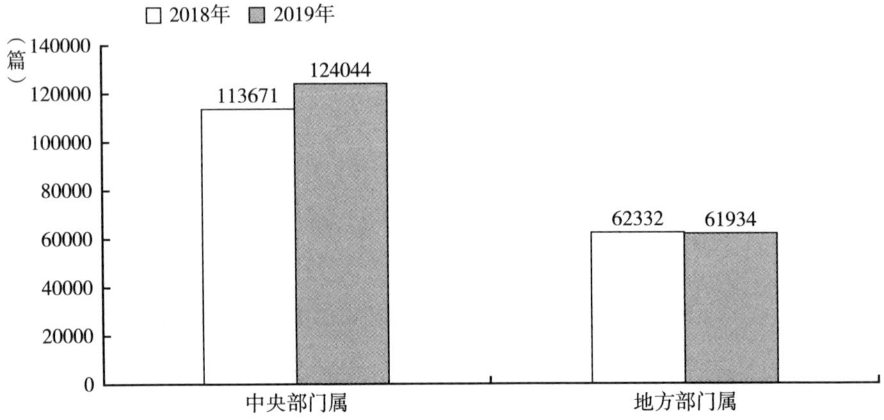


**图 19　2018～2019 年不同隶属关系科技论文数量变化**

从门类学科上看，自然科学类科技论文数量增长最快，增幅达 14.2%，其次为工程与技术科学、农业科学类，分别增长 7.7%、5.7%。人文与社会科学和医药科学类科技论文数量出现负增长，分别减少 7.5%、0.7%（见表 20）。

**表 20　2018～2019 年不同门类学科科研事业单位科技论文数量变化**

单位：篇，%

| 门类学科 | 2018 年 | 2019 年 | 变化幅度 |
|---|---|---|---|
| 自然科学 | 37255 | 42563 | 14.2 |
| 农业科学 | 32341 | 34180 | 5.7 |
| 医药科学 | 20112 | 19969 | -0.7 |
| 工程与技术科学 | 62210 | 66980 | 7.7 |
| 人文与社会科学 | 24085 | 22286 | -7.5 |

从地区来看，东北、东部、西部地区发表科技论文数量呈现正增长，分别增长15.6%、7.6%、1.1%。中部地区呈现负增长，下降2.3%（见表21）。

**表21　2018～2019年不同地区科研事业单位科技论文数量变化**

单位：篇，%

| 地区 | 2018年 | 2019年 | 变化幅度 |
|---|---|---|---|
| 东部地区 | 110695 | 119160 | 7.6 |
| 中部地区 | 20143 | 19671 | -2.3 |
| 西部地区 | 34997 | 35388 | 1.1 |
| 东北地区 | 10168 | 11759 | 15.6 |

## （三）研究与开发机构科技著作

出版科技著作从2018年的5722种减少到2019年的5469种，下降4.4%。

从隶属关系上看，中央部门属科研事业单位科技著作数量占比减少，地方部门属科技著作数量占比上升。2019年，中央部门属事业单位发表科技著作数量占比51.56%，地方部门属事业单位占比48.44%（见图20）。

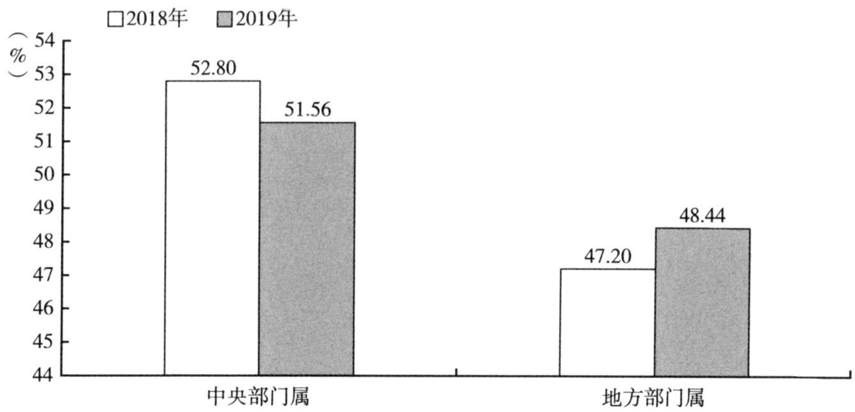


**图20　2018～2019年不同隶属关系科研事业单位科技著作占比变化**

从门类学科来看，医药科学、工程与技术科学类科技著作数量分别增长5.9%、3.1%，自然科学、人文与社会科学、农业科学类分别下降10.9%、9.9%、2.6%（见表22）。

表22　2018~2019年不同门类学科科研事业单位科技著作数量变化

单位：种，%

| 门类学科 | 2018年 | 2019年 | 变化幅度 |
|---|---|---|---|
| 自然科学 | 548 | 488 | -10.9 |
| 农业科学 | 1095 | 1067 | -2.6 |
| 医药科学 | 645 | 683 | 5.9 |
| 工程与技术科学 | 1058 | 1091 | 3.1 |
| 人文与社会科学 | 2376 | 2140 | -9.9 |

从地区来看，东北地区发表科技著作数量增长最快，增长18.0%；中部地区、西部地区发表科技著作数量分别增长3.9%、3.2%，东部地区下降8.4%（见表23）。

表23　2018~2019年不同地区科研事业单位科技著作数量变化

单位：种，%

| 地区 | 2018年 | 2019年 | 变化幅度 |
|---|---|---|---|
| 东部地区 | 4009 | 3674 | -8.4 |
| 中部地区 | 537 | 558 | 3.9 |
| 西部地区 | 1015 | 1047 | 3.2 |
| 东北地区 | 161 | 190 | 18.0 |

### （四）研究与开发机构专利数

专利申请数增长9.6%，达到2019年的6.7万余件，其中发明专利增长9.3%。有效发明专利增长7.1%（见表24）。

从隶属关系上看，中央部门属科研事业单位专利申请数增长11.0%，占比回升，地方部门属科研事业单位专利申请数增长4.3%，占比下降。中

**表 24　2018～2019 年科研事业单位专利情况变化**

单位：件，%

| 项目 | 2018 年 | 2019 年 | 变化幅度 |
|---|---|---|---|
| 专利申请数 | 61404 | 67302 | 9.6 |
| #发明专利 | 47740 | 52185 | 9.3 |
| 有效发明专利 | 151327 | 162097 | 7.1 |

央部门属科研事业单位有效发明专利增长 6.2%，地方部门属科研事业单位有效发明专利增长 12.1%（见表 25）。

**表 25　2018～2019 年不同隶属关系科研事业单位专利情况变化**

单位：件，%

| 项目 | 隶属关系 | 2018 年 | 2019 年 | 变化幅度 |
|---|---|---|---|---|
| 专利申请数 | 中央部门属 | 48317 | 53647 | 11.0 |
| | 地方部门属 | 13087 | 13655 | 4.3 |
| #发明专利 | 中央部门属 | 39958 | 43791 | 9.6 |
| | 地方部门属 | 7782 | 8394 | 7.9 |
| 有效发明专利 | 中央部门属 | 128439 | 136439 | 6.2 |
| | 地方部门属 | 22888 | 25658 | 12.1 |

从门类学科看，医药科学、工程与技术科学、自然科学类专利申请数量分别增长 39.9%、11.9%、7.9%，农业科学类下降 2.9%。有效发明专利均出现增长，农业科学、医药科学、自然科学、工程与技术科学类分别增长 17.7%、14.9%、12.9%、2.9%（见表 26）。

**表 26　2018～2019 年不同门类学科科研事业单位专利情况变化**

单位：件，%

| 项目 | 门类学科 | 2018 年 | 2019 年 | 变化幅度 |
|---|---|---|---|---|
| 专利申请数 | 自然科学 | 9836 | 10614 | 7.9 |
| | 农业科学 | 9910 | 9620 | -2.9 |
| | 医药科学 | 1697 | 2374 | 39.9 |
| | 工程与技术科学 | 39841 | 44590 | 11.9 |
| | 人文与社会科学 | 120 | 104 | -13.3 |

续表

| 项目 | 门类学科 | 2018 年 | 2019 年 | 变化幅度 |
|---|---|---|---|---|
| #发明专利 | 自然科学 | 8424 | 9125 | 8.3 |
| | 农业科学 | 6018 | 5997 | -0.3 |
| | 医药科学 | 1205 | 1337 | 11.0 |
| | 工程与技术科学 | 32043 | 35682 | 11.4 |
| | 人文与社会科学 | 50 | 44 | -12.0 |
| 有效发明专利 | 自然科学 | 27733 | 31299 | 12.9 |
| | 农业科学 | 19709 | 23190 | 17.7 |
| | 医药科学 | 4890 | 5617 | 14.9 |
| | 工程与技术科学 | 98840 | 101741 | 2.9 |
| | 人文与社会科学 | 155 | 250 | 61.3 |

从地区来看，除中部地区下降6.1%外，各地区专利申请数量均呈现增长。西部地区增长23.0%，东部地区增长10.4%，东北地区增长1.8%。其中发明专利的增长态势与专利申请数增长趋势相同。值得注意的是，东北地区的有效发明专利增幅较大，达19.7%，其次为西部地区10.3%、东部地区5.7%、中部地区4.2%（见表27）。

**表27 2018～2019年不同地区科研事业单位专利情况变化**

单位：件，%

| 项目 | 地区 | 2018 年 | 2019 年 | 变化幅度 |
|---|---|---|---|---|
| 专利申请数 | 东部地区 | 36767 | 40579 | 10.4 |
| | 中部地区 | 8531 | 8011 | -6.1 |
| | 西部地区 | 10913 | 13425 | 23.0 |
| | 东北地区 | 5193 | 5287 | 1.8 |
| #发明专利 | 东部地区 | 29527 | 31941 | 8.2 |
| | 中部地区 | 6132 | 5898 | -3.8 |
| | 西部地区 | 8134 | 10133 | 24.6 |
| | 东北地区 | 3947 | 4213 | 6.7 |
| 有效发明专利 | 东部地区 | 100235 | 105906 | 5.7 |
| | 中部地区 | 17580 | 18315 | 4.2 |
| | 西部地区 | 23875 | 26336 | 10.3 |
| | 东北地区 | 9637 | 11540 | 19.7 |

## （五）研究与开发机构成果转化

总的来看，2019 年我国专利所有权转让许可数为 2944 件，增长 50.3%，专利所有权转让及许可收入为 194980.2 万元，增长 97.8%。

从隶属关系上看，中央部门属科研事业单位专利所有权转让及许可数和收入增长均超过地方部门属科研事业单位，增长率分别达 59.9%、115.3%。而地方部门属科研事业单位专利所有权转让及许可数增长 15.3%，转让收入增长 2.0%（见表 28）。

**表 28　2018～2019 年不同隶属关系科研事业单位成果转化情况变化**

| 项目 | 隶属关系 | 2018 年 | 2019 年 | 变化幅度(%) |
| --- | --- | --- | --- | --- |
| 专利所有权转让及许可数(件) | 中央部门属 | 1535 | 2455 | 59.9 |
| | 地方部门属 | 424 | 489 | 15.3 |
| 专利所有权转让及许可收入(万元) | 中央部门属 | 83364.5 | 179476.6 | 115.3 |
| | 地方部门属 | 15202.1 | 15503.6 | 2.0 |

从门类学科看，在专利所有权转让及许可数上，医药科学、自然科学、工程与技术科学均保持上升趋势，其中医药科学增长幅度最大，增长 563.1%，农业科学下降 21.3%；在专利所有权转让及许可收入方面，自然科学、工程与技术科学、医药科学分别增长 144.0%、116.9%、25.8%，而农业科学下降 14.6%（见表 29）。

**表 29　2018～2019 年不同门类学科科研事业单位成果转化情况变化**

| 项目 | 门类学科 | 2018 年 | 2019 年 | 变化幅度(%) |
| --- | --- | --- | --- | --- |
| 专利所有权转让及许可数(件) | 自然科学 | 443 | 581 | 31.2 |
| | 农业科学 | 465 | 366 | -21.3 |
| | 医药科学 | 122 | 809 | 563.1 |
| | 工程与技术科学 | 929 | 1188 | 27.9 |
| | 人文与社会科学 | — | — | — |

续表

| 项目 | 门类学科 | 2018 年 | 2019 年 | 变化幅度(%) |
|---|---|---|---|---|
| 专利所有权转让及许可收入(万元) | 自然科学 | 20662.8 | 50424 | 144.0 |
| | 农业科学 | 8437.5 | 7203 | -14.6 |
| | 医药科学 | 14621.9 | 18398 | 25.8 |
| | 工程与技术科学 | 54844.4 | 118956 | 116.9 |
| | 人文与社会科学 | — | — | — |

从地区来看，在专利所有权转让及许可数上，东北地区增幅最大，达244.8%，其次为中部地区增长76.4%，东部地区增长47.5%，西部地区下降2.6%；在专利所有权转让及许可收入上，四个地区均出现增长（见表30）。

**表30　2018~2019 年不同地区科研事业单位成果转化情况变化**

| 项目 | 门类学科 | 2018 年 | 2019 年 | 变化幅度(%) |
|---|---|---|---|---|
| 专利所有权转让及许可数(件) | 东部地区 | 1538 | 2268 | 47.5 |
| | 中部地区 | 127 | 224 | 76.4 |
| | 西部地区 | 227 | 221 | -2.6 |
| | 东北地区 | 67 | 231 | 244.8 |
| 专利所有权转让及许可收入(万元) | 东部地区 | 84325 | 163334.6 | 93.7 |
| | 中部地区 | 1529.8 | 4808.8 | 214.3 |
| | 西部地区 | 5762 | 9881 | 71.5 |
| | 东北地区 | 6949.8 | 16955.8 | 144.0 |

## 五　趋势分析

### （一）科研事业单位精简机构稳步推行

2019 年2 月28 日，党的十九届三中全会审议通过《中共中央关于深化党和国家机构改革的决定》，对加快推进事业单位改革进一步作出全面部署。在此背景下，各地区尤其是东北地区，针对事业单位进行了较大幅度的改革。辽宁针对改革前“有人没事干、有事没人干”以及“多、小、散”等问题，重新分析服务需求、梳理机构职能，进行大规模归并、优化、整合。最终，全省除去医疗、高校、地税系统以外的27514个公益性事业单位已优化整合为2366个。黑龙江大幅压缩了事业单位不合理的机构编制规模，重点保障了教育、医疗、社会保障、退役军人等社会民生领域事业发展对机构编制的需要。截至2019年12月底，省直涉改事业单位精简机构599个，精简编制1.99万名；市县涉改事业单位精简机构4346个，精简编制7.64万名。科研事业单位也随之精简。

### （二）科研力量进一步集中

数据显示，2019年，占机构总数23%的中央科研事业单位集中了76%的R&D人员，创造了69%的课题量，产出了67%的科技论文、52%的科技著作、80%的专利申请数、84%的发明专利和有效发明专利、83%的专利所有权转让及许可数，获得了92%的专利所有权转让及许可收入，形成了67%的国家或行业标准数。相较于2018年，这些数据都有所提升。

### （三）人员结构进一步优化

人员学历层次进一步提高，2019年R&D人员中拥有硕博学历的人数为27.6万人，占比56.9%，相较于2018年的55.2%，增加将近2个百分点；女性占比进一步提升，2019年科研事业单位中女性人员为16.3万人，占比达到33.6%。与2018年相比，科研事业单位中女性人数增长5.2%。

### （四）基础研究进一步发展

无论是从基础研究的人员投入，还是从经费投入来讲，基础研究都得到了国家的高度重视。在人员投入上，科研事业单位中从事基础研究的人员比重上升，增长1.1个百分点。从隶属关系看，中央部门属科研事业单位从事基础研究方向的人员比重上升1.3个百分点。地方部门属科研单位从事基础研究人员比重增长0.4个百分点。从门类学科看，自然科学、工程与技术科学、人文与社会科学、医药科学从事基础研究的人员占比进一步增长，分别增长2.1个、1.2个、0.6个、0.4个百分点。从地区看，四个地区从事基础研究的人员占比均进一步提高。在经费投入上，基础研究内部支出增长幅度最大，增长20.4%，应用研究内部支出增长17%，试验发展内部支出增长10.8%。

### （五）科研产出进一步增长

2019年，我国在课题、论文、专利申请等关键指标上均增长迅速。2019年，我国课题数达到12.6万项，增长9.8%；科技论文数量185978篇，增长5.7%，其中国外发表的科技论文数量增长10.0%；专利申请数增长9.6%，达到2019年的6.7万余件，其中发明专利增长9.3%。有效发明专利增长7.1%；专利所有权转让许可数为2944件，增长50.3%，专利所有权转让及许可收入为194980.2万元，增长97.8%。

### （六）东北地区科研事业发展显著

2019年是东北地区事业单位改革的效果显现期，数据表明，此次改革意义重大，成果显著。与2018年相比，2019年，东北地区R&D人员增长5.8%，居各地区增长第二；女性人数增长13.7%，位居第一；博士学历增长28.0%，位居第一。内部支出增长26.3%，增幅最大；课题数增长最快，增长11.2%；发表科技论文数量增长15.6%，位居第一；发表科技著作种类增长最快，增长18.0%；有效发明专利数量增幅最大，达19.7%；专利所有权转让及许可数增幅最大，达244.8%；专利所有权转让及许可收入增长144.0%，位居第二。

# B.11
# 文化事业单位发展状况分析

甘亚雯*

摘　要：党的十九届五中全会明确提出到2035年建成文化强国，我国文化事业发展正处于重要战略机遇期。本文系统分析了2019年全国主要文化事业单位包括公共图书馆、艺术表演团体、艺术表演场馆、博物馆、文物保护管理机构、美术馆、群众文化活动机构的业务发展情况、人才队伍现状、公共文化服务等相关数据，并对未来文化事业单位的发展趋势进行了展望。

关键词：文化事业单位　人才队伍　公共文化服务

## 一　文化事业发展基本情况

文化事业单位承担着为社会提供公共文化服务的重要职能，是保障和实现广大人民群众基本文化权益的重要载体。本文统计的文化事业单位主要包括公共图书馆、博物馆、艺术表演场馆、文物保护机构、美术馆、群众文化活动机构等。

### （一）公共图书馆

2019 年，全国公共图书馆总藏量 111181 万册，总流通人次 90135 万人

* 甘亚雯，中国人事科学研究院事业单位管理研究室助理研究员，主要研究方向为事业单位人事管理。

次，书刊、文献外借册次达61373万册次，新购藏量6986万册，电子图书86557万册（见图1、图2）。相较于2018年，全国公共图书馆总藏量增加了7471万册，增幅为7.20%。全国公共图书馆总流通人次增加了8103万人次，增幅为9.88%。书刊、文献外借册次增加了3363万册次，增幅为5.80%。新购藏量增加了91万册，增幅为1.32%。电子图书增幅为7.0%；阅览室座席数119.07万个，比上年末增长6.6%。

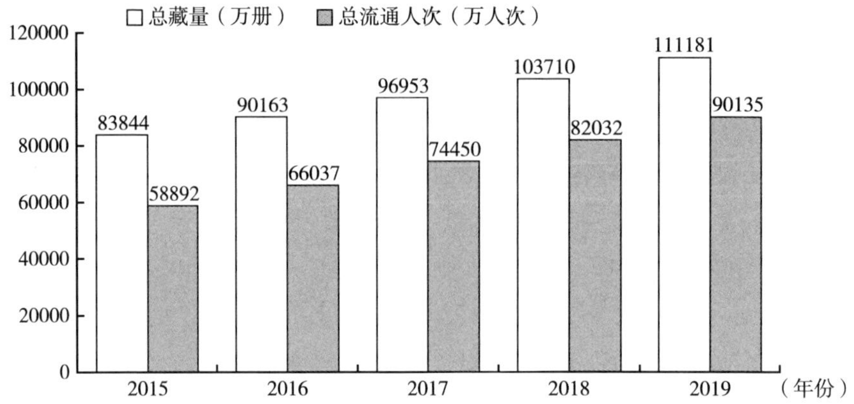


**图1　2015～2019年公共图书馆总藏量与总流通人次**

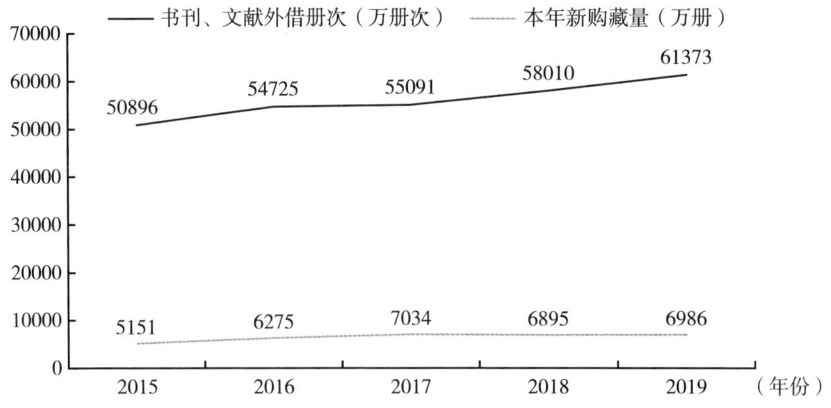


**图2　2015～2019年公共图书馆书刊、文献外借册次及新购藏量**

资料来源：2015～2019年《中国文化文物和旅游统计年鉴》。

2019 年，全国平均每万人公共图书馆建筑面积 121.4 平方米，比上年末增加 7.0 平方米；外借人次 26609 万人次，比上年增长 3.1%。全年共为读者举办各种活动 195732 次，比上年增长 9.3%；参加人次 11786 万人次，比上年增长 10.7%。

## （二）博物馆

近年来，我国博物馆新建场馆数量不断增多，在文物保护、藏品研究、陈列展览、开放服务、教育传播等方面不断取得新进展。2018 ~ 2019 年，全国博物馆总藏量由 3754.07 万件增长到 3954.83 万件，同比增长 5.35%，基本陈列、展览数由 26346 个增长到 28701 个，同比增长 8.94%，参观人次由 104401 万人次上升至 112225 万人次，同比增长 7.49%（见图 3）。

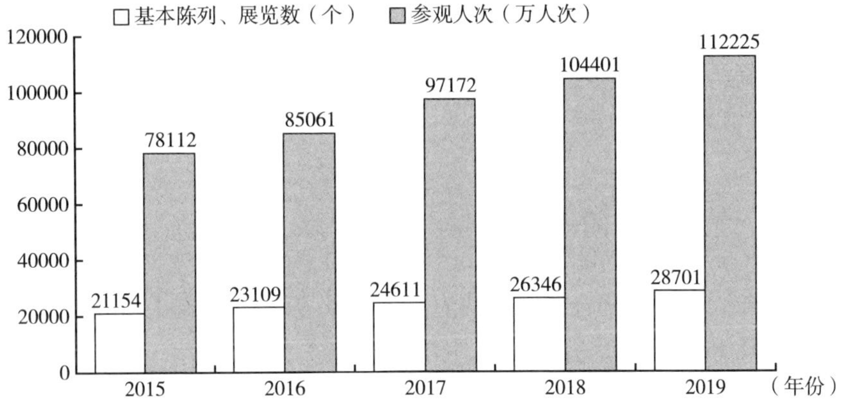


**图 3　2015 ~ 2019 年博物馆基本陈列、展览数及参观人次**

资料来源：2015 ~ 2019 年《中国文化文物和旅游统计年鉴》。

全国博物馆按机构类型可以划分为综合类博物馆、历史类博物馆、自然科技类博物馆、艺术类博物馆、其他博物馆等。目前我国博物馆以综合类博物馆和历史类博物馆为主，2019 年，全国博物馆机构数为 5132 个，其中，综合类博物馆 1821 个，历史类博物馆 1769 个，占比分别为 35.5% 和

34.5%，艺术类博物馆518个，自然科技类博物馆191个，其他博物馆833个（见图4）。

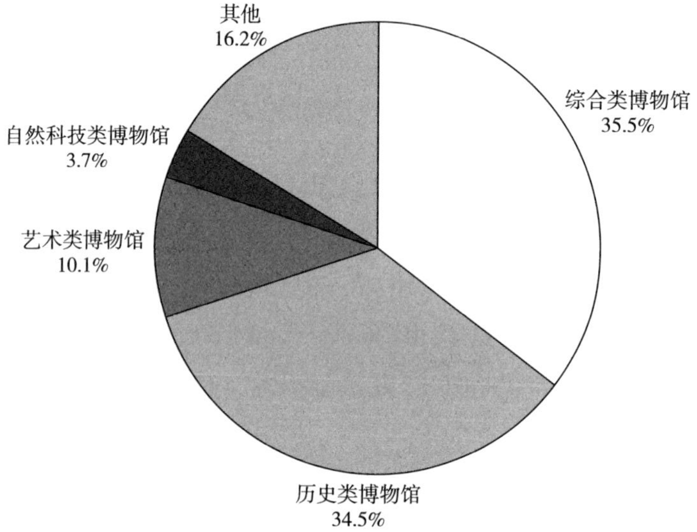


**图4　主要类型博物馆的占比情况**

资料来源：2015～2019年《中国文化文物和旅游统计年鉴》。

## （三）艺术表演团体

2019年，全国艺术表演团体共演出296.80万场次，比上年降低5.0%，其中赴农村演出171.27万场次，赴农村演出场次占总演出场次的57.7%；国内演出观众12.30亿人次，比上年增加4.6%，其中农村观众7.68亿人次；演出收入127.77亿元，较上年降低16.1%。全年全国文化和旅游部门所属艺术表演团体共组织政府采购公益演出15.73万场次，观众1.20亿人次，分别比上年降低2.7%和6.3%。利用流动舞台车演出11.26万场次，观众0.89亿人次，分别比上年降低4.6%和6.3%。

2019年，全国文化和旅游部门执行事业会计制度的艺术表演团体共演出28.5万场次，其中，农村演出19.3万场次，本团原创首演剧目1247个。国内演出观众22362万人次，农村观众5380万人次（见表1）。

表1　2015～2019年执行事业会计制度的艺术表演团体演出场次及观众人次

单位：万场次，万人次

| 项目 | 2015年 | 2016年 | 2017年 | 2018年 | 2019年 |
|---|---|---|---|---|---|
| 演出场次 | 27.6 | 27.0 | 28.4 | 29.0 | 28.5 |
| 观众人次 | 24261 | 24004 | 25619 | 23306 | 22362 |

资料来源：2015～2019年《中国文化文物和旅游统计年鉴》。

## （四）艺术表演场馆

2019年，全国共有艺术表演场馆2716个，比上年增加238个。观众座席数181.87万个，比上年降低5.3%。全年共举行艺术演出24.54万场次，增长37.2%，其中惠民演出6.09万场次；艺术演出观众人次6785.16万人次，比上年增长15.8%；艺术演出收入55.92亿元，比上年增长49.4%。文化和旅游部门所属艺术表演场馆1202个，比上年减少34个；全年共举行艺术演出6.19万场次，比上年增长2.8%；艺术演出观众人次2595万人次，比上年增长0.3%。

2019年全国文化和旅游部门执行事业会计制度的艺术表演场馆演出32万场次，较上年减少3万场次，艺术演出观众2980万人次（见表2）。

表2　2015～2019年执行事业会计制度的艺术表演场馆演出场次及观众人次

单位：万场次，万人次

| 项目 | 2015年 | 2016年 | 2017年 | 2018年 | 2019年 |
|---|---|---|---|---|---|
| 演出场次 | 30 | 32 | 48 | 35 | 32 |
| 观众人次 | 3522 | 3299 | 3319 | 3370 | 2980 |

资料来源：2015～2019年《中国文化文物和旅游统计年鉴》。

## （五）群众文化活动机构

2019年，全国群众文化活动机构举办展览163968个，比上年增长3.3%；组织文艺活动1359460次，比上年增长10.4%；举办训练班889247次，比上年增长15.6%；文化服务惠及人次达78716万人次，比上年增长11.6%（见表3）。全国群众文化活动机构共组织开展各类文化活动245.11万场次，比上年增长

11.7%；服务78716万人次，全国群众文化活动机构共有馆办文艺团体8094个，演出17.65万场次，观众7564万人次。全国平均每万人群众文化设施建筑面积322.72平方米，比上年末提高15.77平方米。

表3 2015～2019年群众文化活动机构业务基本情况

单位：个，次

| 项目 | 2015年 | 2016年 | 2017年 | 2018年 | 2019年 |
|---|---|---|---|---|---|
| 举办展览个数 | 139792 | 150128 | 154106 | 158742 | 163968 |
| 组织文艺活动次数 | 959901 | 1065287 | 1114261 | 1231269 | 1359460 |
| 举办训练班次 | 536328 | 590516 | 675852 | 768995 | 889247 |

资料来源：2015～2019年《中国文化文物和旅游统计年鉴》。

### （六）文物保护管理机构

2019年，全国文物保护管理机构新增藏品66367件/套，比上年增加26459件/套，增幅为66.3%。全年共举办基本陈列展览1167个，比上年增长37.9%，临时展览806个，比上年增长33.0%。全年接待观众19136万人次，比上年增长8.6%，其中，接待未成年人2981万人次，占参观总人数的15.6%，比上年增长0.4%。

### （七）美术馆

2019年，全国美术馆藏品数为547627件，较上年增加了33511件，增幅为6.5%，全年共举办年度展览7268个，参观人次达4135.59万人次，其中未成年人参观人次为932.81万人次。

## 二 文化机构发展状况

### （一）主要文化机构数基本情况

全国主要文化事业机构数总体呈上升趋势。2019年，公共图书馆3196

个，较上年增加了20个，增幅为0.6%。博物馆5132个，较上年增加了214个，增幅为4.4%。美术馆559个，较上年增加了31个，增幅为5.9%。群众文化机构44073个，较上年减少了391个，降幅为0.9%。文化和旅游部门所属执行事业会计制度的艺术表演场馆858个，较上年减少了30个，降幅为3.4%。文物保护管理机构3518个，较上年减少32个，降幅为0.9%（见表4）。

**表4　2015～2019年全国主要文化事业机构数**

单位：个

| 年份 | 公共图书馆 | 博物馆 | 艺术表演场馆 | 文物保护管理机构 | 美术馆 | 群众文化机构 |
|---|---|---|---|---|---|---|
| 2015 | 3139 | 3852 | 928 | 3307 | 418 | 44291 |
| 2016 | 3153 | 4109 | 925 | 3318 | 463 | 44497 |
| 2017 | 3166 | 4721 | 909 | 3518 | 499 | 44521 |
| 2018 | 3176 | 4918 | 888 | 3550 | 528 | 44464 |
| 2019 | 3196 | 5132 | 858 | 3518 | 559 | 44073 |

资料来源：2015～2019年《中国文化文物和旅游统计年鉴》。

## （二）文化和旅游事业费基本情况

近年来，文化和旅游事业费占国家财政支出比重持续增长，人均文化和旅游事业费不断增加。2019年，全年全国文化和旅游事业费1065.75亿元，比上年增加136.7亿元，增长14.7%；全国人均文化和旅游事业费76.07元，比上年增加9.54元，增长14.3%。文化和旅游事业费占财政总支出的比重为0.45%，比重比上年增加0.03个百分点（见表5）。全年全国文物事业费415.40亿元，比上年增加36.61亿元，增长9.7%；文物事业费占财政总支出的比重为0.18%，比上年增加0.01个百分点。

**表5　2015～2019年全国主要文化和旅游事业费情况**

| 项目 | 2015年 | 2016年 | 2017年 | 2018年 | 2019年 |
|---|---|---|---|---|---|
| 全国文化和旅游事业费(亿元) | 682.97 | 770.69 | 855.90 | 928.33 | 1065.75 |
| 占国家财政比重(%) | 0.39 | 0.41 | 0.42 | 0.42 | 0.45 |
| 人均文化和旅游事业费(元) | 49.68 | 55.74 | 61.56 | 66.53 | 76.07 |

资料来源：2015～2019年《中国文化文物和旅游统计年鉴》。

## 三 人才队伍发展状况

### （一）主要文化机构从业人员基本情况

2019年，全国执行事业会计制度的文化机构从业人员662240人，比上年增加25244人，增幅为3.96%（见表6）。

**表6 2015～2019年执行事业会计制度的文化机构从业人员基本情况**

单位：人，%

| 项目 | 2015年 | 2016年 | 2017年 | 2018年 | 2019年 |
|---|---|---|---|---|---|
| 从业人员人数 | 602887 | 619694 | 630869 | 636996 | 662240 |
| 增幅 | 3.26 | 2.79 | 1.80 | 0.97 | 3.96 |

资料来源：2015～2019年《中国文化文物和旅游统计年鉴》。

### （二）主要文化机构专业技术人员基本情况

2019年，全国执行事业会计制度的文化机构中共有专业技术人才257471人，比上年增加3478人；其中具有正高级职称的人员9718人，比上年增加348人，占3.77%，具有副高级职称的人员34055人，比上年增加1487人，占13.23%；具有中级职称的人员90697人，比上年增加1411人，占35.23%（见表7）。

**表7 2015～2019年执行事业会计制度的文化机构专业技术人员基本情况**

单位：人

| 年份 | 专业技术人才 | 正高级职称人员 | 副高级职称人员 | 中级职称人员 |
|---|---|---|---|---|
| 2015 | 244416 | 8708 | 29841 | 86147 |
| 2016 | 250334 | 8912 | 30607 | 87117 |
| 2017 | 253167 | 9137 | 31797 | 88693 |
| 2018 | 253993 | 9370 | 32568 | 89286 |
| 2019 | 257471 | 9718 | 34055 | 90697 |

资料来源：2015～2019年《中国文化文物和旅游统计年鉴》。

## 四　我国文化事业单位发展总体特点

综合以上数据，我国文化事业单位发展主要呈现以下几个特点。

### （一）文化事业发展进入质量和效益全面提升的新阶段

建设社会主义文化强国是以习近平同志为核心的党中央基于历史和现实、着眼长远和发展作出的战略决策，标志着我国文化建设在“两个一百年”奋斗目标继续推进。进入新发展阶段，围绕培育践行社会主义核心价值观传承优秀传统文化，国家出台多项推动文化改革发展的政策文件，为文化事业的发展提供良好的政策环境。

### （二）文化机构人员队伍总体稳定，人员结构不断优化

数据显示，近年来我国文化机构从业人员数量总体稳定且逐年增长，文化机构专业技术人员队伍进一步壮大，为我国文化事业高质量发展注入新的活力。与此同时，文化事业单位的不断改革与发展，有助于培养造就更加专业化的人才队伍，提升各级公共文化服务水平。

### （三）加大财政支持，逐步推进公共文化服务均等化

国家层面加强文化建设经费保障，加大对基层公共文化建设帮扶力度，明确地方政府在公共文化建设中的主体责任，落实资金保障，规范资金管理，建立有效激励措施，吸引高素质专业化人才加入公共文化服务队伍，增强公共文化服务效能，提升群众文化满意度与获得感。

### （四）群众文化服务活动丰富，艺术团体发展能力需进一步增强

群众性文化活动日益丰富，举办训练班次逐年增加，群众文化机构专业化水平不断提升，群众文化机构的服务效能逐步增强。与此同时，艺术团体与艺术表演场馆的业务量总体呈现下滑态势，需加快推进改革，实现转型升级。

## 五　我国文化事业单位发展趋势

### （一）国家文化软实力和中华文化影响力不断加强，文化事业发展前景较好

建设社会主义文化强国，是党中央做出明确部署安排的重要战略任务。立足新发展阶段，文化事业围绕高质量发展目标，应坚持政府主导、社会参与、重心下移、共建共享，以基本公共文化服务标准化均等化为突破口，以满足人民文化需求、增强人民精神力量为着力点，创作优秀文艺作品，提供优质文化服务。

### （二）公共文化服务水平逐步提高，进一步健全基层公共文化设施网络

落实国家基本公共服务标准，加强基本公共文化服务标准化建设。精准对接人民群众文化需求，推动建立订单式、菜单式公共文化产品和服务平台。创新实施文化惠民工程，推动公共文化服务融入城乡居民日常生活，面向不同群体开展差异化的公共文化服务，充分保障未成年人、老年人、残疾人和流动人口等特殊群体的文化权益。

### （三）数字经济时代下的文化事业发展面临升级与变革

《中华人民共和国国民经济和社会发展第十四个五年规划和2035年远景目标纲要》明确提出实施文化产业数字化战略。《“十四五”文化和旅游发展规划》指出，要顺应数字产业化和产业数字化发展趋势，推动新一代信息技术在文化创作、生产、传播等各环节的应用。因而，传统文化发展方式需不断改造升级，提升质量效益与核心竞争力，适应文化发展新需求。

## （四）建立健全新时代艺术创作体系，中华文化影响力进一步提升

坚持以人民为中心的创作导向，将提高质量作为文艺作品的生命线，需不断提高文艺原创能力，推出一批新时代精品力作，提升文化影响力。健全把社会效益放在首位、社会效益和经济效益相统一的文化创作生产体制机制，大力推进文艺创新，推动形成健康清朗的文艺生态。

# B.12
# 卫生事业单位发展状况分析

朱祝霞*

摘　要：本文在分析2019年全国医疗卫生机构总体和卫生事业单位的卫生事业基本状况、机构发展情况、人才队伍状况和卫生经费等相关数据的基础上，提出我国卫生事业单位的发展呈现以下四个趋势：服务能力不断提升，医疗卫生事业向高质量发展迈进；队伍规模不断壮大，人员结构进一步优化；公立医院薪酬水平逐步提高，"两个允许"政策效应逐渐显现；专业公共卫生机构投入持续减少，公共卫生服务职能亟待加强。

关键词：医疗卫生　事业单位　公立医院

2019年，我国卫生事业立足于贯彻实施健康中国战略，坚持以人民健康为中心，坚持保基本、强基层、建机制，不断深化医药卫生体制改革。卫生事业单位在认真落实党中央、国务院关于实施健康中国战略和深化医药卫生体制改革的决策部署中发挥着重要作用。本文以《中国卫生健康统计年鉴》等数据为基础，分析2018～2019年我国卫生事业单位发展状况及其发展趋势。

* 朱祝霞，管理学博士，中国人事科学研究院事业单位管理研究室副主任、助理研究员，主要研究方向为事业单位管理、公务员管理。

# 一　卫生事业基本状况

2019 年，全国医疗卫生机构总诊疗人次达 871987.3 万人次，居民平均就诊次数为 6.24 次；全国医疗卫生机构入院人数达 26596 万人，居民年住院率为 19.03%；全国医疗卫生机构床位 880.70 万张，病床使用率为 78.02%。公立医院诊疗人次为 327232.3 万人次；入院人数为 17487.2 万人；公立医院床位数为 497.56 万张，病床使用率为 91.2%。

## （一）医疗卫生机构总体情况

1. 总诊疗人次

2019 年，全国医疗卫生机构总诊疗人次达 871987.3 万人次。其中，医院、基层医疗卫生机构和专业公共卫生机构诊疗人次分别为 384240.5 万人次、453087.1 万人次和 34470.6 万人次，占比分别为 44.06%、51.97% 和 3.95%。

与 2018 年相比，全国医疗卫生机构总诊疗人次增加了 41185.6 万人次，增幅为 4.96%。其中，医院、基层医疗卫生机构和专业公共卫生机构诊疗人次分别增加了 26503 万人次、12455.1 万人次和 2316.9 万人次，增幅分别为 7.41%、2.83% 和 7.21%。医院和专业公共卫生机构诊疗人次占比分别上升了 1 个百分点和 0.08 个百分点，基层医疗卫生机构诊疗人次占比下降了 1.07 个百分点（见表 1）。

**表 1　2018～2019 年各类医疗卫生机构诊疗人次及占比**

单位：万人次，%

| 年份 | 诊疗人次及占比 | 医院 | 基层医疗卫生机构 | 专业公共卫生机构 | 其他医疗卫生机构 | 合计 |
|---|---|---|---|---|---|---|
| 2018 年 | 诊疗人次 | 357737.5 | 440632.0 | 32153.7 | 278.5 | 830801.7 |
| | 占比 | 43.06 | 53.04 | 3.87 | 0.03 | 100.00 |
| 2019 年 | 诊疗人次 | 384240.5 | 453087.1 | 34470.6 | 189.2 | 871987.3 |
| | 占比 | 44.06 | 51.97 | 3.95 | 0.02 | 100.00 |

2. 总入院人数

2019 年，全国医疗卫生机构入院人数达 26596 万人。其中，医院、基层医疗卫生机构和专业公共卫生机构入院人数分别为 21183 万人、4295 万人和 1091 万人，占比分别为 79.64%、16.15% 和 4.11%。

与 2018 年相比，全国医疗卫生机构入院人数增加了 1143 万人，增幅为 4.49%。其中，医院和专业公共卫生机构入院人数分别增加了 1166 万人和 62 万人，增幅分别为 5.83% 和 6.03%，基层医疗卫生机构入院人数下降了 81 万人，降幅为 1.85%。医院和专业公共卫生机构入院人数占比分别上升了 1 个和 0.07 个百分点，基层医疗卫生机构入院人数占比下降了 1.04 个百分点（见表 2）。

**表 2　2018～2019 年各类医疗卫生机构入院人数及占比**

单位：万人，%

| 年份 | 人数及占比 | 医院 | 基层医疗卫生机构 | 专业公共卫生机构 | 其他医疗卫生机构 | 合计 |
|---|---|---|---|---|---|---|
| 2018 | 人数 | 20017 | 4376 | 1029 | 32 | 25453 |
| | 占比 | 78.64 | 17.19 | 4.04 | 0.13 | 100.00 |
| 2019 | 人数 | 21183 | 4295 | 1091 | 27 | 26596 |
| | 占比 | 79.64 | 16.15 | 4.11 | 0.10 | 100.00 |

3. 总床位数

2019 年，全国医疗卫生机构床位数为 880.70 万张。其中，医院、基层医疗卫生机构和专业公共卫生机构床位数分别为 686.65 万张、163.11 万张和 28.50 万张，占比分别为 77.96%、18.52% 和 3.24%。

与 2018 年相比，全国医疗卫生机构总床位数增加了 40.29 万张，增幅为 4.79%。其中，医院、基层医疗卫生机构和专业公共卫生机构床位数分别增加了 34.68 万张、4.75 万张和 1.06 万张，增幅分别为 5.32%、3.00% 和 3.86%。医院床位数占比上升了 0.38 个百分点，基层医疗卫生机构和专业公共卫生机构床位数占比分别下降了 0.32 个和 0.03 个百分点（见表 3）。

**表3　2018～2019年各类医疗卫生机构床位数**

单位：万张，%

| 年份 | 床位数及占比 | 医院 | 基层医疗卫生机构 | 专业公共卫生机构 | 其他医疗卫生机构 | 合计 |
|---|---|---|---|---|---|---|
| 2018 | 床位数 | 651.97 | 158.36 | 27.44 | 2.64 | 840.41 |
|  | 占比 | 77.58 | 18.84 | 3.27 | 0.31 | 100.00 |
| 2019 | 床位数 | 686.65 | 163.11 | 28.50 | 2.43 | 880.70 |
|  | 占比 | 77.96 | 18.52 | 3.24 | 0.28 | 100.00 |

2019年，全国医疗卫生机构病床使用率为78.02%。其中，医院、基层医疗卫生机构和专业公共卫生机构病床使用率分别为83.55%、56.30%、68.86%和42.89%。

与2018年相比，全国医疗卫生机构病床使用率下降了0.78个百分点。其中，医院、基层医疗卫生机构、专业公共卫生机构病床使用率分别下降了0.65个、2.10个和8.74个百分点（见表4）。

**表4　2018～2019年各类医疗卫生机构病床使用率**

单位：%

| 年份 | 医院 | 基层医疗卫生机构 | 专业公共卫生机构 | 其他医疗卫生机构 | 合计 |
|---|---|---|---|---|---|
| 2018 | 84.20 | 58.40 | 77.60 | 48.20 | 78.80 |
| 2019 | 83.55 | 56.30 | 68.86 | 42.89 | 78.02 |

## （二）公立医疗卫生机构情况

1. 公立医院诊疗人次

2019年，公立医院诊疗人次为327232.3万人次，占医院诊疗人次的85.16%，占所有医疗卫生机构总诊疗人次的37.53%。与2018年相比，公立医院诊疗人次增加了22108.6万人次，增幅为7.25%，占医院诊疗人次的比重下降了0.13个百分点，占所有医疗卫生机构总诊疗人次的比重上升了0.80个百分点（见表5）。

**表5　2018～2019年公立医院诊疗人次及其占比情况**

单位：万人次，%

| 年份 | 诊疗人次 | 诊疗人次/医院诊疗人次 | 诊疗人次/总诊疗人次 |
|---|---|---|---|
| 2018 | 305123.7 | 85.29 | 36.73 |
| 2019 | 327232.3 | 85.16 | 37.53 |

2. 公立医院入院人数

2019年，公立医院入院人数为17487.2万人，占医院入院人数的82.55%，占所有医疗卫生机构总入院人数的65.75%。与2018年相比，公立医院入院人数增加了1135.9万人，增幅为6.95%，占医院入院人数的比重上升了0.86个百分点，占所有医疗卫生机构总入院人数的比重上升了1.51个百分点（见表6）。

**表6　2018～2019年公立医院入院人数及其占比情况**

单位：万人，%

| 年份 | 入院人数 | 公立入院人数/医院入院人数 | 公立入院人数/总入院人数 |
|---|---|---|---|
| 2018 | 16351.3 | 81.69 | 64.24 |
| 2019 | 17487.2 | 82.55 | 65.75 |

3. 公立医院床位数

2019年，公立医院床位数为497.56万张，占医院床位数的72.46%，占所有医疗卫生机构床位数的56.50%。与2018年相比，公立医院床位数增加了17.34万张，增幅为3.61%，占医院床位数的比重下降了1.20个百分点，占所有医疗卫生机构总床位数的比重下降了0.64个百分点（见表7）。

**表7　2018～2019年公立医院床位数及其占比情况**

单位：万张，%

| 年份 | 床位数 | 床位数/医院床位数 | 床位数/总床位数 |
|---|---|---|---|
| 2018 | 480.22 | 73.66 | 57.14 |
| 2019 | 497.56 | 72.46 | 56.50 |

2019年公立医院病床使用率为91.2%，比2018年增长了0.1个百分点。

## 二　卫生机构发展情况

2018年，全国医疗卫生机构数为1007579个，其中，医院、基层医疗卫生机构和专业公共卫生机构占比分别为3.41%、94.72%和1.58%。公立医疗卫生机构数为536737个，其中，公立医院、基层医疗卫生机构（公立）和专业公共卫生机构（公立）占比分别为2.22%、94.48%和2.92%。

### （一）机构数总量

2019年，全国医疗卫生机构数为1007579个。其中，医院、基层医疗卫生机构和专业公共卫生机构数分别为34354个、954390个和15958个，占比分别为3.41%、94.72%和1.58%。

与2018年相比，全国医疗卫生机构增加了10146个，增幅为1.02%。其中，医院和基层医疗卫生机构分别增加了1345个和10751个，增幅分别为4.07%和1.14%，专业公共卫生机构减少了2075个，降幅为11.51%。医院和基层卫生机构占比分别上升了0.10个百分点和0.12个百分点，专业公共卫生机构占比下降了0.23个百分点（见表8）。

**表8　2018～2019年各类医疗卫生机构数及其占比**

单位：个，%

| 年份 | 机构数及其占比 | 医院 | 基层医疗卫生机构 | 专业公共卫生机构 | 其他医疗卫生机构 | 合计 |
|---|---|---|---|---|---|---|
| 2018 | 机构数 | 33009 | 943639 | 18033 | 2752 | 997433 |
| | 占比 | 3.31 | 94.60 | 1.81 | 0.28 | 100.00 |
| 2019 | 机构数 | 34354 | 954390 | 15958 | 2877 | 1007579 |
| | 占比 | 3.41 | 94.72 | 1.58 | 0.29 | 100.00 |

### （二）公立机构数

2019 年，全国公立医疗卫生机构数为 536737 个。其中，公立医院、基层医疗卫生机构（公立）和专业公共卫生机构（公立）分别为 11930 个、507140 个和 15654 个，占比分别为 2.22%、94.48% 和 2.92%。

与 2018 年相比，全国公立医疗卫生机构减少了 1331 个，降幅为 0.25%。其中，基层医疗卫生机构（公立）增加了 1137 个，增幅为 0.22%，公立医院和专业公共卫生机构（公立）分别减少了 102 个和 2152 个，降幅分别为 0.85% 和 12.09%。基层卫生机构（公立）占比上升了 0.44 个百分点，公立医院和专业公共医疗卫生机构（公立）占比分别下降了 0.02 个和 0.39 个百分点（见表 9）。

**表 9　2018～2019 年各类公立医疗卫生机构数及其占比**

单位：个，%

| 年份 | 机构数及其占比 | 公立医院 | 基层医疗卫生机构（公立） | 专业公共卫生机构（公立） | 其他医疗卫生机构（公立） | 合计 |
|---|---|---|---|---|---|---|
| 2018 | 机构数 | 12032 | 506003 | 17806 | 2227 | 538068 |
| | 占比 | 2.24 | 94.04 | 3.31 | 0.41 | 100.00 |
| 2019 | 机构数 | 11930 | 507140 | 15654 | 2013 | 536737 |
| | 占比 | 2.22 | 94.48 | 2.92 | 0.38 | 100.00 |

## 三　人才队伍状况

2018 年，全国卫生人员总数为 1292.83 万人，其中，卫生技术人员为 1015.40 万人，执业（助理）医师为 386.69 万人，注册护士为 444.50 万人，医护比为 1∶1.15；全国医师日均担负诊疗人次为 8.0 人次，日均担负住院床日为 1.8 床日。公立机构卫生人员数为 975.43 万人，其中，卫生技术人员为 773.67 万人，执业（助理）医师为 284.81 万人，注册护士为 339.41 万人，医护比为 1∶1.19；公立医院医师日均担负诊疗人次为 7.6 人次，日均担负住院床日为 2.6 床日。

## （一）卫生人员总体情况

1. 卫生人员总数

2019 年，全国卫生人员数为 1292.83 万人。其中，医院、基层医疗卫生机构和专业公共卫生机构卫生人员数分别为 778.22 万人、416.06 万人和 89.66 万人，占比分别为 60.20%、32.18% 和 6.93%。

与 2018 年相比，全国卫生人员数增加了 62.80 万人，增幅为 5.11%。其中，医院、基层医疗卫生机构和专业公共卫生机构卫生人员数分别增加了 40.69 万人、19.59 万人和 1.39 万人，增幅分别为 5.52%、4.94% 和 1.57%。医院卫生人员数占比上升了 0.24 个百分点，基层医疗卫生机构和专业公共卫生机构和卫生人员数占比分别下降了 0.05 个和 0.25 个百分点（见表 10）。

**表 10　2018～2019 年各类医疗卫生机构卫生人员数及其占比**

单位：万人，%

| 年份 | 人数及其占比 | 医院 | 基层医疗卫生机构 | 专业公共卫生机构 | 其他医疗卫生机构 | 合计 |
|---|---|---|---|---|---|---|
| 2018 | 人数 | 737.53 | 396.47 | 88.27 | 7.76 | 1230.03 |
| | 占比 | 59.96 | 32.23 | 7.18 | 0.63 | 100.00 |
| 2019 | 人数 | 778.22 | 416.06 | 89.66 | 8.90 | 1292.83 |
| | 占比 | 60.20 | 32.18 | 6.93 | 0.69 | 100.00 |

2. 卫生技术人员数

2019 年，卫生技术人员为 1015.40 万人，占比为 78.54%。与 2018 年相比，增加了 62.48 万人，增幅为 6.56%（见表 11）。

**表 11　2018～2019 年卫生技术人员数及其占比**

单位：万人，%

| 年份 | 卫生技术人员 | 卫生人员 | 卫生技术人员占比 |
|---|---|---|---|
| 2018 | 952.92 | 1230.03 | 77.47 |
| 2019 | 1015.40 | 1292.83 | 78.54 |

2019 年，卫生技术人员中，执业（助理）医师为 386.69 万人，注册护士为 444.50 万人，医护比为 1∶1.15。

与 2018 年相比，执业（助理）医师增加了 25.97 万人，增幅为 7.20%。注册护士增加了 34.64 万人，增幅为 8.45%。医护比略有提升（见表 12）。

**表 12　2018～2019 年医护人员数与医护比**

| 年份 | 执业（助理）医师（万人） | 注册护士（万人） | 医护比 |
|---|---|---|---|
| 2018 | 360.72 | 409.86 | 1∶1.14 |
| 2019 | 386.69 | 444.50 | 1∶1.15 |

3. 医师工作负荷

2019 年，全国医师日均担负诊疗人次为 8.0 人次。其中，医院、基层医疗卫生机构和专业公共卫生机构医师日均担负诊疗人次分别为 7.1 人次、9.7 人次和 8.6 人次。与 2018 年相比，全国医师日均担负诊疗人次没有明显变化。其中，医院和专业公共卫生机构医师日均担负诊疗人次分别增加了 0.1 人次和 0.3 人次，基层医疗卫生机构医师日均担负诊疗人次与 2018 年持平。

2019 年，全国医师日均担负住院床日为 1.8 床日。其中，医院、基层医疗卫生机构和专业公共卫生机构医师日均担负住院床日分别为 2.5 人次、0.7 人次和 1.2 人次。与 2018 年相比，全国医师日均担负住院床日下降了 0.1 床日。其中，医院医师日均担负住院床日没有明显变化，基层医疗卫生机构下降了 0.1 床日，专业公共卫生机构增加了 0.1 床日。

## （二）公立机构卫生人员情况

1. 公立机构卫生人员总数

2019 年，全国公立机构卫生人员数为 975.43 万人。其中，公立医院、基层医疗卫生机构（公立）和专业公共卫生机构（公立）卫生人员数分别为 600.16 万人、282.38 万人和 87.78 万人，占比分别为 61.53%、28.95%

和9.00%。

与2018年相比，全国公立机构卫生人员数增加了33.36万人，增幅为3.54%。其中，公立医院、基层医疗卫生机构（公立）和专业公共卫生机构（公立）卫生人员数分别增加了25.33万人、7.01万人和1.17万人，增幅分别为4.41%、2.55%和1.35%。公立医院卫生人员数占比上升了0.51个百分点，基层医疗卫生机构（公立）和专业公共卫生机构（公立）卫生人员数占比分别下降了0.28个和0.19个百分点（见表13）。

**表13　2018～2019年各类公立医疗卫生机构卫生人员数及其占比**

单位：万人，%

| 年份 | 人数及其占比 | 公立医院 | 基层医疗卫生机构(公立) | 专业公共卫生机构(公立) | 其他医疗卫生机构(公立) | 合计 |
|---|---|---|---|---|---|---|
| 2018 | 人数 | 574.83 | 275.37 | 86.61 | 5.27 | 942.07 |
| | 占比 | 61.02 | 29.23 | 9.19 | 0.56 | 100.00 |
| 2019 | 人数 | 600.16 | 282.38 | 87.78 | 5.12 | 975.43 |
| | 占比 | 61.53 | 28.95 | 9.00 | 0.52 | 100.00 |

2. 公立机构卫生技术人员数

2019年，公立机构卫生技术人员为773.67万人，占比为79.32%。与2018年相比，增加了35.57万人，增幅为4.82%（见表14）。

**表14　2018～2019年公立机构卫生技术人员数及其占比**

单位：万人，%

| 年份 | 卫生技术人员 | 卫生人员 | 卫生技术人员占比 |
|---|---|---|---|
| 2018 | 738.10 | 942.07 | 78.35 |
| 2019 | 773.67 | 975.43 | 79.32 |

2019年，卫生技术人员中，执业（助理）医师为284.81万人，注册护士为339.41万人，医护比为1∶1.19。

与2018年相比，执业（助理）医师增加了15.10万人，增幅为5.60%。注册护士增加了20.16万人，增幅为6.31%。医护比有所提升（见表15）。

**表 15　2018～2019 年公立机构医护人员数与医护比**

| 年份 | 执业（助理）医师（万人） | 注册护士（万人） | 医护比 |
|---|---|---|---|
| 2018 | 269. 71 | 319. 25 | 1∶1. 18 |
| 2019 | 284. 81 | 339. 41 | 1∶1. 19 |

3. 公立医院医师工作负荷

2019 年，公立医院医师日均担负诊疗人次为 7. 6 人次，日均担负住院床日为 2. 6 床日，均与 2018 年持平。

## 四　卫生经费状况

2018 年，全国各类医疗卫生机构总收入为 46441. 38 亿元，财政补助收入占比为 14. 50%；医院门诊病人次均医药费用为 290. 8 元，住院病人人均医药费用为 9848. 4 元；人均人员经费为 12. 8324 万元。全国各类公立医疗卫生机构总收入为 40425. 66 亿元，财政拨款收入占比为 16. 53%；公立医院门诊病人次均医药费用为 287. 6 元，住院病人人均医药费用为 10484. 3 元；人均人员经费为 14. 7620 万元。

### （一）医疗卫生机构总体情况

1. 收入情况

2019 年，全国各类医疗卫生机构总收入为 46441. 38 亿元。其中，医院、基层医疗卫生机构和专业公共卫生机构收入分别为 35967. 60 亿元、6993. 85 亿元和 3017. 65 亿元，占比分别为 77. 44%、15. 06% 和 6. 50%。

与 2018 年相比，全国医疗卫生机构总收入增加了 5329. 66 亿元，增幅为 12. 96%。其中，医院、基层医疗卫生机构和专业公共卫生机构收入分别增加了 4077. 72 亿元、869. 21 亿元和 291. 21 亿元，增幅分别为 12. 79%、14. 19% 和 10. 68%。医院和专业公共卫生机构收入占比均下降了0.13个百分点，基层医疗卫生机构收入占比提高了0.16个百分点（见表16）。

**表16 2018～2019年各类医疗卫生机构收入及其占比**

单位：亿元，%

| 年份 | 收入及其占比 | 医院 | 基层医疗卫生机构 | 专业公共卫生机构 | 其他医疗卫生机构 | 合计 |
|---|---|---|---|---|---|---|
| 2018 | 收入 | 31889.88 | 6124.64 | 2726.44 | 370.76 | 41111.72 |
| | 占比 | 77.57 | 14.90 | 6.63 | 0.90 | 100.00 |
| 2019 | 收入 | 35967.60 | 6993.85 | 3017.65 | 462.28 | 46441.38 |
| | 占比 | 77.44 | 15.06 | 6.50 | 1.00 | 100.00 |

2019年，全国各类医疗卫生机构总收入中的财政拨款收入占比为14.50%。其中，医院、基层医疗卫生机构和专业公共卫生机构的财政补助收入占比分别为8.57%、30.75%和44.84%。

与2018年相比，全国各类医疗卫生机构总收入中的财政拨款收入占比下降了0.25个百分点。其中，医院财政拨款收入占比提高了0.11个百分点，基层医疗卫生机构和专业公共卫生机构财政拨款收入占比分别下降了1.54个和0.76个百分点（见表17）。

**表17 2018～2019年各类医疗卫生机构财政拨款收入占比**

单位：%

| 年份 | 医院 | 基层医疗卫生机构 | 专业公共卫生机构 | 其他医疗卫生机构 | 合计 |
|---|---|---|---|---|---|
| 2018 | 8.46 | 32.29 | 45.60 | 39.81 | 14.75 |
| 2019 | 8.57 | 30.75 | 44.84 | 32.34 | 14.50 |

2019年，全国各类医疗卫生机构总收入中的事业收入占比为81.84%。其中，医院、基层医疗卫生机构和专业公共卫生机构的事业收入占比分别为89.25%、61.47%和50.20%。

与2018年相比，全国各类医疗卫生机构总收入中的事业收入占比上升了0.49个百分点。其中，医院、基层医疗卫生机构和专业公共卫生机构的事业收入占比分别上升了0.37个、1.38个和1.24个百分点（见表18）。

表18 2018～2019年各类医疗卫生机构事业收入占比

单位：%

| 年份 | 医院 | 基层医疗公共卫生机构 | 专业公共卫生机构 | 其他医疗卫生机构 | 合计 |
|---|---|---|---|---|---|
| 2018 | 88.88 | 60.09 | 48.96 | 22.34 | 81.35 |
| 2019 | 89.25 | 61.47 | 50.20 | 20.34 | 81.84 |

2. 门诊费用与住院费用

2019年，医院门诊病人次均医药费用为290.8元，其中，药费为118.1元，检查费为54.1元，占比分别为40.6%和18.6%。

与2018年相比，门诊病人次均医药费用增加了16.7元，增幅为6.09%。药费增加了6.1元，增幅为5.45%；检查费增加了3.1元，增幅为6.08%。药费占比下降了0.3个百分点，检查费占比没有变化（见表19）。

表19 2018～2019年医院门诊病人次均医药费用

单位：元，%

| 年份 | 门诊病人次均医药费 | | | 门诊医药费占比 | |
|---|---|---|---|---|---|
| | 总费用 | 药费 | 检查费 | 药费 | 检查费 |
| 2018 | 274.1 | 112.0 | 51.0 | 40.9 | 18.6 |
| 2019 | 290.8 | 118.1 | 54.1 | 40.6 | 18.6 |

2019年，医院住院病人人均医药费用为9848.4元，其中，药费为2710.5元，检查费为938.5元，占比分别为27.5%和9.5%。

与2018年相比，医院住院病人人均医药费用增加了556.5元，增幅为5.99%。药费增加了88.9元，增幅为3.39%；检查费增加了77.2元，增幅为8.96%。药费占比下降了0.7个百分点，检查费占比提高了0.2个百分点（见表20）。

**表 20　2018～2019 年医院住院病人人均医药费用**

单位：元，%

| 年份 | 住院病人人均医药费 | | | 住院医药费占比 | |
|---|---|---|---|---|---|
| | 总费用 | 药费 | 检查费 | 药费 | 检查费 |
| 2018 | 9291.9 | 2621.6 | 861.3 | 28.2 | 9.3 |
| 2019 | 9848.4 | 2710.5 | 938.5 | 27.5 | 9.5 |

3. 人均人员经费

2019 年，全国各类医疗卫生机构人均人员经费为 12.8324 万元。其中，医院、基层医疗卫生机构和专业公共卫生机构分别为 16.0166 万元、6.6448 万元和 13.6513 万元。

与 2018 年相比，全国各类医疗卫生机构人均人员经费增加了 1.2549 万元，增幅为 10.84%。其中，医院、基层医疗卫生机构和专业公共卫生机构人均人员经费分别增加了 1.8222 万元、0.4513 万元和 0.9757 万元，增幅分别为 12.84%、7.29% 和 7.70%（见表 21）。

**表 21　2018～2019 年各类医疗卫生机构人均人员经费**

单位：万元

| 年份 | 医院 | 基层医疗卫生机构 | 专业公共卫生机构 | 合计 |
|---|---|---|---|---|
| 2018 | 14.1944 | 6.1935 | 12.6756 | 11.5775 |
| 2019 | 16.0166 | 6.6448 | 13.6513 | 12.8324 |

## （二）公立医疗卫生机构情况

1. 收入情况

2019 年，全国各类公立医疗卫生机构总收入为 40425.66 亿元。与 2018 年相比，全国各类公立医疗卫生机构总收入增加了 4379.42 亿元，增幅为 12.15%。

2019 年，公立医院总收入为 31588.48 亿元。与 2018 年相比，公立医院总收入增加了 3536.32 亿元，增幅为 12.61%（见表 22）。

**表 22　2018～2019 年公立医疗卫生机构收入**

单位：亿元

| 年份 | 公立医院 | 公立医疗卫生机构 | 各类医疗卫生机构合计 |
|---|---|---|---|
| 2018 | 28052. 16 | 36046. 24 | 41111. 72 |
| 2019 | 31588. 48 | 40425. 66 | 46441. 38 |

2019 年，全国公立医疗卫生机构总收入中的财政拨款收入占比为 16. 53%，比 2018 年下降了 0. 16 个百分点。

2019 年，公立医院总收入中的财政拨款收入占比为 9. 69%，比 2018 年提高了 0. 15 个百分点（见表 23）。

**表 23　2018～2019 年公立医疗卫生机构财政拨款收入占比**

单位：%

| 年份 | 公立医院 | 公立医疗卫生机构 | 各类医疗卫生机构合计 |
|---|---|---|---|
| 2018 | 9. 54 | 16. 69 | 14. 75 |
| 2019 | 9. 69 | 16. 53 | 14. 50 |

2019 年，全国各类公立医疗卫生机构总收入中的事业收入占比为 80. 51%，比 2018 年提高了 0. 74 个百分点。

2019 年，公立医院总收入中的事业收入占比为 88. 11%，比 2018 年提高了 0. 44 个百分点（见表 24）。

**表 24　2018～2019 年各类公立医疗卫生机构事业收入占比**

单位：%

| 年份 | 公立医院 | 公立医疗卫生机构 | 各类医疗卫生机构合计 |
|---|---|---|---|
| 2018 | 87. 67 | 79. 77 | 81. 35 |
| 2019 | 88. 11 | 80. 51 | 81. 84 |

2. 门诊费用与住院费用

2019 年，公立医院门诊病人次均医药费用为 287. 6 元，其中，药费为 120. 9 元，检查费为 56. 1 元，占比分别为 42. 0% 和 19. 5%。

与2018年相比，公立医院门诊病人次均医药费用增加了15.4元，增幅为5.66%。药费增加了6.1元，增幅为5.31%；检查费增加了3.1元，增幅为5.85%。药费占比减少了0.2个百分点，检查费占比没有变化（见表25）。

**表25　2018～2019年公立医院门诊病人次均医药费用**

单位：元，%

| 年份 | 门诊病人次均医药费 | | | 门诊医药费占比 | |
|---|---|---|---|---|---|
| | 总费用 | 药费 | 检查费 | 药费 | 检查费 |
| 2018 | 272.2 | 114.8 | 53.0 | 42.2 | 19.5 |
| 2019 | 287.6 | 120.9 | 56.1 | 42.0 | 19.5 |

2019年，公立医院住院病人人均医药费用为10484.3元，其中，药费为2854.4元，检查费为1021.1元，占比分别为27.2%和9.7%。

与2018年相比，公立医院住院病人人均医药费用增加了507.9元，增幅为5.09%。药费增加了72.5元，增幅为2.61%；检查费增加了77.8元，增幅为8.25%。药费占比减少了0.7个百分点，检查费占比增加了0.2个百分点（见表26）。

**表26　2018～2019年公立医院住院病人人均医药费用**

单位：元，%

| 年份 | 住院病人人均医药费 | | | 住院医药费占比 | |
|---|---|---|---|---|---|
| | 总费用 | 药费 | 检查费 | 药费 | 检查费 |
| 2018 | 9976.4 | 2781.9 | 943.3 | 27.9 | 9.5 |
| 2019 | 10484.3 | 2854.4 | 1021.1 | 27.2 | 9.7 |

3. 人均人员经费

2019年，公立医疗卫生机构人均人员经费为14.7620万元，比2018年增加1.3589万元，增幅为10.14%。

2019年，公立医院人均人员经费为18.0504万元，比2018年增加1.7201万元，增幅为10.53%（见表27）。

表 27　2018 ~2019 年公立医疗机构人均人员经费

单位：万元

| 年份 | 公立医院 | 公立医疗卫生机构 | 各类医疗卫生机构合计 |
|---|---|---|---|
| 2018 | 16. 3303 | 13. 4031 | 11. 5775 |
| 2019 | 18. 0504 | 14. 7620 | 12. 8324 |

## 五　趋势分析

由以上的数据分析可知，2018 ~2019 年，我国卫生事业单位的发展呈现以下几个趋势。

### （一）服务能力不断提升，医疗卫生事业向高质量发展迈进

2018 ~2019 年，公立医疗卫生机构服务供给能力不断提升。尽管全国公立医疗卫生机构数量从 2018 年的 538068 个减少到 2019 年的 536737 个，公立医疗卫生机构的服务能力却在不断提升，医疗卫生事业快速发展。以公立医院为例，诊疗人次从 305123. 7 万人次增至 327232. 3 万人次，增加了 22108. 6 万人次，增幅为 7. 25%；入院人数从 16351. 3 万人增至 17487. 2 万人，增加了 1135. 9 万人，增幅为 6. 95%。随着医疗卫生体制改革的不断推进，公立医疗卫生机构为人民群众提供的医疗卫生服务质量和效率不断提升，医疗卫生事业不断向高质量发展迈进。

### （二）队伍规模不断壮大，人员结构进一步优化

2018 ~2019 年，全国公立医疗卫生机构卫生人员队伍规模从 942. 07 万人增至 975. 43 万人，增加了 33. 36 万人，队伍力量得到不断增强。与此同时，队伍结构也在不断得到优化。首先，卫生技术人员在卫生人员中的占比从 78. 35% 增至 79. 32%，公立医疗卫生机构卫生人员队伍的专业化能力得到进一步提升。其次，执业（助理）医师从 269. 71 万人增至 284. 81 万

人；注册护士从 319.25 万人增至 339.41 万人，医护比从 1∶1.18 上升到1∶1.19。

## （三）公立医院薪酬水平逐步提高，“两个允许”政策效应逐渐显现

2018～2019 年，公立医疗卫生机构的人均人员经费从 13.4031 万元提高到 14.7620 万元，公立医院的人均人员经费从 16.3303 万元提高到 18.0504 万元。建立符合医疗行业特点、体现以知识价值为导向的公立医院薪酬制度，是深化医药卫生体制改革和事业单位收入分配制度改革的重要内容。自 2017 年人社部等部门发布《关于开展公立医院薪酬制度改革试点工作的指导意见》以来，“两个允许”（即“允许医疗卫生机构突破现行事业单位工资调控水平，允许医疗服务收入扣除成本并按规定提取各项基金后主要用于人员奖励”）政策覆盖范围不断扩大，医务人员待遇保障不断加强。

## （四）专业公共卫生机构投入持续减少，公共卫生服务职能亟待加强

2018～2019 年，就机构数量而言，专业公共卫生机构（公立）数延续 2013～2018 年的下降趋势，从 17806 个进一步减少到 15654 个，降幅高达 12.09%，远高于公立医院 0.85% 的降幅，公共卫生服务职能呈明显弱化趋势；就财政拨款而言，公立医院财政拨款收入占比提高了 0.15 个百分点，而专业公共卫生机构的财政拨款收入占比下降了 0.76 个百分点，表明政府对公共卫生的投入呈减少趋势，这与党的十九大报告提出的“坚持预防为主”的发展方向相背离，专业公共卫生机构的力量亟待加强。

# 地方探索篇

Regional Exploration Reports

## B.13
## 上海水务海洋行业专业技术人员继续教育的实践探索

沈 英*

摘 要： 为贯彻落实《专业技术人员继续教育规定》要求，上海市水务局（上海市海洋局）在上海市人力资源和社会保障局的综合管理和统筹协调下，注重行业发展需求，结合全市水务海洋行业专业技术人员队伍实际情况，制定培训制度，重视政策宣传，编制科目指南，优化课程设置，精心挑选师资。在上海继续工程教育协会的支持下，依托“上海市专业技术人员继续教育网”管理平台，规范管理流程。经过探索和实践，基本形成了培训主体以行业协会为主，局属相关单位为辅；培训形式以集中面授课为主，科技活动和网络课程为辅；培训内容以本行业专业知识为主，相关行业知识为辅。“十三五”期间，上海市

* 沈英，上海市水务局一级主任科员。

水务海洋行业专业技术人员继续教育培训，突出政治引领，有效提升了专技人才队伍整体水平，为上海市水务海洋事业发展提供了有力的人才保障和智力支持。

关键词： 水务海洋 专业技术人员 继续教育 培训

水务海洋行业专业技术人员继续教育工作主要涵盖全市水利、供水、排水、水文及海洋等五大行业（简称“五大行业”）专业技术人员知识更新工作。目前，上海市水利工程协会、上海市供水行业协会、上海市排水行业协会、上海市水文协会、上海市海洋工程咨询协会等五大协会（简称“五大协会”）共有会员单位1198家，涉及水务海洋从业人员达27万多人。

为了全面提升水务海洋行业专业技术人才队伍业务水平和综合素质，上海市水务局（上海市海洋局）结合五大行业协会直接服务会员单位的有利优势，规范继续教育活动，保障专业技术人员权益，不断提高专业技术人员素质。

## 一 建立教育培训制度，规范继续教育管理

专业技术人员继续教育内容包括公需科目和专业科目。公需科目包括专业技术人员应当普遍掌握的法律法规、理论政策、职业道德、技术信息等基本知识；专业科目包括专业技术人员从事水务海洋专业工作应当掌握的新理论、新知识、新技术、新方法等专业知识。2017年上海市水务局（上海市海洋局）制定印发了《关于上海市工程系列水务（水利）及海洋专业技术人员继续教育有关问题的通知》。

## 二 制定行业科目指南，优化专业知识结构

为进一步加强本市水务海洋人才队伍建设，促进水务海洋专业技术人员

拓宽知识面、完善知识结构、增强综合业务能力和技术创新能力。2017 年起，五大行业在 2013 年上海市水务局和上海市人力资源和社会保障局联合制定的《关于印发本市水利、供水、排水专业技术人员继续教育科目指南的通知》基础上，结合行业新形势发展特色，进一步修订完善水利、供水、排水行业继续科目指南，并且根据职能变化新增了海洋、水文行业继续教育科目指南，为科学合理设计课程奠定了基础。

## 三 加大政策宣传力度，探索教育管理机制

为了进一步扩大本市水务海洋行业专业技术人员继续教育政策知晓范围，提升政策宣传效果，拓展政策宣贯渠道，一是充分利用网络，制作专业技术人员继续教育政策解读一张图，运用门户网、微信公众号平台进行政策宣传；二是设置政策面授课程，结合专业技术人员继续教育，通过集中授课班面授形式，进行政策宣传和解读；三是充分发挥协会作用，积极主动服务，通过协会官网、会员单位工作微信群以及各协会设置固定人员固定电话随时做好继续教育政策咨询服务。

经过探索和实践，上海市基本形成了培训主体以五大行业协会为主，局属相关单位为辅；培训形式以集中授课为主，多种形式为辅；培训内容以本行业专业知识为主，相关行业知识为辅的专技人才继续教育管理机制。

## 四 结合人才队伍特点，实现培训方式多样

为了适应岗位需要和职业发展的要求，提高专业技术人员参加继续教育积极性，上海市采取了多种培训方式。主要有：①参加相关行业协会统一组织的专业技术人员继续教育培训班。②参加列入上海市水务局（上海市海洋局）年度教育培训计划的各类专业培训班。③参加全国或本市相关专业技术人才知识更新工程项目培训班、研修班或者进修班。④参加水务（水利）及海洋相关专业大学本科以上（含本科）的在职学历学位教育。⑤参加与申报

专业相关的国家专业技术职业资格考试，并取得相应资格；参加与申报专业相关的国家专业技术职业资格的继续教育培训。⑥评委会认可的其他方式。

## 五　顺应行业发展需求，科学设置培训课程

“十三五”期间，上海市水务海洋行业面临新一轮大建设、大发展的重大机遇和严峻挑战，专业技术人才队伍建设面临新的形势和要求。在继续教育课程设计上，要顺应新形势发展需要，关注本行业的发展热点。一是设计课程紧跟行业发展需求；二是精心安排业务精、能力强、水平高的专家或教授进行授课；三是处理好工学矛盾，合理安排面授课程时间；四是授课内容多样化，形成以集中面授课程为主，“技术论坛会”“水利大讲坛”“公益讲座”“新技术比赛”“新产品展览”“项目参观”等科技活动和网络课程为辅的培训模式。

## 六　借助管理专业平台，严格规范管理流程

为了科学有效开展继续教育的日常管理工作，在上海继续工程教育协会的支持下，通过“上海市专业技术人员继续教育网”，进一步完善专业技术人员继续教育培训管理流程，实现了公需科目和专业科目统一信息平台管理；实现了本行业专业科目面授课程和网络课程管理统一信息平台管理；实现了本行业所属培训机构日常管理工作统一信息平台管理。有效规范了工作流程，提高了专业科目管理的科学性和公信度。

## 七　全面调动积极性，提升队伍总体素质

为提高专业技术人员知识更新的积极性和主动性，除了集中面授课程、网络课程、各类技术活动可以获得培训学时外，对确实有利于提高专业技术人员技术水平的情况，也进行科学合理折算学时，如参加水务（水利）及

海洋相关专业大学本科以上（含本科）的在职学历学位教育，每年可以计算60学时；参加与申报专业相关的国家专业技术职业资格考试，并取得相应资格，可以折算为60学时；参加与申报专业相关的国家专业技术职业资格的继续教育培训，可以根据当年实际完成学时计算；独立撰写并发表论文，根据杂志不同级别可以计算相应学时；独立公开出版水务（水利）及海洋专业类书籍，或与他人合作出版，也可以折算相应学时。有效提高专业技术人员主动提高学历、独立撰写论文、参与国家职业资格考试的积极性，切实提升本行业专业技术人员的整体水平。

## 八　注重行业发展导向，继续教育成果显著

2017年以来，上海市水务海洋行业专业技术人员继续教育工作突出问题导向、需求导向、实践导向，培训成果显著。实现了培训范围行业全覆盖，培训人数由2016年以前每年300多人次增加到6000多人次。2017～2019年，水务海洋行业组织各类专业技术人员培训项目88项，参加培训共14000余人次，其中组织开展市级专业技术人员知识更新培训项目4项，共199人参加培训；骨干专业人才培训项目和专题培训9期，共711人参加培训；专业技术人员集中授课班36期，共9512人参加培训；公益性专业讲座、专业沙龙、新技术和新产品展览等其他形式知识更新项目39项，共3659人参加。同时，充分利用现代信息技术开展远程教育，借助上海市专业技术人员继续教育网平台，2019年推出了专业科目线上网络课程20学时，形成开放式的继续教育。

水务海洋行业专业技术人员继续教育培训，突出政治引领，以提升思想政治素质和职业素养、创新创造创业能力为重点，有效提升了专技人才整体水平，为上海市水务海洋事业发展提供了有力的人才保障和智力支持。

# B.14 江苏省南通市港闸区中小学法人治理结构的改革探索

吴桂顺*

**摘　要：** 本文围绕区域开展中小学法人治理结构试点工作，以问题为导向，结合区域实际和各级部门关于事业单位法人治理的试点要求，探索中小学开展法人治理结构试点工作的方式、方法和举措，提出对存在问题的思考和建议。

**关键词：** 中小学　法人治理结构　港闸区

## 一　改革背景

### （一）开展中小学法人治理结构试点的地域背景

港闸区原为江苏省南通市城郊接合部，随着城市经济社会的快速发展，区域位置逐渐由城郊融入主城区，成为南通市区北翼新城。教育是重要的民生工程，港闸区学校面临办学规模扩大、生源暴增、异地新建、薄弱学校提升、优质均衡发展、社会对优质教育的迫切需求等一系列问题。教育如何适应社会的快速发展？依法治校工作如何有效开展、有力推进？如何实现教育现代治理能力的快速提升？这些都是考量港闸教育人治理能力和治理水平的重要命题。

---

* 吴桂顺，江苏省南通市港闸区教师管理中心主任，中学高级教师。

### （二）港闸区中小学学校管理工作中存在的共性问题

1. 校长负责制难以落实

人事管理的政策瓶颈难以突破，校长只有用人权，无选人权；财务上，学校文化建设等大类项目建设、支出，校长只有建议权，无决策权，经费使用的多少没有决定权。而教育教学质量、学校安全等，校长则是无限责任。校长责权利难以统一，所谓的校长负责制成为“校长选择性负责制”。

2. 中小学内部管理体制不健全、不完善

学校管理议事规则不健全，校长一言堂现象时有存在，学校管理中缺乏民主与监督，有些民主决策、监督的过程流于形式，未能真正发挥作用。

3. 校长的管理能力水平亟待提升

少数校长办学理念落后，管理方式与学校发展不匹配，谋求学校发展的动力不强，对现代学校管理制度缺乏理解和认识，依法管理、依法治校意识淡薄。

### （三）存在问题分析

我们充分意识到，以上共性问题的存在，与地方政府的现代治理能力和水平有较大关联度。政府管理部门的不放权，导致校长管理产生依赖；不放手，导致校长在学校管理上呈“戴着镣铐跳舞”的状态；不信任，导致校长管理学校束手束脚，甚至产生依赖。反之，校长的管理能力、法治意识不强，导致政府管理部门不放心、不放松。两者的相互牵扯，一定程度上制约了学校的发展。

## 二　开展试点工作的前期思考

根据中共中央、国务院《关于分类推进事业单位改革的指导意见》（中发〔2011〕5号）和国务院办公厅《关于建立和完善事业单位法人治理结构的意见》（国办发〔2011〕37号之4）文件精神，结合南通市编制办下发的《关于支持事业单位法人治理结构建设试点工作的若干意见（试点）的通知》（通编办发〔2014〕72号）文件精神，2015年起，南通市港闸区教育行政部门在属地编办指导下开展中小学法人治理试点工作。

通过研究文件，我们感到法人治理结构工作的实施是一项系统工程，实施真正意义上的法人治理建设，目前的社会大环境、政府管理部门之间的协调、简政放权的意识和举措等方面还不完全具备。因此，在具体的试点工作中，我们坚持“四不底线”，即：不搞形式主义，不贪大求洋，不面面俱到，不以偏概全。旨在将开展中小学法人治理试点研究作为依法治校、依法治教的重要课题加以研究、推进，为教育治理能力现代化和治理水平的提升积累经验。

为此，根据市、区编办的要求，结合区域教育办学中存在的共性问题，我们开展“刀刃向内”式的试点工作。

### （一）明确目标任务

港闸区的中小学法人治理结构试点工作，坚持以“问题为导向”，围绕“共性问题”，坚持从实际出发，积极稳妥推进。以优化“校长负责制”管理模式为突破口，明晰中小学法人治理结构建设的主要内容，强化章程意识，构建以中小学党组织为政治核心、以理事会为决策机构、以管理层为执行机构、以监事会为监督机构的管理模式，力求构建职能明确、运行高效、监管有力的中小学校管理体制和运行机制。

### （二）细化实施方案

港闸区采取主动报名和组织选定相结合的方法，有针对性地选择试点学校。在选取一所中学先行先试的基础上，又先后确定两所中小学加入试点工作。各试点单位结合自身办学实际，制定试点工作实施方案，明确试点工作的指导思想、程序、内容、时序进度及保障措施等，报教育部门和区编办审定后，开展试点工作。

### （三）统一思想认识

作为教育主管部门，我们充分认识到，中小学建立和完善法人治理结构，是教育综合体制改革的重要内容，是转变政府职能、实现管办分离的重要途径；是规范中小学办学行为、激发中小学办学积极性的根本要求；是教育改革创新、依法治教的关键举措。试点工作能否成功，相关政策扶持、组织保障是关键。为此，在党委、政府领导的关心、支持、指导下，区编办牵头教育、人社、财政等相关部门，统一思想，积极配合，从政策层面给予大力支持，充分调动试点单位的积极性，共同为试点工作创设优良环境，营造和谐氛围。

### （四）加强组织管理

在区编办的具体业务指导下，区教育局充分发挥“导、放、保”的职能，及时、动态把握试点工作中出现的情况和问题。导，即引导、指导，按照法人治理结构的基本模式引导试点学校开展试点工作；放，在职权上，教育部门做到“应放尽放”，该放的权力即下放，可放可不放的权力尽可能放；保，保稳定、保稳妥，稳定是前提，是开展一切工作的基本保障。“放”是方向，是法人治理结构改革的核心，但一味地放而不管也会增加办学风险，因此试点工作中，教育行政部门通过“三会制度”，定期组织召开相关部门协调会、试点单位工作研讨会、法定代表人培训会，分析、研究、总结并提出切实可行的对策，确保试点工作不走弯路、确保稳定和取得一定的实效。港闸区坚持考核评估，每年对试点单位工作中的创新点进行总结，评选优秀试点单位，对优秀单位给予政府资金补助，鼓励试点单位不断优化、探索中小学校法人治理结构改革的可行路径。

## 三　港闸区中小学探索法人治理结构改革的具体探索

### （一）加强学校党建，将党的政治建设摆在首位

万变不离其宗，学校法人治理结构试点，党的政治建设必须放在首位。试点工作中，我们组织开展党领导下的“校长负责制”，校长是党员身份，

校长、书记一肩挑，校长非党员身份的，配专职党支部书记。加强党的组织建设，充分发挥学校党委、党支部在学校管理中的战斗堡垒作用，保证党组织在学校重大事项决策中的地位，保障学校办学各项工作中坚持正确的政治方向。创新党的建设方式方法，将党员队伍建设与教师队伍建设紧密结合，与名师培养、教师梯队建设紧密结合，与师德师风建设紧密结合，与“四有”好教师团队建设紧密结合，做到“党建”和“师资队伍建设”融合发展，做到“理想信念、道德修养”和“业务素质、能力水平”双提升，为教育发展提供优质的人力资源。

### （二）指导中小学章程建设，重视章程制定的过程管理

我们将中小学章程建设作为试点工作的重要内容，作为中小学法人治理结构的制度载体，作为学校理事会、管理层开展各项工作的运行规则，作为政府主管部门和社会对中小学进行监管的重要依据。

教育行政部门注重章程制定的过程管理，注重对试点学校管理层和教职员工法治思维和法治意识的养成教育，章程的最终定稿，必定是几经上下，从起草、完善到最终定稿，充分发挥“三会制度”作用，取得相关部门、教职员工、学生家长代表及属地社区等的共同认可。经过共同认同的章程，既接地气，可执行力也大大增强，制度管理有章可循。章程明晰的各项制度、议事规则、监督机制，界定各类事权关系，是试点学校开展工作中必定遵守的规则，而不再是一纸空文，这就是试点的重要成效，也有力地推进了试点学校管理的科学化、民主化和规范化水平。

### （三）完善“校长负责制”，通过理事会实行民主管理

有一句话常说：一个好校长，就是一所好学校。这句话意味着学校的发展和校长的个人品质密不可分，但同时也暴露了一个问题和现象，就是将学校发展系于校长个人，如果校长的能力、素养不足，则也无疑会增加学校办学的风险。由此，建立和完善学校理事会制度，是对“校长负责制”的有力补充和完善，也是中小学法人治理结构中的重要制度。在试点工作中，我

们充分认识到，完善学校理事会和校长负责制是有机相连、互为补充的，学校理事会作为学校决策机构，学校理事会由学校校长代表、党务和行政领导以及教师、学生家长（学生）、社区等各方代表参加，将学校决策由少数关键人变为理事会成员共同行使；而校长作为学校的首席管理者，是理事会当然的理事长，在理事会中占有主导话语权，这也是校长负责制的具体体现。我们认为，理事会民主管理和“校长负责制”，两者既不矛盾，也不冲突。学校成立理事会，形成合理、科学的议事规则，有利于学校管理更加趋于民主，决策更加科学，学校的文化管理氛围会更加浓郁。试点表明，一个成熟、健全的理事会，能够彰显学校民主管理，有利于学校营造和谐的人际氛围，也有利于促进学校的稳健发展。

### （四）改进“学校管理”层级，提升理事会决策的执行力

校长作为学校法定代表人和理事会理事长，具有领导和管理的双重职能，既要着重全局性与方向性的规划与协调，又要指导学校管理层具体工作效能，同时代表学校处理对外事务。我们试点开展“扁平化”管理，通过校长办公会作为理事会的各项决策的具体执行机构，协助校长领导执行工作，负责讨论决定日常行政事务，对学校教育教学以及日常事务作出安排、进行管理。通过机构调整，理事会主要行使决策和规划职能，保障方向；校长办公会将理事会的决定、决策具体化，制定落实方案并进行具体的任务分解。校长办公会对理事会负责，接受理事会的管理，并按照理事会的要求组织运行。

### （五）优化“三会”自组织建设，落实监督权与参与权

教职工代表大会、家长委员会和学生代表大会等“三会”自组织是有效发挥法人治理结构功能的必要条件，是师生及家长行使监督权和参与权的重要体现。反之，学校法人治理结构的制度设计也对“三会”自组织正常开展工作具有促进作用。

厘清“三会”组织的存在价值，有益于学校的科学、民主和规范化管

理。为什么会有学校的存在？学校存在的价值是什么？学校如何才能建设得更好？回答这些朴质的哲学问题，有利于我们理解“三会”制度的必要性。学校的建立和发展，必然离不开人的因素，其中学生、家长和教师是最关键的因素。

由此，学校工作开展，要紧紧围绕师生的健康发展、可持续发展而开展。学生发展好，是学校发展的终极目标；教师发展好，则是学生发展好的根本保障。在学校法人治理结构试点工作中，我们坚持突出“三会”在学校治理中的重要性，让师生及家长融入学校相关工作中，保障知情权、监督权、话语权，“三会”的存在也是学校民主管理的又一重要体现。其中，家委会是“学生代表大会”在学生未成年人阶段话语权的延续和补充。

## 四　试点工作中存在的问题

通过近五年的试点实践，我们做了一些有益的尝试，最大的收获是法人治理试点学校的现代教育治理能力和水平比非试点学校有很大的进展，学校的依法管理能力、师生员工的法治意识明显增强。然而，在涉及管办分离的相关政策、体制机制和非教育部门的简政放权等方面还缺少力度，试点中仍存在许多问题，其中一些问题试点单位、教育主管部门及区域层面尚不能解决，主要表现在以下五个方面。

一是国家层面缺乏具体配套政策支撑。国家层面对事业单位法人治理结构的组织形式进行了较为详细的规定，但是对于操作层面规定得较为笼统，譬如事业单位应享有哪些自主权，行政主管部门应如何给事业单位放权，事业单位如何确保独立法人主体地位等内容，并无具体的规定。因此在推进法人治理结构，特别是在赋予事业单位自主权方面，很难打破政策壁垒，难以取得实质性突破。

二是法人治理结构建设内在要求与现行政策存在冲突。法人治理结构要求事业单位自主进行财务核算，项目资金自主使用，人员工资根据绩效考核结果自行发放；而财政部门则要求事业单位经费统一核算、集中支付，项目资金由财政部门统筹管理，人员工资实行统一发放。中小学层面，在发挥绩效工资分配的激励导向作用方面心存顾虑、畏首畏尾，不敢过于拉大教职工之间的差距。

三是法人治理结构的长效机制尚未完全建立。教育系统法人治理结构建设的过程就是政府、相关职能部门、学校权力下放的过程。从港闸区中小学试点情况分析，港闸区的权力下放，还仅限于教育管理部门的部分权力和校长管理的显性权力的下放。法人治理结构模式下的管理模式和内部运行机制与试点前相比并没有根本性改变，“管”和“办”仍由教育部门负责，没有真正实现管办分离；中小学负责人任命、用人、财务等权力仍掌握在政府相关部门手中，事关学校发展的用人权、财权，法人治理试点和非试点单位基本同等对待，一样要求，事关学校发展的核心利益无法拓展。

四是理事会职能未能充分发挥。理事会中的非学校理事成员，其理事工作非其本职，缺少利益相关，且受专业知识所限，履职能力有限，故理事工作流于形式、被动应付，重参与，少话语，难以发挥议事监督作用。

五是试点单位工作主动性、积极性未能充分发挥。有些单位出现“虎头蛇尾”现象，开始框架搭得好，但实施过程有的流于形式，形似神不像，应景式完成任务；有的认为增加了管理环节，无端多了一个“婆婆”，工作环节不畅，效能下降，工作受到牵扯，故而有应付考核、被动开展之嫌疑。

## 五　中小学法人治理结构建设的建议和思考

《中共中央关于坚持和完善中国特色社会主义制度 推进国家治理体系和治理能力现代化若干重大问题的决定》中明确指出：健全充满活力的基层群众自治制度。健全基层党组织领导的基层群众自治机制，在城乡社区治理、基层公共事务和公益事业中广泛实行群众自我管理、自我服务、自我教育、自我监督，拓宽人民群众反映意见和建议的渠道，着力推进基层直接民主制度化、规范化、程序化。全心全意依靠工人阶级，健全以职工代表大会为基本形式的企事业单位民主管理制度，探索企业职工参与管理的有效方式，保障职工群众的知情权、参与权、表达权、监督权，维护职工合法权益。

开展事业单位法人治理结构建设工作是依法治国的必然举措。为进一步做好中小学法人治理结构试点工作，对政府层面提出如下建议和思考。

中小学法人治理结构建设，是一项系统工程，是教育体制综合改革的重要内容，政策性强、改革难度大，涉及教育、机构编制、人社、财政相关部门，单靠编制、教育部门的力量很难推动。建议由地方党委、政府成立法人治理结构改革工作领导小组，建立联席会议制度，明确各职能部门的职责任务，制定出台支持开展法人治理结构建设试点工作的配套政策，统筹推进治理结构建设工作的组织实施。要加大政策宣传、业务培训力度，提高认识、统一思想、厘清思路、掌握方法，宣传改革政策，统一改革共识，形成工作合力，确保改革工作统筹推进。

建议进一步落实政府简政放权与学校自主办学。教育行政部门应减少对学校微观办学活动的直接管理，转而通过“综合运用法律、政策、规划、财政拨款、标准、信息服务和必要的行政措施，引导和督促学校规范办学”。

建议以试点中小学为抓手，认真总结推广经验做法，小步快走，点面结合，以典型引路，示范带动整体工作开展。

## 参考文献

《中共中央关于坚持和完善中国特色社会主义制度推进国家治理体系和治理能力现代化若干重大问题的决定》2019 年 10 月。

南通市编制办下发的《关于支持事业单位法人治理结构建设试点工作的若干意见（试点）的通知》。

# B.15
# 安徽省蚌埠市高新区创新“周转池”管理机制的探索

朱秋晨*

摘　要：　随着经济社会快速发展，人民群众公益服务需求不断增长，教育、卫生、文化等民生领域的人员编制难以满足实际需要。为推进公共服务均等化、统筹配置城乡教育资源、促进教育公平，需要统一城乡中小学教职工编制的标准。近年来，安徽省为提高编制使用效率，坚持控制总量、盘活存量，按照“标准统一、动态调整、余缺调剂”的基本思路，在编制总量内调剂一定规模事业编制，建立事业编制周转池，供事业单位周转使用。

关键词：　周转池　大编制管理　区管校聘

## 一　中小学教职工编制“周转池”改革的背景

随着经济社会快速发展，人民群众公益服务需求不断增长，教育、卫生、文化等民生领域的人员编制难以满足实际需要。

为推进公共服务均等化、统筹配置城乡教育资源、促进教育公平，需要统一城乡中小学教职工编制的标准。近年来，安徽省为提高编制使用效率，坚持控制总量、盘活存量，按照“标准统一、动态调整、余缺调剂”的基本思路，统筹存量编制资源，建立了全省统一管理、统筹调配的中小学教职

---

* 朱秋晨，蚌埠市高新区党工委组织部中级社会工作师。

工编制周转池制度，为中小学教师队伍的稳定性建设发挥了重要作用，提供了可持续的编制保障。

2009 年蚌埠市高新区根据市政府的统一部署，进而开展中小学编制的核定工作，按照《安徽省人民政府办公厅转发省编办省教育厅省财政厅关于开展新一轮全省中小学教职工编制核定工作实施意见的通知》要求，核定中小学教职工的编制数量。1994～2013 年，由于高新区为功能区，下辖只有两所学校，分别为蚌埠高新教育集团（前身为蚌埠第三实验小学、蚌埠第三实验中学）、蚌埠市张公山第二小学，小学按照比例 1∶21、初中按照比例 1∶15.5 核定编制数。2013 年 7 月经市编制委员会同意成立蚌埠高新实验学校，核定教职工编制 45 名，以及接转禹会区长青乡中心小学所属的黄山小学教学点 10 名编制。2013 年 10 月接转禹会区下辖学校 5 所，分别是蚌埠高新区秦集中心小学 55 名编制，蚌埠第十四中学 66 名编制，蚌埠市仁和中学 67 名编制，蚌埠高新区禹庙初级中学 151 名编制，蚌埠高新区洪集中学 16 名编制。

按照蚌埠市农村、县镇、城市中小学编制核定标准，分别是小学：农村 1∶25，县镇 1∶23，城区 1∶21；初中：农村 1∶20，县镇 1∶18，城区1∶15.5；高中：农村 1∶15.5，县镇 1∶15，城区 1∶14.5；从中不难发现，农村中小学教师编制的核定比例，是低于城区比例的。按照小学、初中、高中每千名学生核定教师编制来计算，高新区城区学校编制比农村分别多 5 名、14 名和 8 名，对于主要承担小学和初中教育的农村中小学，教师编制比例严重偏低。自从 2009 年核编以来，全市中小学的编制未再核定。

编制管理的滞后严重影响到教育事业的发展，如何均衡配置教育资源，进一步优化教师队伍结构，进而提高教师队伍人才资源的配置水平，成为机构编制部门亟待解决的一个重要课题。2018 年按照市委编委要求，高新区开展中小学编制“周转池”改革。

## 二　重新核定蚌埠市高新区中小学教职工编制数

根据市委编办《关于重新分配全市中小学教职工编制的通知》和市委

编办、市财政局、市人社局、市教育局《关于印发〈蚌埠市统一城乡中小学教职工编制标准建立编制周转池制度实施办法（暂行）〉的通知》文件精神，对中小学教职工编制实行城乡统一的标准，将农村、县镇中小学教职工编制标准统一到城市标准，即小学教职工与学生比为1∶19，初中为1∶13.5，高中为1∶12.5；同时，对农村中小学实行倾斜核编。对规模较小的农村小学、教学点，按照生师比与班师比相结合的办法核算教职工编制，确保班均配备教师不少于1名，其中教学点不少于2名，重新核算蚌埠市高新区中小学教职工编制数为650名。

## 三　“周转池”管理模式的建立

### （一）大编制统筹管理

为完善管理，蚌埠市高新区人事劳动局和社会事业局联合制定了《蚌埠高新区中小学教师大编制管理办法（试行）》，其主要是按照总量控制的原则，由区人事劳动局、区财政局、区社会事业局根据在校生规模变化、中小学空间布局等情况实施“大编制管理”，统筹分配各校教职工编制、岗位，原则上按学年动态调整。

区属中小学人员新进人员，须坚持在财政供养人员总量内和单位核定的编制数额、领导职数内进行，不得突破。超编学校只出不进，满编学校先出后进，空编学校经审核批准后再进。

编制重新分配后，原学校内设机构和领导职数按照上一轮核编时确定的数额执行，原则上不作调整。确因教学工作需要增加或减少编制的，由学校向区社会事业局提出申请，经区社会事业局同意后上报区人事劳动局，由区人事劳动局提出意见，按程序提请研究。

实施“大编制管理”后，除新进人员和跨区调整外，区属中小学教职工人员、编制、岗位调整由区社会事业局负责审核，区人事劳动局审批后，到市委编办、市人社局备案。

## （二）便捷有效的管理程序

各学校于每年 6 月 30 日前向区社会事业局提出下学年度编制使用计划，由区社会事业局审核、汇总后报区人事劳动局，按程序审定后，于当年 9 月实施。

中小学校教师编制人员进人，按规定程序办理完调配、选招（调）聘手续后，由用人学校在 15 个工作日内凭组织人事部门调动、选招（调）文件报备到区社会事业局、区人事劳动局，由区社会事业局初审，区人事劳动局办理入编审批手续。

学校领导职务变动后，任职学校和免职学校均要及时凭任免机关的任免文件到区社会事业局报备，由区社会事业局审核、汇总后，报区人事劳动局办理入、出编手续。

在编教师调出、退休、离岗、在职死亡的，用人学校须在 15 个工作日内到区社会事业局报备、区人事劳动局办理出编手续。人员调出的凭组织、人事部门调动文件办理；退休、离岗的凭组织、人事部门审批的文件办理；在职人员死亡的凭学校介绍信办理。

区人事劳动局负责审核调配增人单位人员编制情况，提出初步意见，按程序和权限审批。经审批同意的，区人事劳动局核发通知单，交区社会事业局、区财政局等单位按程序办理相关手续。

## （三）动态调整岗位设置

区属小学、初中等不同学校类别的编制确定后，以不同类别的学校编制数额为基数，对中小学岗位设置进行分类核定，在总量范围内由区社会事业局统筹管理使用，根据学校的发展动态进行调剂。区属中小学和区人事劳动局、区社会事业局建立三级联动制度，分层次动态管理大岗位。

区人事劳动局作为事业单位岗位设置管理的综合管理部门，负责事业单位岗位设置的政策指导、宏观调控和监督管理。

区社会事业局负责所属中小学校岗位设置的工作业务指导，组织制定、实施和完善相关政策措施，严格按照有关政策规定执行，按照核准的岗位结构比例，做好所属中小学校岗位设置的具体组织实施工作。还要负责落实单位用人自主权，确保中小学校在管理权限范围内依据岗位的职责任务和任职条件自主聘人、用人，并报区人事劳动局审核备案。

中小学校要根据政策规定，核准的岗位总量、结构比例、岗位等级，自主设置本单位的各类具体工作岗位，明确岗位等级。在核准的结构比例内，制定本校具体的岗位设置管理实施方案，报区人事劳动局、区社会事业局备案后组织实施。

## 四　中小学教师“区管校聘”管理改革

### （一）核定区内各校中小学教职工编制和岗位

区人事劳动局配合区社会事业局，按照“统一标准、岗位统筹、分类核定、职数统管”的原则，采取分学段、打包核定的办法，整合区内同类型的学校专业技术岗位，分别对照现行中小学专业技术岗位结构比例的要求来控制标准，统一核定区内不同类型小学、初中的初、中、高级岗位总量，打破岗位资源校际的壁垒，实行一体化集中管理，统筹进行规划使用（各学校教职工数量核算：初中师生比1∶13.5，小学师生比1∶19，村小班师比1∶1.5。其中校长、书记、督学不纳入学校教职工职数计算；借调人员纳入现学校教职工职数；中层及以上行政人员，每人按0.5个教职工职数计算；怀孕生育哺乳期的教师本学年按0.5个教职工职数计算；经教育及人事部门批准的严重疾病的教师，不纳入教职工职数；班主任按0.5个教职工职数计算；三年内退休的教师，每人按0.5个教职工职数计算）。学校核定后上报教职工岗位需求报表，村小只报职数，经社会事业局审核批准后学校实施。

区社会事业局和区人事劳动局每年根据区内各校师生比、班师比、教师的年龄结构、教育教学改革需求等情况统筹核定各学校教职工编制数，实行动态调整，报区人事劳动局和财政部门备案后实施。

## （二）学校聘任

教师岗位竞聘以校为单位，学校成立教职工双向选择、竞聘上岗工作小组，校长任组长。学校对教师原则上一年一聘。

各校根据相关文件精神，按照区社会事业局核定的编制数，结合本校实际，以“双向选择”原则组织岗位聘任，制定本校教职工聘任方案，报社会事业局审核同意后实施。

基本程序为：依据学校办学规模和实际需求，科学设置岗位，确定岗位职责和聘任条件，向全校教师公布—教师填写“聘任岗位申报表”—学校聘任工作领导组集体推荐研究聘定班主任。受聘人员与学校签订聘任合同书，聘期一般为1学年。班主任和授课教师实行双向选择，聘任授课教师。教师一经聘用，与学校签订聘用合同书。

各校将聘任结果报区社会事业局，当年未被聘用的教师由社会事业局重新统筹分配使用，第二年可在全区内继续参加竞聘。

## （三）统筹安排未被聘用的教师

未被聘用的教师根据“双向选择”的原则，安排到相关学校任教。社会事业局对全区中小学（含村小）教师需求进行重新核定，公布各校第一轮聘用后的岗位需求名录，打通初中和小学的界限，打通城市和乡村的界限，依据“双向选择”原则进行跨校岗位聘任。

凡是竞聘上岗、双向选择两轮未能上岗的人员，由区社会事业局组织培训，培训时间为半年，培训期间发50%的奖励性绩效工资。培训合格者，区社会事业局在区内统筹安排上岗。培训不合格者或不服从区社会事业局安排岗位者进行待岗。待岗时间在半年内的，扣除全年奖励性绩效工资；超过半年、不足一年的，当年年度考核不合格，扣除全年奖励性绩效工资和下一年50%基础性绩效工资；超过一年的，按事业单位人事管理有关规定进行处理。

## 五　纪律监督管理

区人事劳动局、区财政局、区社会事业局，自觉严格遵守机构编制工作纪律，严格执行用编审批的相关规定，按章办事，依法管理，需使用编制进人的，按相关要求事先履行编制使用的审批手续。无编制空缺的，则不得申报使用编制，不得签署意见接收人员。

区属各中小学校需按要求向区人事劳动局如实提供其机构设置、编制管理和人员情况等相关统计数据，并在各自的职责范围内，配合区人事劳动局做好教师大编制的管理工作。

区人事劳动局、区社会事业局根据工作需要，适时开展对所属中小学职责履行情况和编制使用情况的评估检查，定期对中小学进行实地核查，并将评估结果作为调整机构编制的重要依据。

严格责任追究，对违反教师大编制管理办法规定的行为，由区纪检监察机关按照有关规定，予以追究责任。

## 六　取得成效

统一城乡中小学编制标准，建立编制管理的“周转池”制度，着实打破了原有编制、岗位的固化弊端。实施动态的调整，破解了当前“无校籍管理”、“区管校聘”和集团化办学等教育改革中编制、岗位的制约，使机构编制部门能够由被动解决教育改革中的问题变为同步推动甚至牵引教育改革的发展，这对深化教育人事制度改革，推进人员管理机制改革，进一步优化教育资源配置，保障基础教育发展提高和素质教育全面实施起到了有效促进作用。

# B.16
# 安徽省广德市义务教育教师队伍“县管校聘”管理改革的实践

张长春*

**摘　要：** 本文以安徽省广德市为例，对近年来广德市在中小学编制、绩效考核、岗位统筹管理三方面进行的改革进行梳理总结，相应介绍了编制定期调整机制、岗位公平竞争激励机制和收入分配激励机制。在此基础上，聚焦义务教育阶段正在开展的“县管校聘”管理改革所面临的问题，指出对教师群体的特殊性要有更充分认识，对教师管理机构的作用要有更充分认识。

**关键词：** 义务教育　县管校聘　编制管理　绩效考核

为贯彻落实党的十八届三中全会关于义务教育学校实行校长教师交流轮岗的决策部署，2014 年教育部、财政部、人力资源和社会保障部出台推进县域义务教育学校校长、教师交流轮岗的实施意见，提出推进“县管校聘”管理改革，加强县域内义务教育教师队伍统筹管理，并在国家层面启动了义务教育教师队伍“县管校聘”示范区的建设。各地按照“县管校聘”管理改革的要求，积极推进，取得明显成效。本文以安徽省广德市为例，通过对广德市近年来“县管校聘”管理改革的探索分析，总结介绍成功经验，探讨当前改革工作所面临的问题。

* 张长春，安徽省广德市教育体育局人事科科长、教师管理中心副主任。

## 一　“县管校聘”管理改革的主要任务

2017年，安徽省教育厅、机构编制委员会办公室、人力资源和社会保障厅、财政厅四部门联合印发了推进中小学教师“县管校聘”管理改革的指导意见，该意见从“县管”与“校管”两个层面明确了本省“县管校聘”管理改革的主要任务，县级主要管理编制核定、岗位设置、人员交流轮岗及人员经费；学校主要管理教师的考核奖惩、岗位聘用及绩效工资分配。2018年，广德市教育、编制、人社、财政四部门联合印发相关文件，对本市此项工作的指导思想、改革任务及内容、保障措施等提出明确要求。2019年，《中共广德县委广德县人民政府关于全面深化新时代教师队伍建设改革的实施意见》及“县管校聘”改革相关配套方案出台，进一步推动改革深入进行。2018年以来，广德市围绕“编制管理统筹、绩效管理统筹、岗位管理统筹”三个统筹，找准教师队伍建设的突破口和着力点，积极推进教师队伍建设改革创新。

## 二　“县管校聘”管理改革的主要探索

### （一）完善编制统筹管理，建立定期调整机制

根据安徽省机构编制委员会办公室、财政厅、人力资源和社会保障厅、教育厅印发的《统一城乡中小学教职工编制标准建立编制周转池制度实施方案》要求，重新核算全市中小学教职工编制，将中小学教职工编制标准统一到城市标准，即教职工数与学生数配备比值，高中、初中、小学分别按1∶12.5、1∶13.5、1∶19执行，核定全市中小学教职工编制规模为2500名。在核定编制总量内，坚持以公开招聘为主、多渠道补充的做法，开展公费师范生引进、农村教师定向培养、“三支一扶”高校毕业生招募、紧缺急需学科教师和教育优秀人才引进等工作，畅通师资补充渠道。2018年、2020年

公开招聘170余名，招募“三支一扶”支教高校毕业生50余名，引进研究生等优秀教育人才70余名，定向培养农村教师9名，其中义务教育阶段200余名。

完善编制动态调整的机制。每年秋季开学后，结合教育事业统计数据，及时掌握各校生源及班级设置变化情况，由市教体局根据编制总量，采取生师比与班师比相结合的办法，对各校教职工编制重新核定，及时进行动态调整。对农村小规模学校实施编制特殊倾斜政策。对学生规模小于基本建制（标准班额×学制）人数的学校按班师比进行核定，即对小学在校学生人数少于270人（标准班额45人×6个年级），初中在校学生人数少于150人（标准班额50人×3个年级）的学校，采取班师比（小学45×应设班级数÷19，初中50×应设班级数÷13.5）进行核定，保证规模较小的学校基本师资需求。编制重新核定后报编制部门、财政部门备案。2019年、2020年义务教育学校核定编制数分别为1951人、1977人。每年重新核定的学校编制数作为各校人员补充、交流轮岗及绩效统筹拨付等工作依据。

## （二）完善岗位统筹管理，建立公平竞争激励机制

2018年，安徽省人力资源和社会保障厅印发《关于完善事业单位岗位统筹管理机制的指导意见》，提出探索建立以县（市、区）或行业系统为单位集中设置的岗位管理新机制，有效衔接中小学教师“县管校聘”政策，集约使用好岗位资源，促进人才流动的工作要求。广德市根据安徽省人力资源和社会保障厅的指导意见，人社、教育、财政部门联合印发《广德县中小学教师专业技术岗位统筹管理实施方案》及《2019年公办义务教育学校教师专业技术资格评审及岗位等级晋升岗位统筹分配办法》等配套办法，提出“三着眼、三着力”，即“着眼总量不突破的宏观要求，着力解决岗位闲置与不足并存的结构性矛盾；着眼教育事业发展，着力解决人才密集与岗位职数相对紧张的现实问题；着眼理顺教师管理体制机制，着力解决人才流动不畅、人岗不相匹配的机制障碍”的工作目标，采取分步实施、逐步整

合的办法，稳妥推进、确保平稳过渡。2019 年实现专业技术岗位由“单位所有”转变为“系统所有”，2020 年在此基础上进一步实现从“校内竞争”转变为“区域内竞争”。

从 2019 年开始，在全市公办义务教育阶段学校实行岗位统筹管理，将全市公办义务教育阶段学校原核定到校的专业技术岗位按小学、初中两类进行整合，岗位实行集中统筹管理，由市教体局在核定的岗位总量内，根据教职工编制、人员结构、教育教学改革需要等情况具体分配到校，报人社、财政部门备案后实施。2019 年职称评审推荐首次将公办义务教育学校高级 51 个、中级 288 个专业技术岗位可用空岗纳入统筹分配；岗位内部等级晋升首次将 178 个中、高级内部等级可用空岗纳入统筹分配，打破岗位资源校际壁垒，解决岗位结构性矛盾。

从 2020 年开始，将全市义务教育阶段学校分为农村初中、农村小学、城区初中和城区小学四个岗位评聘推荐区，由市人社局、教体局根据专业技术岗位空缺情况，确定评聘计划，并分解到四个区域，教师在现任职区域岗位计划数内竞争参评资格。广德市教育体育局、广德市人力资源和社会保障局联合印发了《广德市义务教育学校教师中高级职称评审推荐办法》《广德市义务教育学校教师专业技术岗位内部等级晋升统筹管理办法》，根据教师专业技术资格标准条件等相关规定，制定岗位评聘考评细则，对申报职称评审推荐及岗位内部等级晋升的教师实行集中考评，实行公开、公平竞争，增强教师岗位竞争意识，消除“排队晋升”的现象。2020 年专业技术岗位分四大区域统筹管理后，高级岗位小学、初中，无空岗。按“退三聘二”政策，城区初中、农村初中各调剂 1 个评审计划；中级 308 个可用空岗纳入四个推荐区统筹分配。

积极落实职称评审推荐倾斜调控政策，拓宽教师职业发展空间，引导广大教师立足岗位创先争优。急需紧缺人才、获得享受市政府特殊津贴称号及同等专业技术层次的优秀人才以及现有乡镇学校在职教师中累计工作满 25 年的，可不受事业单位岗位结构比例限制，申报副高级及以下职称。教师在农村连续任教，男满 30 年、女满 25 年且仍在农村学校任教，或在农村累计任教，男满30年、女满25年且距法定退休年龄不足5年的，可不占岗位结构比例评聘相应教师职务。2019年全市不受岗位结构比例限制申报职称评审的，共有41人。2020年全市不受岗位结构比例限制申报职称评审的，共有42人。

## （三）完善绩效统筹管理，完善收入分配激励机制

实行农村艰苦学校津贴与工资同步增长，发放标准与学校区位相挂钩。2009年，义务教育学校开始实施绩效工资改革，在基础性绩效工资中设立了农村艰苦学校津贴，除县级政府所在的乡镇的学校教师不享受外，其余乡镇学校教师都能享受。广德市当时农村艰苦学校津贴月人均标准为100元，分乡镇政府所在地75元、非乡镇政府所在地125元两档定额发放，标准多年没有进行调整。因月人均标准低，也没有拉开地域差距，农村艰苦学校津贴没有发挥鼓励和吸引优秀教师到农村学校任教，以及增强农村教师岗位吸引力的作用。

2019年，《广德县义务教育学校绩效工资统筹管理实施方案（试行）》出台后，建立农村艰苦学校津贴与基本工资同步增长机制，按年度动态核定，所需经费纳入市财政预算予以保障，取消了农村艰苦学校津贴原有发放办法和发放标准。农村艰苦学校津贴总量根据全市义务教育学校工作人员上年12月基本工资总额（含教师工资标准提高10%部分）的70%核定。农村艰苦学校津贴发放标准与学校区位相挂钩，综合考虑农村学校所处的区域位置及条件艰苦程度等因素，将全市农村学校按区位分为5类，实行差别化补助，越往基层、越往艰苦地区津贴分配系数越高，补助水平越高，村小及教学点在所处的区域位置分配系数的基础上再提高1档予以倾斜。农村艰苦学校津贴分学期发放，各类学校津贴个人月标准按（本学期全市农村艰苦学校津贴总量÷6）÷（1类学校人数+2类学校人数×1.5+3类学校人数×2+4类学校人数×2.5+5类学校人数×3）×所在学校分配系数来确定。坚持“在岗享受，不在岗不享受”的原则，因病事假等原因在发放周期内3个月及以上不在岗，不享受农村艰苦学校津贴。工作量

未达到学校平均工作量50%的，不享受农村艰苦学校津贴。待岗人员在待岗期间不享受农村艰苦学校津贴。各学校的发放总量由市教体局审核确定，市财政局根据市教体局核定的各校分配额拨付到校。改革从2019年下半年开始实施，2019年下半年全市农村艰苦学校津贴核定的总量为252万余元，1类到5类学校教师农村艰苦学校津贴月人均标准分别为283元到850元不等。2020年上半年全市农村艰苦学校津贴核定的总量为268万余元，1类到5类学校教师农村艰苦学校津贴月人均标准分别为306元到918元不等。

实行教职工奖励性绩效工资与学校编制相挂钩，引导超编学校教师向缺编学校流动。奖励性绩效工资在改革前以学校在编教师的职称等级及人数核定后，按人数拨付到校。奖励性绩效工资发挥的导向作用不明显，不能体现多劳多得、优绩优酬。针对存在的问题，广德市实行绩效统筹改革，强化义务教育学校奖励性绩效工资县级统筹，由市教体局在市人社局核定的奖励性绩效总量内，结合学校核定编制数、在岗工作人员人数等情况统筹核定，超员学校适度核减奖励性绩效工资总额，缺员学校适度核增奖励性绩效工资总额。2019年按编制数10%与实有人数90%比例拨付，2020年按编制数20%与实有人数80%比例拨付，每年按不低于10%比例，逐步过渡到按编制数拨付，建立“多劳多得、优绩优酬”的收入分配激励机制。

实行校级管理干部绩效与管理成效挂钩，增强团队合作意识。出台《广德市公办义务教育学校校级管理干部奖励性绩效工资考核分配暂行办法》，将原来对校长队伍的绩效考核，扩大到对校长（书记）、副校长（副书记）等校级管理干部队伍的考核，并实行捆绑考核。校级管理干部奖励性绩效由市教体局对学校综合考核后按考核等次发放。2019～2020学年度纳入校级管理干部绩效捆绑考核的共有132名管理干部，奖励性绩效工资总量为157余万元。同时，为促进校长专业化成长，出台《广德县推行校长职级制实施方案（试行）》，按试点先行、逐步推开的原则，先在校长队伍推行，适时在其他校级管理干部队伍中推开。校长职级划分成四级十等，级等与待遇挂钩。校长职级津贴纳入市级财政预算予以保障。校长职级津贴从500元起步到1500元，每等递增100元。每三年开展一次评审，每年视情开展初级认定。2019年开展了首次评审，评定高级校长7人、中级校长15人，初级校长3人。2020年认定初级校长2人。

## 三 “县管校聘”改革实践中的几点思考

“县管校聘”管理改革是在义务教育由普及向均衡发展的大背景下提出的。在这个背景下，教育发展已逐步从硬件条件的支撑转向人力资源的支撑，由重视硬件投入转向重视教师发展“软件”的新时代。师资成为教育发展的第一资源，师资均衡是教育均衡的核心指标，教师交流轮岗是师资均衡配置手段，是推进教育均衡发展的关键性举措。“县管校聘”管理改革的着眼点也是为了师资均衡配置，目的在于打破教师交流轮岗的管理体制障碍，为教师合理交流轮岗提供制度保障，实现优质师资共享。广德市自2017年在城区公办小学开始年级试点交流轮岗，2018年扩大到城区公办学校，2019年在全市公办义务教育学校全面推开。2017～2019年每年交流轮岗人数都在100余人，占义务教育学校符合交流人数比例都超过15%，目前教师交流轮岗基本上形成了常态化的机制，这与“县管校聘”管理改革的持续推进是密切相关的。但在改革实施过程中还存在管理力量弱、权责不匹配、要求不明确、推进不顺畅等问题，改革刚刚起步，任重道远。

一是对教师群体的特殊性要有更充分认识。教师群体的特殊性决定了师资调配受很多因素制约，按生源变化及时进行调控存在一定困难。例如，教师调配受城乡二元结构制约。城镇化发展必然造成生源向城区集中，就广德市来说，义务教育阶段学生进城率为69.5%（其中小学68.7%、初中70.3%），而约60%的教师在农村。在化解城乡师资倒挂，引导农村富余师资转岗分流时，要特别注意农村优质教师资源流失与生源减少之间的联系，防止陷入恶性循环。教师调配受年龄结构制约，就广德市而言，目前进入退休高峰，教师队伍整体年龄偏大，在编教师平均年龄接近45岁，30岁以下不到200人。全市50岁以上约占1/3，农村偏远地区学校50岁以上的在编教师约占1/2。2017～2019年退休约300名。部分临近退休教师知识结构老化，教学质量下滑，难以适应新课程改革要求，出现交流轮岗困难。教师调配受学科结构制约，教学岗位有学科专业性要求。部分超编学校也存在“人员上超，学科上缺”的学科结构性缺编问题，不能单纯按人数进行调配。教师调配受班级数制约，农村学校生源减少，但班级数量并未相应减少，小班额造成学校规模较小师资需求数超过编制数。教师调配受“二孩”政策影响较大，学校相对于其他单位，处于育龄阶段的女性相对集中，“二孩”政策实施以后，出现产假高峰，对教育系统的影响相对较大，部分学校出现“产假式缺编”。

二是对教师管理机构作用要有更充分认识。教师管理“以县为主”的体制机制改革推进，要求加强县级统筹管理职能，必然导致县级层面工作量增加，工作负担加重，原有教育主管部门人事行政科室统管教师队伍的体制已不能适应改革发展的需要，必须适时设立教师管理工作的专门机构，加强力量配备，统一管理县域教师师德师风建设、教师补充和退出、教职工年度考核、教师资格认定和注册、教师职称评审、职务聘任和岗位内部等级晋升、教师交流、教职工请销假、教师工资和人事档案、系统维护、信息统计等工作。一方面可以将原有学校承担的人事管理工作集中到一个平台上处理，有利于减轻中小学教师负担，进一步营造教育教学良好环境；另一方面也是在“无校籍”管理改革语境下，重塑教师归属感的需要。教师管理专门机构的设立，可以采取行政服务窗口管理模式，同时借鉴2012年有些县市实行“校财局管”，设立学校财务核算中心的改革经验，建立与教师编制规模相匹配的教师管理服务中心，如机构人数与管理服务教师总人数按不少于1∶500配置，以便于真正发挥大数据中心、大服务中心的枢纽作用。目前，由于受机构编制限制，一些县级教育主管部门成立的“教师管理中心”，很多都是原来的人事管理机构，一套班子、两块牌子，无人员无编制，或有编制无人员。各地推进改革的政策文件，在这一方面要求不够明确，使基层难以争取到政策支持。为推进改革深入持续发展，需要进一步厘清理顺教师管理服务机制，加强教师管理机构与人员配置，科学核增编制，充实人员力量，切实增强县级教育主管部门人事统筹管理、集中管理的能力。

《中共中央国务院关于全面深化新时代教师队伍建设改革的意见》首次提出普遍建立事权人权财权相统一的教师管理体制，高屋建瓴地抓住了当前教师队伍建设所存在问题的主要症结点，对教师管理体制改革提出了新要求、新方向。目前，教师管理“三权”还不匹配，全面推进中小学教师“县管校聘”改革，迫切需要深化“三权统一”改革，只有进一步明确人社、编制、财政及教育等相关部门职责，厘清权力界限，让职能权力科学归位定位，在教师管理上做到不越位，能到位，做到责权利相当，才能真正实现教师队伍治理体系和治理能力现代化。

# B.17
# 湖北省人才评价制度的实践与探索

李　凡*

**摘　要：** 湖北职称工作以习近平总书记关于人才工作系列重要指示精神为引领，坚持问题导向，坚持科学评价，尊重用人主体评人才，突出发展重点评人才，改进服务方式评人才，不断完善职称体制机制，为湖北高质量发展提供了有力人才评价支撑。

**关键词：** 人才工作　人才评价　职称制度改革　湖北

近年来，湖北职称工作在人社部大力支持和有力指导下，在湖北省委省政府坚强领导和关心重视下，坚持以习近平新时代中国特色社会主义思想，特别是习近平总书记关于人才工作的系列重要讲话精神为指导，认真贯彻落实中办、国办《关于深化职称制度改革的意见》《关于分类推进人才评价机制改革的意见》和全国专技人才工作会议精神，分类推进，精准施策，为湖北高质量发展提供有力人才评价支撑。

## 一　深化“一个认识”，深入推进职称制度改革

湖北省委省政府历来高度重视职称改革工作，20 世纪 80 年代即成立湖北省职称改革工作领导小组，由分管人事工作的副省长担任组长，后虽历经多次机构改革和议事协调机构调整，湖北省均保留了省职称改革领导小组及

* 李凡，湖北省人力资源和社会保障厅专业技术人员职称处三级主任科员。

办公室。在新一轮机构改革中，湖北省既保留有省职称改革领导小组及办公室，厅机关内设机构也仍然保留了专业技术人员职称处，并将省职改办设立在职称处，同时将专业技术人员继续教育职能调整由职称处具体负责。但我们也清醒地认识到，当前湖北职称领域还存在制度体系不健全、评价标准不科学、评价机制不完善、管理服务不规范等问题，必须通过深化职称制度改革加以解决。推进两项改革的原因为，一是坚决贯彻落实党中央决策部署的具体体现。习近平总书记明确指出，要发挥好人才评价“指挥棒”作用，为人才发挥作用、施展才华提供更加广阔的天地，让做出贡献的人才有成就感、获得感。中办、国办制定出台了《关于深化职称制度改革的意见》，这是近 30 年来中央出台的职称制度改革领域最具有顶层设计性质的指导性文件，明确了今后一段时期我国职称制度改革的思路和方向。深入推进职称制度改革，就是坚决贯彻落实中央的决策部署，确保中央的顶层设计在湖北落地生根。二是落实省委省政府重大人才政策的实际行动。2017 年 3 月 12 日，湖北省委省政府出台了《关于深化人才引进人才评价机制改革推动创新驱动发展的若干意见》，其中明确要求改进人才评价方式、深化职称制度改革。三是促进湖北省专业技术人才队伍建设发展的重要举措。湖北是人才大省，现有专业技术人才 390 万，其中具备高级职称的 38 万、具备中级职称的 156 万。但不是人才强省，从人才总量和人才结构来看，专业技术人才总量不足、高中初级结构不合理、高精尖人才短缺等问题依然存在。虽然教育资源丰富，但人才创新能力不足、人才评价及机制不完善等问题相对突出。始终坚持问题导向，努力研究和解决好专业技术人才队伍存在的这些问题，是促进湖北专业技术人才队伍建设发展的重要举措。

## 二 围绕“两个坚持”，扎实推进一系列职称制度改革

2017 年 12 月，在认真贯彻落实国家深化职称制度改革意见的基础上，结合湖北经济社会发展对人才评价工作的具体要求，湖北省人力资源和社会

保障厅推动出台了湖北省《关于深化职称制度改革的实施意见》，从6部分19条举措，明确了未来3~5年湖北职称制度改革任务的时间表、任务图；2018年4月，又会同省委组织部制定出台了《关于分类推进人才评价机制改革的实施方案》，重点推进教育、卫生、工程、文化艺术等领域职称制度改革，努力从制度体系和评价标准两个方面扎实推进改革。

一方面，坚持问题导向，建立健全制度体系。围绕“1+N”的职称政策体系，力求精准施策，找问题、补短板，建制度、管长远。一是健全职称层级设置。将以前未设置正高级职称的中专教师、实验技术、工艺美术等系列（专业）全部设置到正高级，所有系列（专业）都可以评正高，拓展了专技人才职业发展空间。二是完善专业类别。建立职称专业动态调整机制，结合湖北省产业发展实际，新增了动漫、智能制造等专业类别，为促进新兴产业人才队伍发展开辟了通道。三是畅通发展通道。建立注册消防工程师等13项准入类职业资格与职称对应关系，打通了原来相对独立的专业技术职业资格制度与职称制度；明确符合相应条件的高技能人才可参加工程系列职称评审，工程技术人才符合条件的可参加职业技能鉴定，实现了专业技术人才与技能人才职业发展的“双贯通”。

另一方面，坚持科学评价，修订完善条件标准。近年来，根据各职称系列差异性，湖北省实行分类推进各系列（专业）职称申报评审条件标准修订工作。经过广泛调研、听取意见、反复修改，已有28个系列（专业）修订形成了初稿。其中，卫生、社会科学研究、党校教师、会计、艺术、文物博物、群众文化、水利电力、环境工程等系列（专业）标准条件已正式发布施行；高校教师、中小学教师、中专教师等教育领域条件标准即将发布。新修订的评价标准坚持品德、能力、业绩优先，破除“四唯”倾向，注重考察各类人才的专业性、创新性，突出履责绩效、创新成果、实际贡献在考核评价中的权重，力求科学合理、公平公正。教育系列，注重考察师德师风，优秀调研报告、优秀宣讲报告、优秀教学奖励均可作为业绩成果。卫生系列，设置涵盖医德医风、临床实践、科研成果、日常履职以及公共卫生服务等要素的评价指标，将卫生专业技术人员治病救人的能力作为评价的重要内容。实行自主评审和区域评审相结合的分类评价模式，并分类制定条件标准。工程系列，分专业建立工程技术人才评价标准，重点评价其在解决工程技术难题、发明新技术、推广新应用、设计新项目、开发新流程等方面的能力和业绩。扩大工程技术领域职业资格与职称对应范围，减少人才重复评价。哲学社会科学和文化艺术系列，突出政治性，坚持马克思主义思想指导地位，提倡以人民为中心的创作导向，注重政治标准和学术标准、继承性和民族性、原创性和时代性、系统性和专业性相统一。首次将民营文化机构、网络作家、自由撰稿人等新文艺群体对象纳入评审范围。对长期在边远地区和基层一线工作的文化艺术专业技术人员予以适当倾斜。新修订的评价标准，着力解决评价标准“一刀切”问题，努力形成“品德为先、能力为要、业绩为本”的评价导向。

## 三　突出“三个重点”，不断改进评价方式

近年来，湖北职称工作认真贯彻落实“简政放权、放管结合、优化服务”改革要求，规范管理、守正创新，不断优化改进人才评价服务方式。

一是尊重用人主体评人才。积极响应国家“发挥用人主体在职称评审中的主导地位”号召，坚持应放尽放、能放全放原则，推动重点领域职称评审权下放。在教育领域，湖北省 2017 年启动深化高校教师职称制度改革，当年向 80 所高校下放了职称评审权，2018 年继续推进，又下放 44 所非国家示范、国家骨干、省级示范性高等职业学校职称评审权，全省 124 所高校实现自主评审全覆盖。2018 年按照人社部、教育部文件要求，将各地中小学教师职称评审组织工作全部移交行业主管部门，人社部门从具体事务性工作中脱离，重在监督管理、重在政策研究。当前，湖北正在探索向教师资源相对集中、有承接能力和意愿的省内知名中小学校下放中小学教师职称评审权，力求在中小学教师职称制度改革方面也有新突破。在卫生领域，全面推行卫生专业技术人员职称制度改革，实行分级分类评价。第一个层面是下放市州级及以上公立三甲医院、省疾控中心卫生系列和自然科学研究系列医学

研究专业高级职称自主评审权，由上述医疗卫生机构自主组织评审、自主发文颁证、自主使用结果，评审结果在本医疗机构内有效。第二个层面是在市州已有副高级职称评审权基础上，进一步下放市州和直管市卫生系列正高级职称评审权，由各地卫生健康部门组织区域评审，人力资源和社会保障部门负责结果确认、发文颁证等工作，评审结果在所在行政区域内有效。第三个层面是农村基层卫生专业技术人员高级职称专项评审，继续实行定向评价、定向使用，单独制定评价标准，单独确定通过率。在工程领域，也积极推进向大型企业下放评审权，目前已有6家国有企事业单位获得工程系列评审权，实现自主评审。职称评审权下放后，受到用人主体和社会的一致好评，进一步激发了广大专技人员投身创新创业的积极性和主动性。用人单位的责任意识更强了，标准要求更高了，相关信访投诉反而减少了。

二是突出发展重点评人才。推进重点领域、重点产业人才评价，积极服务湖北“一芯两带三区”高质量发展区域和产业战略布局，努力做到企业满意、人才成长。服务自贸试验区建设，推动工程系列人才成长。向中国（湖北）自由贸易试验区武汉片区下放工程系列高级职称评审权，同时开辟自贸试验区职称评审“绿色通道”，打破每年集中评审一次做法，一事一议、一企一评，2018年就有83名自贸区企业人才一步到位取得高级职称，得到社会各界的广泛认可。服务民营经济发展，推动经济系列人才成长。出台民营企业生产经营管理人才考核认定高级经济师办法，符合经营纳税、吸纳就业、科技创新等条件的企业人才，可通过面试、答辩等形式考核认定高级经济师，2019年共有1621名民营企业人才取得高级经济师职称。服务乡村脱贫振兴，推动农业系列人才成长。探索开展新型职业农民职称评定，对农村生产一线从事当地特色产业的农民技术人才，以解决当地农业生产实际问题和促进农业增效农民增收农村增绿的能力作为评价重点，引导助力脱贫攻坚、乡村振兴，2019年共有371名新型职业农民取得相应职称。指导宜昌发布全国首个地方性《新型职业农民专业技术职称评定规范》。

三是改进服务方式评人才。践行以人民为中心的发展思想，想人才之所想，急人才之所急，全心全意做好人才服务工作。转变观念，评审网上进行。湖北2014年启动职称信息化建设，在2017年建成湖北职称管理信息系统，基本实现个人申报、逐级审核、专家评审和结果确认等环节全程网上办。2018年按照统一部署，职称业务迁移至“湖北政务服务网”，专业技术人员办理职称事项“最多跑一次”。回应关切，疏解办事堵点。为及时解决专业技术人员参加职称评审时需提交学历学位证书原件和复印件的堵点问题，2018年湖北发文不再要求提交上述材料，但只是治标并未治本。当前，湖北已开发学历学位信息自动化比对功能，通过学历学位管理号自动与教育部门学历学位信息进行比对，将有效打击弄虚作假等不诚信行为，也有利于提高审核精准程度。优化流程，减轻评审负担。充分研究论证，减少单位公示证明、水平能力测试证书等不必要材料，缩短职称证书补办所需时限，减轻人才评审负担。

## 四　健全“四个机制”，履行规范管理职责

评审权下放后，如何规范管理、加强监管是关键。一是完善核准备案管理制度，明确界定职称评审委员会评审的专业和人员范围，按照属地原则，在规定的地域和专业范围、级别开展评审工作。二是完善评审专家遴选、管理、使用机制，建立健全职称评审专家评委库和各专业分库建设，评委库实行动态管理，不定期征集评委人选，更新评委库；要求入选评委具有良好的政治素质和职业道德，在本地区本专业领域有一定影响；专家评委须在专家评委库随机抽取。三是健全完善职称评审回避、巡查、核查制度，加强评审全过程监督管理，组建监察委员会对全过程实行监督管理。紧盯关键环节，加大事前方案备案、事中评审巡查、事后结果抽查力度，保证权力规范运行。四是建立“双随机、两公示、四公开”制度，随机抽查评审委员会、随机抽查申报材料，公示参评人员和评审通过人员名单，公开职称政策、评价标准、办事程序和抽查结果。五是建立倒查追责机制。对参评人员实行学术造假“一票否决”，一经查实，一律撤销资格；对审核把关不严或帮助申报人员弄虚作假的单位及个人，依法依规追究责任；对违反评审纪律的评审

专家，一律取消评委资格并记入诚信档案；对不认真履行职责、擅自扩大评审范围的评委会，暂停评审工作直至收回评审权。

湖北职称改革工作做了一些有益探索，但离人社部工作要求、与先进省市工作成绩相比还有一定差距。我们将按照党的十九大提出的“实行更加积极、更加开放、更加有效的人才政策”要求，进一步提高政治站位，强化责任担当，推进各项职称政策在湖北落地落细，让做出贡献的人才有成就感、获得感。

# B.18
# 湖南省事业单位工作人员培训工作的创新探索

钟吉元　张世金*

**摘　要：**　为培养造就高素质专业化事业单位工作人员队伍，湖南省在全国率先部署开展事业单位工作人员培训工作。本文从强政策、定标准、建机制、拓渠道、营环境、优服务、严监管等方面介绍了湖南省事业单位工作人员培训工作及相关成效，反思了观念、数据、经费等方面的问题，并提出了下一步工作打算。

**关键词：**　教育培训　学时认定　培训平台

## 一　实施背景

2014年4月，国务院印发《事业单位人事管理条例》，规定事业单位应根据岗位要求，对工作人员进行分级分类培训。2015年10月，中共中央印发《干部教育培训工作条例》，对干部教育培训工作提出了明确要求。2019年12月，中共中央组织部、人力资源和社会保障部下发《事业单位工作人员培训规定》，为推进事业单位工作人员培训科学化、制度化、规范化提供了政策依据。

---

* 钟吉元，湖南省人力资源和社会保障厅事业单位人事管理处处长；张世金，湖南省人力资源和社会保障厅事业单位人事管理处一级主任科员。

## 二　主要做法

为贯彻落实国家相关政策，全面加强事业单位工作人员培训工作，培养造就高素质专业化事业单位工作人员队伍，湖南省在全国率先部署开展事业单位工作人员培训工作，探索建立新时代事业单位工作人员培训工作长效机制。

### （一）强政策：突出顶层设计，加强结果运用

湖南省委组织部、省人社厅高度重视事业单位工作人员培训工作，结合湖南实际，研究制定《湖南省事业单位工作人员培训实施细则（试行）》，从培训对象、类型、内容、方式以及培训管理监督等方面进行了具体规范，重点突出培训结果运用，直接与事业单位工作人员转正定级、转岗聘用、等级晋升、考核奖励挂钩，激发学员参与培训的积极性。

### （二）定标准：强化学时认定，明确互认规则

省人社厅主动对接各行业主管部门，结合行业特点和工作实际，制定《事业单位工作人员培训学时认定标准（试行）》，明确学员获得培训学时的多种渠道，比如参加线下培训或线上培训、参加政府或行业组织课题研究与项目开发、获得科技（社科）奖项、出版著作（译作）或教材、参加职业资格或学历教育考试、参加工勤技能等级考试、参加“三援”等，均可按标准认定学时。同时，明确不同渠道获得的培训学时可以互认，比如，学员参加继续教育培训取得的学时和参加行业主管部门依国家规定组织的专业科目培训取得的学时，与参加省人社厅确定的网络培训机构专业科目线上培训取得的学时互认，通过学时互认，解决重复学习的问题。

### （三）建机制：搭建管理平台，加强培训管理

积极探索信息化管理模式，建立“湖南省事业单位工作人员培训管理

平台”，覆盖省、市、县、乡各级事业单位，将线上线下各类培训统一归口管理，实现学习、监管、服务网络一体化。各级事业单位及其主管部门、人事综合管理部门以培训管理平台为抓手，利用大数据分析，加强培训的监督管理和登记管理，有效推动培训信息的互联互通，确保培训结果真实、有效，大幅提升培训的监管效率。

### （四）拓渠道：创新方式方法，实现培训全覆盖

以更加开放的姿态，打造培训新生态。积极探索适应信息化发展趋势的网络培训方式，结合当前疫情防控要求，提出“线上培训与线下培训相结合、以线上培训为主”的培训模式。委托省公共资源交易中心面向全国公开招标，通过组织各行业评审专家，从课程质量、课程内容、课程体系、授课讲师、平台建设等多方面进行评审，最终甄选出 3 家优质网络培训机构，为全省事业单位工作人员提供线上培训服务。线上与线下相结合的培训模式，有效解决了工学矛盾，实现了基层和偏远地区事业单位工作人员培训全覆盖。

### （五）营环境：强化学习自主权，构建良性学习环境

省人社厅坚持为全省事业单位工作人员营造开放、透明、有序、稳定、良好的培训环境，让学员养成良好的学习习惯。充分尊重学员的学习自主选择权，包括对培训形式、培训机构、培训内容的自主选择。通过学员的自主选择，促进各培训机构良性竞争，不断健全课程体系、提升课程质量、改进服务态度，让学员真正学有所获，从而实现从“要我学”向“我要学”转变。

### （六）优服务：加强跟踪指导，优化培训服务

为确保培训工作落地落实，省人社厅召开动员会部署全省事业单位工作人员培训工作，全面推进事业单位工作人员培训，省、市、县分层级组织管理平台实操培训 27 场，通过制作动画视频、设立咨询热线、开通微信群和 QQ 群等

多渠道，面向全省128万多名事业单位工作人员宣讲政策，及时答疑解惑，切实回应学员诉求，确保各级各类事业单位工作人员“懂政策”“会操作”。

### （七）严监管：加强监督管理，严把培训纪律关

充分利用培训管理平台的监管功能，对学员的学习情况进行实时监控，发现通过弄虚作假获取培训学时等问题的严肃处理。严把培训纪律关，公布违规举报电话，加强对培训管理者、培训机构的监督管理，严令禁止剥夺学员自主选择权强行指定培训机构、强行摊派培训费用等违规行为，净化培训环境，确保培训规范健康开展。

## 三　工作成效

### （一）培训机制变革迈出重要步伐

主要体现在：一是在运行机制上，全省事业单位工作人员培训工作基本形成了“政府主导、部门协同、社会参与”的培训工作运行机制，促进了培训工作的高效开展；二是在管理机制上，依托培训管理平台实现了横向覆盖全省事业单位工作人员，纵向贯通省、市、县三级的联动机制，建立起统筹管理、分级负责、分类指导的管理体系，培训管理和服务的效率大幅提升。

### （二）培训信息化管理初见成效

湖南省人社厅建立了培训管理平台，整合管理部门、培训机构、工作人员、培训数据等各类信息资源，将以往需要线下进行的工作如培训学习管理、学时登记与认定、证书管理等纳入信息化平台进行综合统一管理，简化了管理流程，解决了以往信息不对称、共享不及时等问题，有效提升了培训管理效率。经统计，培训管理平台于2021年6月初上线运行，截至10月31日，仅4个月时间，全省128万名多事业单位工作人员完成注册的有112万

多人，注册率约 88% 。参培人数已逾 27 万人。审核培训备案 400 多条，审核线下培训学时及活动学时 1200 多条。

### （三）线上与线下相结合培训模式显现优势

结合疫情防控及事业单位工作人员特点，采取“线上培训与线下培训相结合、以线上培训为主”的方式全面开展培训，尤其是线上培训，解决了偏远地区和基层工作人员培训途径和学习资源相对匮乏的问题，让他们享有更多的优质学习资源，不但实现了培训对象全覆盖，而且实现了个性化培训需求。例如，永州市以线上方式开展 2021 年市属事业单位新聘用人员岗前培训，并根据实际需要专项设置毒品预防教育和消防安全知识等课程，有效解决了疫情防控期间岗前培训需求，受到各单位和学员的一致好评。

### （四）以人为本的培训环境基本形成

坚持为学员构建良性的学习环境，坚持以人为本，结合事业单位特点，优化课程体系，丰富课程内容，提高课程质量，将学习选择权完全交给学员个人，实现学其所需，学其所用，进一步激发学习积极性和主动性。

## 四　存在的问题

从现阶段来看，全省事业单位工作人员培训整体态势良好，已取得阶段性成果，为后续培训工作的持续健康开展奠定了坚实基础。但也存在一些亟须解决的问题。

### （一）观念未能与时俱进

部分单位习惯指定培训机构及内容，削弱了学员自主学习的积极性。部分单位和工作人员培训观念滞后，更倾向于传统的线下培训，对创新培训方式认知不足，对线上培训方式有偏见。还有一些工作人员对培训缺乏正确认识，还停留在培训仅为考核和职称评审拿证的层面，学习主动性不够。

### （二）培训数据整合难度大

目前大部分行业自行组织或委托机构组织专业培训，且有相对独立的培训平台，虽然从技术层面可以实现数据共享，但部门之间协调的难度较大，全部实现信息数据互联互通还需要一个过程。

### （三）培训经费难落实

虽然文件明确按国家相关规定列支培训经费，但国家和省级财政无专项经费保障，导致培训费用只能在本单位年度预算经费内自行解决，对于经济欠发达、财政比较紧张的地区和单位，培训经费难以足额保障。

## 五　下一步工作打算

为解决培训服务“最后一公里”问题，湖南省事业单位工作人员培训将注重服务，注重实效，满足不同层次培训需求。

### （一）扎实稳步推进，形成长效机制

立足省情，明晰思路，加大力气扎实稳步推进培训工作的开展。坚持建设长久的良性培训竞争环境和学习服务环境，形成长效培训机制。

### （二）进一步完善培训相关制度体系

出台配套政策，如课程评审标准、不同行业学时转换标准、考核奖惩办法等，促进培训的实效性。

### （三）协同搭建人才培养体系

以培训工作为抓手，由人社厅统筹规划，结合各行业实际，与各行业对接协同搭建人才培养体系。

### （四）以产业发展为核心，严把课程关

以湖南省“十四五”规划为导向，以产业发展为核心，严把课程关，指导培训机构深入挖掘事业单位工作人员真实需求，推动完善线上线下课程体系，提升课程质量，为培养产业人才提供保障。

### （五）人才数据精准化，推进人才数据共享

优化培训管理平台功能，加强信息安全管理，搭建人才地图，实时掌握人才数据，实现数据共享，为人才决策提供参考。

# 案例分析篇

Case Analysis Reports

## B.19
## 中国水利水电科学研究院培养创新人才的实践

吴生志　邢学成*

摘　要：　人才，是强国之根本、兴邦之大计。中国水利水电科学研究院深入贯彻落实党中央创新驱动发展战略和全国科技创新大会精神，建立实施“五大人才”计划，培养创新人才，自2016年至2021年已实施一个完整周期，释放了科研人员的创新活力，积累了人才分类评价的经验，构建了人尽其才、才尽其用的人才支撑模式，很多优秀成果脱颖而出。本文回顾“五大人才”计划的实施过程，基于“十四五”开启的新发展阶段，进一步探索培养创新人才的思路。

关键词：　事业单位　科研单位　人才培养　创新活力

* 吴生志，中国水利水电科学研究院人事处副处长；邢学成，中国水利水电科学研究院人事处人才科科长。

2016 年 3 月，党中央《关于深化人才发展体制机制改革的意见》提出，人才是发展的第一资源，人才发展体制机制改革是全面深化改革的重要组成部分。2016 年 5 月，全国科技创新大会召开，强调要改革人才培养、引进、使用等机制，努力造就一大批能够把握世界科技大势、研判科技发展方向的战略科技人才，培养一大批善于凝聚力量、统筹协调的科技领军人才，培养造就一大批青年科技人才。2021 年，党中央召开人才工作会议，国家“十四五”规划专章阐述激发人才创新活力，提出要加快建设世界重要人才中心和创新高地，培养造就更多国际一流的战略科技人才、科技领军人才和创新团队，培养具有国际竞争力的青年科技人才后备军，加强创新型人才培养，壮大高水平工程师队伍。

科研事业单位是创新人才培养的主要阵地之一。中国水利水电科学研究院隶属水利部，是从事水利水电科学研究的国家级社会公益性科研机构，现有人员 1328 人；具有一定国际影响力，在《全球智库报告 2020》全球顶级水安全智库中排名第三，工程学科和环境/生态学科进入 ESI 全球排名前 1%，是 9 个大型涉水国际组织的总部或中国委员会秘书处的挂靠单位；重视科技创新，2019 年入选《全国科技创新百强指数报告》科研院所 30 强；积极开展科技成果转化，2020 年技术性收入近 7 亿元；注重自主培养人才，2014 年入选国家创新人才培养示范基地。为了营造有利于造就世界一流科技创新人才的政策环境，中国水利水电科学研究院建立实施“五大人才”计划，通过一系列的评价、引进、支持举措，加强培养创新人才。

## 一　“五大人才”计划主要内容

### （一）分层分类确定“五大人才”

《“十三五”水利科技创新规划》提出“加快造就一批具有世界前沿水平的科技领军人才和创新团队”；《全国水利人才队伍建设“十三五”规划》按照人才所处的创新阶段，将其分为领军人才、青年英才、拔尖人才等。为实现建设世界一流科研院校的目标，中国水利水电科学研究院确定了五类需要重点培养支持的创新人才，统称“五大人才”。

1. 创新领军人才和团队

创新领军人才为在科学技术领域或工程科学技术方面取得重大创造性成就的高层次人才，有成长为中国科学院和中国工程院院士的潜力。创新团队为在长期合作基础上自然形成的学术群体或围绕某一重大涉水问题有效整合的学术团队，有成为国家级、部级创新团队的潜力。

2. “三型”人才

“三型”人才为能提出具有重要创新价值工作构想的青年人才，有成为该领域学术或技术带头人的潜力，具体包括以下三种类型。

基础研究型人才，研究原创性、独创性基础问题，具有创新思维，从真正的科学问题或基础理论出发，提出新理论、新理念、新方法。

技术研发型人才，解决关键技术问题、推动技术创新，与国际前沿相结合、与国内经济社会发展需求相结合或与生产工程实际相结合，围绕关键核心领域、“卡脖子”方向开展技术攻关。

产品开发型人才，从事产品研发和软件开发，综合运用思维能力、学习能力、动手能力和统筹能力，迭代更新技术、提高生产效率、增加经济效益，实现创新成果转化。

3. 新入职的青年科研人才

青年科研人员刚参加工作的前几年，创新活力旺盛，单位需要采取举措，让新人把主要精力用于探索性研究工作，帮助他们在创造力黄金时期找准研究方向、做出突出业绩，成为各类人才的后备力量。

4. 引进的高层次人才

为了进一步提高人才队伍科研创新能力和国际竞争力，需要围绕院学科和科研发展需求，面向全球分层次、有计划、有重点地引进高层次人才。

5. 国际复合型人才

国际交流活动与科研工作的特点有所不同，对人员的能力要求和培养方式也有所区别。为了保持和提升我国在相关领域的国际学术影响力，需要持续培养兼具国际交流能力和水利水电专业知识能力的复合型人才。

### （二）首批人才支持数量及方式

遴选 10 名创新领军人才、10 个院级创新团队，在承担任务、评审推荐等方面给予倾斜支持，每年给予稳定经费支持，支持期为 5 年。

遴选 30 名“三型”人才，基础研究型、技术研发型、产品开发型人才各 10 人，每年给予稳定经费支持，支持期为 5 年，其中基础研究型人才资助经费可用于人员经费。

对新进院科研人员 3 年内由院承担人员费用，免除创收任务，鼓励自由研究探索。

引进高层次人才分为院士级别人才（A 类）、领军人才（B 类）、青年人才（C 类），分别给予一定数额的科研启动经费和相关待遇保障。

重点支持 10 名国际复合型人才，每年给予稳定经费支持，支持期为 5 年，其中一定比例可用于人员经费；每年资助一批青年出国进修和参加国际会议。

### （三）试行人才分类评价

分类设置评价重点。创新领军人才和创新团队侧重已有成果积累、下一步研究前景、团队带领情况和学术影响力。基础研究型人才侧重考察是否做到了理念、理论、方法“三个超前”；技术研发型人才侧重考察是否做到与国际前沿结合、与国内经济社会发展需求结合、与生产工程实践结合“三个结合”；产品开发型人才侧重考察是否在技术上有突破、在提高生产效率上有突破以及在增加经济效益上有突破“三个突破”。国际复合型人才侧重参加国际合作交流的经验、现有地位和进一步发展潜力。

尽量减少评价次数，为人才松绑减负。除每年资助青年参加国际交流以外，其余几类遴选每 5 年开展一次，每批于第 3 年开展中期评估。对新进院科研人员给予普惠性支持，不作遴选，不在正常考核之外另行开展评价。

## 二　“十三五”时期首批实施情况

### （一）实施概况

2016 年 11 月，经院属各单位初评推荐，院属 20 家单位共 130 余人和团队参加了专家评审会。院领导、院士、相关职能部门负责人和有关专家组成评审委员会。最终评选产生 50 名人才和 10 个创新团队，其中 30 岁以下的青年科技人才 5 名。

2019 年 12 月，开展中期评估。资助人员提交的中期进展报告注重实际进展，不简单考核成果数量，体现容错机制。在中期评估暨学术交流会上，各类人才分享了项目进展情况与主要成果，重点描述了未来工作计划，与会专家对各项目的技术增量和新进展进行把关，提出指导建议。

2021 年 5 月，开展创新成果验收暨支持期满评估。各团队和人员均完成了研究计划，产生了一批有价值的成果，提出了进一步深入研究的设想，其中 66% 的项目评估验收达到 A 级以上，总体达到预期效果。

### （二）实施成效

一是优化了创新氛围。通过实施“五大人才”计划，建立了鼓励创新、宽容失败的评价体系和环境氛围，让人才在科学研究上能“敢想敢做、敢为天下先”，能在稳定支持下“甘坐冷板凳”，还能在相互交流合作中“把冷板凳坐热”，让科技人才心无旁骛、无后顾之忧地工作。基础研究型人才郭建英十多年来在黄河乌兰布和沙漠段持续开展研究，逐步建立了风沙区入河风积沙监测技术体系，阐明了冻结与非冻结期的风沙流运移规律，构建了流沙区入黄风沙模型，并通过交流与院内其他专家相互启发借鉴。技术研发型人才高峰，钻研 PCCP 管（一种采用美国技术、广泛用于我国调水工程的部件）断丝电磁无损检测，初步自主掌握了检测原理和方法，为可能在几十年后凸显的问题未雨绸缪。

二是激发了创新活力。受“五大人才”计划资助的人才表示，持续稳定的支持将他们从烦琐的事务中解脱出来，安心投入感兴趣的科学研究中。新人助推计划支持的莫彦，进入水利所工作后，将研究方向从节水灌溉应用模式研究拓展到作物节水机理探索与节水灌溉产品研发。新人助推计划支持的张紫涛，进入岩土所工作后，多次跨领域进行研究并申请到研究基金，研究方向从砂土时间效应转变为坝体抗震，后涉及海洋地质灾害。

三是取得了创新成果。经过五年的持续支持，一批优秀成果和创新人才脱颖而出，很多基础研究和技术研发达到了国内领先、世界前列。基础研究型人才张宝忠，针对灌区用水效率提升问题，以蒸汽发放为核心参量，突破用水效率时空二维耦合量化表征理论，构建了作物水效与区域水效一体化协同提升体系，于2021年获得国家自然科学基金重点项目资助。基础研究型人才高博，围绕三峡水库污染物水环境过程及效应，多年持续开展研究及数据积累，近5年以第一/通讯作者发表1区/Top类SCI文章33篇，他引次数1200余次。

四是推动了创新政策。借着国家实施扩大科研院所自主权改革的东风，中国水利水电科学研究院探索完善制度政策环境，以人才引领创新发展，2019年在“五大人才”的框架内建立柔性引进高层次人才办法，聘任“水科学者”李行伟教授。李行伟教授是环境水力学专家、美国麻省理工学院博士、国际水利与环境工程学会（IAHR）主席，先后任职于香港科技大学和澳门科技大学，积极推动大陆和港澳学者互访交流；作为国际知名学者，积极促进国际合作，在国际水利舞台上支持中国水利水电科学研究院的发展。

五是打造了创新平台与品牌。“五大人才”是院向各类人才提供稳定支持的通道，也是各类人才向院建言献策的通道，2019年8月结合“不忘初心、牢记使命”主题教育，中国水利水电科学研究院召开座谈会，听取采纳了他们的意见建议；是不同学科领域人才交流沟通的平台，也是广泛宣传优秀研究成果、启发引领带动创新的平台，并得到了科技部有关单位、水利系统兄弟单位、相关行业科研院所的认可和借鉴。

## 三　“十四五”时期实施情况

### （一）实施概况

2021 年 7 月，中国水利水电科学研究院开展第二期即“十四五”时期“五大人才”计划的评选。根据首批实施中发现的问题，对评选方案进行了优化。一是适当减少创新领军人才的数量，二是增加“三型”人才的数量，三是根据新的形势将国际化人才的具体类别细分为国际组织领导人、国际学术人才、国际项目人才、国际知识文化传播人才等 4 类，精准发挥个人特长，通过多条途径向世界推广中国的理念、主张和技术。

本期“五大人才”计划共有 156 人或团队报名，其中创新领军人才 11 人，创新团队 19 个，国际高层次复合型人才 33 人，“三型”人才基础研究型人才 27 人，“三型”人才技术研发型人才 32 人，“三型”人才产品开发型人才 34 人。经评选共获评 79 人或团队：创新领军人才 8 人，创新团队 10 个，国际高层次复合型人才 20 人，“三型”人才基础研究型人才 12 人，“三型”人才技术研发型人才 15 人，“三型”人才产品开发型人才 14 人。

### （二）评选情况分析

运行至第二期，“五大人才”计划实现了滚动支持与新增人选的平衡、类别和层级间的流动。上一期获得资助的人才，共有 39 人此次继续申报，占原资助人员比例的 65%；经评选，有 31 人再次获得支持，占第二期资助人员的 39%。其中，28 人继续申报原人才类型，经评选有 25 人再次获得支持；11 人申报不同的人才类型，经评选有 2 名创新团队负责人转为创新领军人才，3 名“三型”人才转为创新团队负责人，1 名技术研发型人才转为产品开发型人才。

## 四 思考与展望

“五大人才”计划的实施，对如何落实当前国家科技改革政策、推动创新人才培养，启发一些思考。

### （一）人才评价破“四唯”，从关注潜力入手

破除“四唯”之后，如何找到适合的评价方式，有关部门和科研单位正在积极探索。如果基本思路仍停留在基于已经取得的成绩进行评价，就很难找到比论文、学历、奖项、“帽子”更适用的指标。如果将思路改为评价人才的潜力，则有可能真正实现破除“四唯”。“五大人才”的甄选和评估，不关注论文著作成果的数量，不关注已经获得的奖项，而是看重人才将来想做能做的事情，看重研究选题、技术方法、产品前景或者进一步提升国内外影响力的可能性，主要通过同行评议、代表作评价的方式进行，实践证明能够做到公平公正、务实管用。

### （二）人才引进避“内卷”，从跨国跨界入手

同一行业内部的不同单位、不同地区之间，竞相以高条件、高待遇、高福利争夺人才，无序竞争导致引进人才和现有人才的不平衡，已经被国家有关部门关注。中国水利水电科学研究院首批“五大人才”计划的高层次人才引进未达到预期，但并不提高价码与国内同行竞争，而是按照国家“十四五”规划的指引，推出面向全球招聘高层次人才的方案，完善外籍高端人才和专业人才来华工作、科研、交流的停居留政策。此外，跨行业的人才智力流动也有助于推动创新，展望“十四五”，来自华为等高新企业的工程师将深度参与国家水网和灌区的信息化升级，来自航空制造业的数字孪生技术将运用到江河湖泊的智能化管理，中国水利水电科学研究院的人才或技术也将继续在资源、环境、应急、交通、城建、核电等许多行业发挥作用。

## （三）激发人才创新活力，从松绑减负入手

激发人才创新活力在国家“十四五”规划中专章阐述，科研事业单位积极探索具体措施予以落实。“五大人才”计划用各种宽松的设置给人才减负担、去束缚，将尽可能多的精力集中到创新项目本身。项目以五年为实施周期，除了一次中期评估之外，不设其他的考核和过程监管环节。基础研究型人才和国际复合型人才所获资助可用于人员经费，减免创收压力。新人助推计划免申报免考核。对于未取得预期成果的，除了取消支持以外，没有惩罚措施。计划初见成效，参加第二期评审的专家表示，新一批的人才已经崭露头角，部分选题超前于国家关注、走在世界前沿，有望在将来取得重大突破，产生国际一流的科技领军人才。

## 参考文献


《中国水科院“五大人才”计划实施报告（2016～2020年）》，中国水利学会人力资源和社会保障专业委员会优秀调研成果汇编，2021。

《中央级科研事业单位绩效评价试点自评价报告（中国水利水电科学研究院）》，2020。

《中国水科院召开院十四五“五大人才”计划专家评审会》，www. iwhr. com。

《我院召开第一期“五大人才”计划中期评估暨成果交流会》，www. iwhr. com。

《匡尚富院长深入调研谋划“十四五”人才发展新篇章》，www. iwhr. com。

《我院“水科学者”李行伟教授当选国际水利与环境工程学会主席》，www. iwhr. com。

《我院召开2016年“五大人才”计划专家评审会》，www. iwhr. com。

# B.20

# 中国农业科学院深圳农业基因组研究所科研自主权改革与探索

仰皖旭　姚庆磊*

摘　要：　中国农业科学院深圳农业基因组研究所是农业农村部、中国农业科学院和深圳市政府成立的现代创新型研究所。基因组所通过改革探索，建立“多元参与、开放自主”的治理结构，打造“灵活高效、充满活力”的用人机制，构建“开放创新、重点有序”的科研模式，推行“优化配置、减负增效”的经费管理，汇聚了一支高水平科研队伍，建设了一批重大创新载体和项目，取得了一系列重要科研成果。

关键词：　科研院所管理　用人机制　经费管理　科研自主权

中国农业科学院深圳农业基因组研究所创建于2014年，是农业农村部、中国农业科学院和深圳市政府在科技体制改革的背景下，整合农业基因组学研究力量成立的现代创新型研究所。基因组所致力于通过颠覆性创新来促进全球农业可持续发展，服务于个性化食品供给体系，并提升人类健康水平和农民社会地位。

---

* 仰皖旭，中国农业科学院深圳农业基因组研究所综合办公室（党办人事处）处长助理，助理研究员，主要研究方向为农业科研单位人事人才管理；姚庆磊，中国农业科学院深圳农业基因组研究所综合办公室（党办人事处）处长，助理研究员，主要研究方向为农业科研单位人事人才、综合政务管理。

随着中国特色社会主义进入新时代，人才强国、创新驱动发展、乡村振兴等国家重大战略深入实施，粤港澳大湾区、中国特色社会主义先行示范区加快建设，为农业科研事业发展带来了难得的历史机遇。2017 年，基因组所被列为科技部、人社部等七部门“扩大高校和科研院所自主权、赋予创新领军人才更大人财物支配权技术路线决策权”试点单位，聚焦体制机制改革，着力在机构管理与运行、中长期目标考核、干部人事管理、收入分配机制等方面加强改革探索，激发内生创新活力，有力支撑世界一流科研院所建设。拟通过改革探索，建立起适合我国国情、符合农业科研规律、可复制可推广的现代科研院所管理制度体系，将基因组所打造成现代院所的示范样板，发挥先行先试和示范带动作用。

## 一 建立“多元参与、开放自主”的治理结构

一是完善章程管理。制定基因组所章程，明确功能定位、发展目标、业务范围、领导体制和决策机制、民主管理和监督机制以及科研管理、人事管理与财务资产管理制度。通过制定章程，基因组所明确了办所理念和办所自主权，建立了自我发展和自我约束的机制，构建了内部治理的基本框架，完善了学术管理体系和民主管理机制，奠定了现代院所建设的基础。

二是组建基因组所理事会。开展“理事会领导下的所长负责制”法人治理改革，成立了由中国农业科学院、深圳市分管领导担任理事长，双方相关职能部门负责人担任成员的基因组所理事会。明确理事会职责和工作机制，实现了决策权、执行权和监督权互相分离、协调运行，形成了相关建设主体共商、共建、共享的“院市共建、部省后援”多元投入机制。

三是落实专家治所理念。实行所长负责制，由所长全面负责基因组所的日常工作，全权领导研究所的业务、行政工作；成立包含中外院士、知名专家在内的学术委员会，为研究所发展战略规划、重大科研部署、学科建设提出咨询意见与建议；成立代表科研人员的研究员委员会，落实学术治理；科学家代表担任党委委员、所务会议成员，充分发挥民主决策作用；改革行政管理

模式，行政部门由传统的管理者变为服务支撑者，构建以科研需求驱动的服务模式，重新梳理职能部门任务分工，构建以科研业务为核心的管理流程。

## 二　打造“灵活高效、充满活力”的用人机制

一是改革用人机制。实行全员聘用制，高层次人才和管理团队由研究所统一聘用，确保骨干队伍的稳定；一般科研人员由课题组项目聘用，实现市场化用人的灵活性。实行内部职级制，同岗同酬，不同身份人员都拥有畅通的发展渠道。实行预聘—长聘制（Tenure-track），通过预聘，确保科研人员不受短期考核的压力和干扰，潜心钻研重大问题；通过严格的代表性成果和国际同行评审制度，保持高层次人才队伍的合理流动和有效配置，确保科研队伍创新活力。

二是完善薪酬激励机制。制定《薪酬分配办法》，打破编制限制，对不同身份人员同等对待，实行基础薪酬、绩效薪酬、延期支付、成果转化奖励等多重激励政策。根据岗位和工作需要，实施年薪制、三元工资制、协议工资制、项目工资制等不同薪酬模式，确保薪酬分配灵活多样。

三是实行全员绩效考核制。制定五年绩效考核总目标，层层分解落实，建立理事会对研究所、研究所对中层、中层对基层的三级绩效考评体系。实行管理、科研相区别的分类考评机制，规定工作程序和考评办法，科研人员薪酬的30%作为绩效由团队争取到的横向经费和竞争性经费决定，全部管理人员薪酬的20%作为考核绩效，接受严格的全方位考核，不考核不发放。

## 三　构建“开放创新、重点有序”的科研模式

一是自主设置调整研究领域、学科方向和重大任务。通过高水平学术委员会，开展定期评估和咨询，积极拓展代谢组学、蛋白质组学等多组学领域，成立中国农科院深圳国际食品科学中心，由农业行业延伸到食品行业。以国际科学前沿和国家重大需求为导向，自主设置了农业合成生物学、食品

营养组学等前沿学科方向，自主布局了多组学算法开发、优薯计划等九个研究所重大科研任务。

二是充分赋予创新领军人才自主权。赋予创新团队首席、课题组长充分的人事管理自主权，自主招聘团队成员、自主确定薪酬；赋予科研任务技术路线选择和调整的自主权，在完成研究所重大任务的前提下，允许科研团队自由探索，自主决策技术路线；赋予科研经费管理自主权，课题组长可自行审批50万元以下的、不要求集体决策的一般性科研经费支出；科研项目同一科目预算，项目负责人可自主调剂，研究所进行审核、监督管理。

三是实行“开放办所”的外部协作模式。依托国家农业基因组科技创新联盟、“岭南现代农业科学与技术广东省实验室深圳分中心”等创新载体，建立以大联合、大协作为特征的协同创新机制，支撑国内农业科研单位开展联合攻关。面向水稻、小麦、玉米等重要农作物，联合全球范围内优势农业科研单位，发起多项国际大科学计划。与国内外高校共建中国农业科学院深圳研究生院，举办国际农业基因组学大会等国际会议，学术影响力显著增强。

## 四　推行“优化配置、减负增效”的经费管理

一是落实科研经费“放管服”举措。简化审批流程，除50万元以上要通过所务会决议，其他一般性科研经费经项目负责人、会计审核之后可直接付款。出台《科研项目经费预算调整管理办法》，除设备费外其他预算科目之间可以灵活调剂。实行差旅费包干，对国内差旅费中的交通补助和餐补以及到偏远地区从事科研活动产生的差旅费采取包干制。出台《横向经费管理办法》，横向经费的使用在遵照合同约定的基础上，科研人员对经费的使用拥有更多的自主权。

二是改进科研仪器设备耗材采购管理。改进设备采购审批流程和步骤，简化审批，采购审批流程一般在一天内审批完成，最多交纸质材料一次。下放科研仪器设备试剂耗材采购自主权，50万元以下的均可由课题组自行采

购。将单笔2万元以下的设备验收权交由课题组，由职能处室进行抽验。明确特殊形式下科研仪器设备试剂耗材采购方式，对全国只有一家代理或供应商的设备，可不通过招投标方式，按程序采取单一来源采购方式。对于4项科研急需情形的设备，可通过专家论证、研究所决议的形式采用招投标以外的采购方式，有效缩短采购周期。

## 五　培育“战略导向、市场运营”的转化体系

一是重构成果转化工作体系，建设现代企业转化体系。充分发挥深圳的体制机制优势，适应市场发展需求，以产业需求为导向，合作成立抗逆性花卉育种、组学区块链溯源等科技项目公司，引导社会资金支持科学研究，促进科技和产业融合发展。

二是创新科技成果转化机制，打造成果转化产业孵化平台。引导社会资金支持科学研究，建立市场导向的成果转化机制，打通“市场需求—科技研发—资本价值”的循环链条。设立中农科创合伙企业全员股权激励持股平台，成立中农投控集团公司，开展知识产权价值评估转化，运营管理“中农”系列公司，为科学家科技成果转化提供平台。

三是将基因组所发展战略融入国家、地区发展战略，共建深圳国际食品谷。联合深圳市相关部门提出“深圳国际食品谷”，规划已得到市政府印发，将构建农业食品产学研协作生态，作出科技推动农业食品产业转型升级的先行示范。联合81家国内外大学、科研机构、企业成立深圳国际食品谷联盟，搭建“科研机构+企业+政府”的科技产业协同发展平台。

## 六　改革的初步成效和下一步努力方向

通过科研自主权改革，基因组所充分激发了创新活力，走上了快速发展的道路。

一是汇聚了一支高水平科研队伍。从改革之初100多人的队伍发展到目

前近800人的研究队伍，形成了以组学技术为核心，辐射农业、食品和生态方向的学科体系。

二是建设了一批重大创新载体和项目。获批“岭南现代农业科学与技术广东省实验室深圳分中心”“农业农村部农业基因数据分析重点实验室”等创新载体和“农业基因组学研究中心”国家重大项目。

三是取得了一系列重要科研成果。在包括 *Science*、*Nature*、*Cell* 等顶级期刊在内的杂志上发表SCI论文400多篇，以基因组设计育种育成国审、省审新品种30余个，在农业基因组学等研究领域占据世界前沿。2019年、2020年连续两年自然指数排全国农业类科研院所第一名，多项成果入选“‘十三五’农业科技十大标志性成果”“中国生命科学十大进展”“中国农业科学十大进展”。研究人员先后获得“何梁何利基金”奖、“周光召基础科学奖”“深圳经济特区建立40周年创新创业和先进模范人物”“深圳市市长奖”等奖励。

基因组所身处改革开放前沿，作为农业农村部现代院所建设的“试验田”，将持之以恒坚持以“建设世界一流农业科研院所”为目标，着力破除制约研究所发展和科研创新的思想障碍和制度藩篱，激发全所职工的创新活力和创造技能，健全知识、技术、管理、技能、成果等多要素决定的薪酬激励体系，形成人才培养、原始创新和成果转化相互支撑的良性互动机制与生态环境，为乡村振兴、科技强国战略做出应有的贡献。

# B.21
# 天津国际生物医药联合研究院科研人员激励制度的探索

关丛笑　周传华*

摘　要：　人才是完善国家创新体系，加快建设科技强国的第一资源，只有充分发挥人才的创新主体作用，才能不断提升科技创新水平，推进创新驱动发展。本文描述了科技人才激励政策出台情况，并以天津国际生物医药联合研究院为例，对基层单位落实国家人才政策，激发科研人员创新活力进行探索，分析了基层单位在人才激励方面面临的问题，提出提高科研人员收入水平、推进科技成果转化奖励制度化、扩大项目负责人绩效分配自主权以及建立合理的绩效评价体系等措施，以期为基层单位激发科研人员创新活力的探索提供参考。

关键词：　科研人员　创新活力　激励机制

习近平总书记说，千秋基业，人才为本。创新是引领发展的第一动力，摆在国家现代化建设全局的核心位置，科技自立自强是国家发展的战略支撑。而完善国家创新体系，加快建设科技强国，人才是第一资源，是链接创新要素、引领技术升级和提升国家综合实力的核心载体，只有发挥人才的创新主体作用，充分激发科技人才创新活力，才能不断提升技术创新水平，强

* 关丛笑，天津国际生物医药联合研究院工程师；周传华，天津国际生物医药联合研究院工程师。

化战略科技力量，推进创新驱动发展。

近年来，我国人才总量快速增长，人才结构不断优化，① 人才整体素质和能力不断提升。据《中国科技人力资源发展研究报告》统计，2013 年我国科技人力资源总量已达 7105 万人，跃居世界第一位。截至 2018 年，我国科技人力资源总量达 10154.5 万人，规模持续保持世界第一，科技人力资源密度逐年增长，学历层次不断提升，女性科学家占比逐步增大，并呈现显著的年轻化趋势。2017 年底，我国 29 岁及以下科技人力资源占比为 39.2%，女性科技人力资源占比为 38.9%。②

目前，党中央、国务院高度重视激发科技人才创新活力，但在政策落地、成果转化以及收益分配等方面，仍然存在诸多问题。③ 本文以天津国际生物医药联合研究院（简称“研究院”）为例，对基层单位落实国家人才政策、激发科研人员创新活力进行探索。

## 一　科技人才激励政策出台情况

近年来，党中央、国务院高度重视科技人才，先后出台了一系列人才激励政策文件，包括《关于深化体制机制改革加快实施创新驱动发展战略的若干意见》（中发〔2015〕8 号）、《关于深化人才发展体制机制改革的意见》（中发〔2016〕9 号）、《实施〈中华人民共和国促进科技成果转化法〉若干规定》（国发〔2016〕16 号）、《关于实行以增加知识价值为导向分配政策的若干意见》（厅字〔2016〕35 号）、《国务院办公厅关于抓好赋予科研机构和人员更大自主权有关文件贯彻落实工作的通知》（国办发〔2018〕127 号）等，从深化体制改革、健全科研管理、促进成果转化、提升科研绩

---

① 李美桂、陈锐：《“全创改”背景下激发科研人员创新活力的探索》，《研究与探讨》2019 年第 8 期。

② 《中国科技人力资源发展研究报告（2018）——科技人力资源的总量、结构与科研人员流动》，《今日科苑》2020 年第 7 期。

③ 明航：《激发创新活力须为科研人员“松绑”》，《经济参考报》2019 年 9 月 5 日。

效、完善分配机制等方面持续加大对科技人才的激励力度，提升知识价值和智力成果在资源分配中的影响作用，同时提高科研机构和科研人员在科技活动和资源分配过程中的自主权。

为促进人才激励政策落实落地，各地方也出台了相应的配套制度和实施办法，如天津市及滨海新区相继颁布了《中共天津市委印发〈关于深化人才发展体制机制改革的实施意见〉的通知》（津党发〔2016〕43 号）、《中共天津市滨海新区委员会办公室天津市滨海新区人民政府办公室印发〈关于实行以增加知识价值为导向分配政策的若干措施〉的通知》（滨党办〔2018〕47 号）、《天津市促进科技成果转化条例》、《天津市财政局天津市科学技术委员会天津市教育委员会关于印发天津市财政科研项目资金管理办法的通知》（津财教〔2017〕72 号）、《市人力社保局市财政局关于进一步做好其他事业单位绩效工资工作的通知》（津人社局发〔2017〕34 号）等，在深入推进科技体制改革、将人才政策细化落实等方面取得了显著成效，使科研机构和科研人员真正成为充满活力的创新主体，积极性和主动性得到极大的调动，受到广大科研工作者的拥护和支持。

## 二　研究院情况介绍

研究院由科技部、商务部、卫生部（现国家卫健委）、国家食品药品监督管理总局与天津市人民政府在滨海新区共建，旨在为天津、京津冀及环渤海区域生物医药产业发展提供技术支撑和引领。研究院自建院以来，紧紧围绕科技创新，着力打造并完善新药研发公共技术平台体系和服务体系，广泛吸引国内外高端人才和项目，加以优质孵育，带动了滨海新区生物医药产业的快速发展。2013 年 5 月 14 日，习近平总书记视察研究院时指出，要充分发挥科技资源丰富、科技人才众多的优势，加大自主创新，促进科技与经济深度融合。几年来，研究院严格落实总书记的指示要求，围绕建设科技创新高地，促进科技与经济深度融合，着力建设创新平台、开展药物研发、培育孵化企业、引进培养人才，各项工作取得了新的成效。事业发展离不开优秀人才，自建院以来，研究院先后引进一大批海内外高层次创新创业人才，组建了由院士领衔、高层次人才聚集的研发和技术服务队伍。现有人员中，硕士及以上学历人员占77%，其中博士占40%以上；具有高级职称的专业技术人员约占30%，其中正高级占32%。为吸引、留住、用好科技人才，研究院充分贯彻落实国家、天津市和滨海新区各项政策，积极探索科研人员激励机制，释放人才创新活力，发挥人才优势为高质量发展贡献力量。

## 三　在人才激励方面面临的问题

随着科技进步和经济发展，科研工作越来越多地与市场衔接，科技工作者也面临更多的选择。研究院逐步认识到科研管理中存在一些问题，如科研管理相关制度不能适应科技快速发展的时代要求，在经费调剂使用、仪器设备采购、科技成果转化、薪酬绩效激励等方面[①]仍按照老办法来操作，还受到相关规定的约束，具体表现在以下几方面。一是科技研发工作对接市场意识薄弱，导致很多研发工作结果停留在基础研究的范畴，无法投入市场获得转化，不能将科技成果转化成推动生产力进步和提高人民生活水平的实际力量。二是科技成果转化意识差，科研人员在科技成果转化过程中参与度低，积极性不高，体制机制限制了科技成果转化奖励工作的实施。三是科研人员收入水平在市场上缺乏竞争力，一方面工资收入受到总额调控限制，无法设计较高的工资水平，另一方面项目绩效分配受到体制机制的束缚，不能取得工资以外的其他收入，导致科研人员的实际工作与收入分配不完全符合，智力劳动得不到恰当的激励报酬。[②] 这些问题影响了科研人员的积极性主动性，也导致一定的人才流失。国家、天津市、滨海新区人才政策的相继出台，为解决研究院面临的科研管理和人才激励问题提供了政策依据。

① 谢晓刚：《“更大自主权”激发科研人员创新活力》，《企业家日报》2019年1月21日。

② 丁新科：《激发科研人员创新活力》，《河南日报》2017年11月15日。

## 四　关于落实政策激发人才创新活力的方法探索

为全面贯彻落实国家、天津市和滨海新区的人才政策，将文件精神落实到位，切实为科研人员营造良好创新环境，提高研究院创新能力和孵化服务水平，充分发挥收入分配机制的导向作用，进一步调动科研人员创新积极性，释放创新创造活力，研究院认真学习领会各级人才激励文件精神，结合实际情况，在激发科研人员活力、促进收入分配政策落实落地方面做了一系列探索，主要做法如下。

### （一）充分落实文件精神，提高科研人员收入水平

为充分发挥绩效工资的激励作用，研究院在滨海新区人社局的指导和大力支持下，不断提高科研人员收入水平，自 2018 年起，区人社局按照全额事业单位工资最高线核定研究院绩效工资总额，并允许研究院在核定的工资总量内，自主确定基础性和奖励性绩效工资比例为 4∶6，指导研究院制定奖励性绩效工资分配办法，收入分配向重点岗位、技术骨干和产出科技成果的科研人员倾斜。分配办法明确指出，“科研人员科技成果转化所获奖励与报酬、承担科研项目所列支绩效奖励、以市场委托方式取得的横向项目所获收入或绩效支出等，均不纳入绩效工资总额”，极大地鼓励科研人员申报科研项目，提升技术水平，产出科技成果。

### （二）细化国家有关政策，推进科技成果转化奖励制度化

根据国家和天津市有关政策规定和文件精神，研究院结合自身领域特点和实际情况，研究制定了《天津国际生物医药联合研究院科技成果转移转化管理办法（试行）》（简称《办法》）。该《办法》明确职务科技成果、成果完成人、科技成果转化净收益等概念，使全、兼职专业技术人员、客座专家等各类科技成果完成人均能够享受科技成果转化奖励政策。《办法》规定，将科技成果转化净收益的 70% ~80% 作为奖励酬

金，奖励给成果完成人，奖励酬金的60%～80%用于奖励科技成果的主要完成人，另提取转化净收益的5%用于奖励为科技成果转化做出主要贡献的人员。提高项目团队分配自主权，由成果第一完成人牵头项目团队制定科技成果转化奖励分配方案，奖励分配方案在单位内部公示。《办法》还规定了在科技成果转化决策过程中的尽职免责的情况。这一措施为推动科技成果转化提供了动力，提升了科研人员在技术研发和应用过程中的获得感。

### （三）“放管服”结合，扩大项目负责人对纵向科研项目绩效分配的自主权

根据国家有关财务制度、科研计划专项经费管理办法等规定，研究院结合自身实际情况，制定了《天津国际生物医药联合研究院财政科研项目经费暂行管理办法》，在规范科研项目经费管理、提高经费使用效率和效益的基础上，扩大科研人员纵向科研项目经费绩效分配方面的自主权。科研项目资金实行项目负责人负责制，资金使用审批权限下放至课题负责人。研究院从课题经费中提取总经费的5%作为管理费，其他资金可用于科研人员的绩效支出，绩效支出根据科研人员在项目工作中实际贡献进行安排，由项目负责人统筹。

### （四）以科技成果为导向，建立合理的绩效评价体系

为进一步激励科研人员干事创业热情，鼓励科研人员积极投身科研创新事业，以研究院发展目标为指引，以科技性收入、各类科技研发成果、获得科技奖励等为具体评价项目，根据近年来国家和天津市有关科研人员绩效相关政策要求，参考中科院等典型院所对科研人员的评价办法，研究院结合自身实际制定了《天津国际生物医药联合研究院科研人员绩效考核办法（试行）》。该考核办法采取确定的考核参数和统一的计算方法，科研人员年终开展自我评价，避免了传统打分过程中主观因素的影响，客观核算指标得分。同时考虑科研人员工作侧重，对考核优秀的科研人员颁发“年度优秀

成果转化奖”“年度最佳技术服务奖”“年度最佳科普工作奖”“科研创新奖金”等，通过经济利益和社会荣誉价值双重激励相结合，鼓励科研人员奋发有为，干事创业。

## 五 人才激励措施实施进展

上述办法在形成过程中，广泛征求了科研人员的意见，受到科研人员的一致拥护，期待尽快出台实施，更加明确收入分配的价值导向，让科研收入与其创造的科学价值、经济价值和社会价值相匹配，推动科技成果转化为现实生产力。这将为传统院所和高校增加自我造血能力提供有力支撑，为释放科研人员创新活力提供制度保障，为落实增加以知识价值为导向的收入分配政策的落实铺设良好路径。

上述办法在形成过程中，得到了滨海新区人社局的指导和大力支持，并征求了滨海新区科技局、滨海新区财政局等相关部门的意见，正在向新区政府报批备案，争取加快推动办法落地实施，尽早让国家政策红利惠及每位科研人员，并以此为突破，进一步深化体制机制改革，不断探索人才激励的新路径，如建立成果转化股权激励、搭建成果转化平台、创新成果奖励长效机制等，[①] 为释放科研人员创新活力，提高科研机构自主创新能力，推动滨海新区高质量发展做出贡献。

## 六 启示与建议

每一次科技的创新和进步都蕴含着科研人员的智慧和力量，只有真正破除束缚科研人员的藩篱，给予科研人员充分的信任和自主权，创造公平、自由、向上的科研环境，才能促进高水平科技人才的涌现和高质量科技成果的

---

① 《关于激发科研机构和科研人员创新活力促进科技成果转化的若干政策》，《新疆日报》2016 年 10 月 10 日。

产生。在激发科研人员创新创造活力的探索中，研究院等基层单位进行了一系列有益探索，并获得了一些启示。

第一，基层单位结合领域特点，探索独特的人才激励方式。科研单位性质不同，科技研发领域不同，导致科技成果的转化路径差异较大，各单位在制定自身人才激励政策的过程中，应结合领域特色，深入分析人才结构、规模、层次、需求，多角度思考，探索更加适合本领域人才特色的激励途径。

第二，主管部门加强指导和把关，切实推动政策落地执行。科研领域的差别导致基层单位在探索建立自身人才激励政策的过程中需要更多专业的指导和审核，主管部门在把握政策尺度和赋予科研机构自主权方面责任重大，主管部门的指导和审批一定程度上决定了国家政策是否能够落实到位。

第三，建立客观准确的评估机制，加强科研成果评估评价。形成有效的成果评价机制是人才激励政策顺利实施的重要保证，如何将人员、成果和市场相互衔接有机结合，客观地评价科研成果的科学价值、经济价值和社会价值，公平地衡量科研人员责任贡献，是需要进一步研究探索的重要问题。

第四，给科研人员松绑，要坚守住诚信底线。既要把政策给到位，权利放到位，能够切实地促进科技成果产生，提高效益，又要守住诚信底线，把权力放在制度的笼子里。因此，科研单位必须建立健全内部制度，明确科研人员管理办法，规范科研经费使用流程，细化科技成果奖励制度，并建立起强有力的监督体系。

# B.22
# 上海科技大学人才队伍建设的实践探索

李碧波　高　瑄*

**摘　要：** 上海科技大学紧密围绕学校办学理念，革除“唯论文、唯职称、唯学历、唯奖项”的选人用人观念，坚持“重品行、重育人、重学问、重能力、重公认”标准，坚持放眼全球，对标国际一流大学，坚持科教融合，密切结合国家创新驱动发展战略和上海科创中心建设人才战略需求，优化人才引进环境，打造高水平、国际化的一流师资队伍。

**关键词：** 人力资源　人才队伍　科教融合　上海科技大学

上海科技大学自建校以来，紧密围绕学校办学理念，坚持放眼全球，坚持“重品行、重育人、重学问、重能力、重公认”标准，革除“唯论文、唯职称、唯学历、唯奖项”的选人用人观念，以常任教授人才引进为重点，打造高水平、国际化的一流师资队伍；坚持科教融合，密切结合国家创新驱动发展战略和上海科创中心建设人才战略需求，建立了实用高效的人力资源管理服务机制。人力资源管理服务工作实现了“引人、育人、用人、留人”各环节的有效覆盖，为实现“小规模、高水平、国际化的研究型、创新型大学”建设目标，为服务上海科创中心和张江综合性国家科学中心建设，发挥了应有的作用。

学校依据章程设立了常任教授制（Tenure System），计划选聘500位常任教授和500位特聘教授。常任教授主要来源于国际著名大学和科研机构的

---

* 李碧波，上海科技大学人力资源处高级主管；高瑄，上海科技大学人力资源处主管。

知名学者和优秀青年学者，特聘教授主要来源于中国科学院各研究院所的优秀科学家及海外大学的著名教授。截至2019年5月底，学校已选聘508位教授，其中特聘教授299位、常任教授到位191位，另有18位常任教授接受录用。教师队伍中包括诺贝尔奖获得者4位、中国科学院院士32位、中国工程院院士3位、美国国家科学院院士9位、美国人文和科学院院士6位、英国皇家学会院士3位、“杰青”99位。常任教授平均年龄38岁。常任教授中有外籍教授35位，占常任教授总人数的18%。超过80%的常任教授具有五年以上的海外学习或工作经历。

## 一　接轨世界大学的招聘流程和晋升机制，确保师资队伍的持续高水平

常任教授是学校全职从事教学、科研工作的专任教师，设正教授、副教授和助理教授岗位，是上科大人才队伍的中坚力量。上科大在常任教授的聘用资格、定岗定酬和经费支持等方面，都不唯论文和人才项目的帽子。学校在选人上坚持以全球视野、国际标准引进人才，打造高水平、国际化、科教融合的师资队伍。

学校、学院在引进常任教授的筛选、面试、评价和背景调查等环节，采用国际同行专家推荐和学校、学院独立评价相结合的模式精准选人，按照学校、学院的“学科布局小而精、有所为有所不为”的学科发展规划、“独立课题组架构、学科重点突出和基础厚实的人才战略”的人才队伍科学建设要求，设置人才评价标准和综合考核机制。

借鉴国际一流大学的经验做法，学校全面实行“非升即走”的常任教授制，以确保教师队伍得到持续高水平发展。常任（Tenured）正教授、副教授任职资格必须具有国内外同行认可的教学、科研和服务评价水平；国际评审不仅限于已经取得的业绩，还要评估其未来的发展潜力。

### （一）教学方面

主要评估常任教授序列的教学情况，且放在第一重要的位置，包括为本

科生和研究生授课，指导本科生和研究生，担任书院本科生导师，指导本科生参加社会实践、产业实践和科研实践（简称“三大实践”）等。常任教授序列原则上应每年能够开设 1 门及以上本科生课程和 1 门及以上研究生课程，优先满足本科生课程，教学工作量和教学效果必须双达标，要求高质量培养学生。此外，每位教授必须带队参加三大实践，认真践行教书育人的责任，传递社会责任感和主人翁意识，用实际行动回答“培养什么人、怎样培养人、为谁培养人”的深刻问题。常任教授资格评审，要求教书育人不合格一票否决。

### （二）科研方面

主要评估常任教授序列的学术水平，包括但不限于文章发表、科研项目及经费申请、专利申请、组织或参加学术会议等情况。常任教授应具备活跃的科研工作表现，有高影响力的研究成果、论文及专著发表，在国际学术界有一定的知名度，具有可持续的校外支持的科研项目，不设置定量指标。学校鼓励学者自由探索，同时也支持学科的交叉融合。学校积极推动科研成果转化为社会生产力，服务社会经济民生。

### （三）服务方面

主要评估常任教授序列承担学校、学院安排的各项服务活动，包括在书院担任本科生导师，担任学校或学院各委员会委员，参与本科生和研究生招生、人员招聘等工作，自愿服务于国内外各类学术活动，担任各类学术期刊审稿人或编辑等。

生命学院黄教授于 2017 年顺利通过学校常任教授任职资格评审，由终身副教授晋升为终身正教授。学院邀请了来自美国芝加哥大学、韩国首尔大学、华东师范大学、美国宾夕法尼亚大学、美国 Jackson 实验室、日本国家基因研究所和美国康奈尔大学的 7 位国际同行专家对黄教授的学术水平进行评审。国际同行专家都给予了支持的意见：黄教授被认为是国际上动物基因编辑特别是大动物基因编辑方面的顶尖科学家。教学和服务方面，黄教授组织开设了组织胚胎学和生理学本科生课程、实验生物学研究生课程，参与开设了研究生的发育生物学课程，各类课程得到了同学们的普遍好评，教学评估良好以上。黄教授积极担任2015级本科生导师，2017年带队前往江西丰城参加暑期社会实践。黄教授大力协助学院内年轻教授的科研工作，积极开展科研合作和技术支持。黄教授担任校内多项学术委员会成员，同时担任多家杂志审稿人和基金委评审。

## 二　落实“科教融合”，推动高水平人才队伍建设

大科学时代，科研、教学和学习深度融合是当代高等教育改革的核心内容，加强大学和一流研究机构的联系是落实科教兴国战略的重要途径。上海市人民政府与中国科学院是上海科技大学的共同举办方。学校充分发挥两个举办者的优势，通过开展教学和学生培养、合作参与大设施建设、建立联合实验室、科研合作等方式加强深度融合，推动高水平人才队伍建设。

2016年4月15日，国务院《上海系统推进全面创新改革试验加快建设具有全球影响力的科技创新中心方案》就明确指出，上海科技大学要在上海张江综合性国家科学中心建设中承担重要任务。目前，学校正与中科院科研院所合作，负责或参与建设软X射线自由电子激光用户装置、活细胞结构和功能成像等线站工程、超强超短激光实验装置、上海光源二期线站工程（纳米自旋与磁学线站、高性能膜蛋白晶体学线站），牵头硬X射线自由电子激光装置的规划和建设，承担“多空间多时间尺度生物成像平台”“机器学习与虚拟现实平台”等科创中心建设重点建设工作，这批国家级科研设施将为高水平人才队伍建设提供支撑。

学校现有中科院特聘教授255人，在人才招聘和培养、科研合作和交流等方面发挥不可取代的巨大作用。学校积极参与中科院牵头的国家级科研项目，与中科院相关院所建立联合实验室开展科研合作。

## 三　不断优化人才引进“小环境”，提高对人才服务的精准度，让人才感受到上科大的温度

学校为引进人才提供实验室和启动经费保障年轻教师顺利开展科研，提供教授公寓解决其后顾之忧，同时也非常重视年轻教师的培养，给予充足的进修和交流机会。与加州大学伯克利分校的工程学院合作开展 BeSTEC 助理教授培训项目，已有十余名助理教授在伯克利分校参与教学与研究，引进 21 门知名专业课程；从 2017 年开始，与英国牛津大学，美国耶鲁大学、宾夕法尼亚大学、麻省理工学院等世界知名大学开展师资培训合作。

学校着力建设国际化人才服务“小环境”。现有全职外籍员工 68 人，来自 21 个国家，其中非华裔外籍 50 人。设立专人负责并协调外籍员工事务，建立帮助外籍员工从入校、顺利开展教学和科研工作到逐步融入学校全流程的管理与服务体系。建立与完善外籍人员内部和外部的沟通平台，定期开展外籍员工交流活动以及针对外籍职工的制度宣讲，通过沙龙、聚餐等活动，积极拉近外籍职工与学校的距离；解决非华裔外籍员工配偶、子女以及高龄外籍员工在国内医疗保险问题；为外籍员工及家属开设中文课程，便于他们更好地了解中国文化、融入国内的生活。两位外籍教授因在科学研究和培养我国年轻科学家方面的突出贡献，荣获上海市“白玉兰纪念奖”。根据上海市人才新政，已有 4 名外籍教授获得了中国的永久居留资格，为教学和科研工作的开展提供了极大的便利。

# B.23
# 安徽师范大学考核评价机制改革的实践

芮先红　朱为民*

摘　要：　《中共中央关于制定国民经济和社会发展第十四个五年规划和二〇三五年远景目标的建议》强调："健全以创新能力、质量、实效、贡献为导向的科技人才评价体系。"中共中央、国务院印发的《深化新时代教育评价改革总体方案》明确要扭转不科学的教育评价导向，坚决克服唯分数、唯升学、唯文凭、唯论文、唯帽子的顽瘴痼疾。安徽师范大学作为安徽省地方高水平大学，始终坚持质量导向，在教师分类评价体制改革中做了一些积极有益的探索，千方百计鼓励人才干事业、支持人才干成事业、帮助人才干好事业，大力推进学校内涵式发展，不断提升服务地方经济社会发展能力和水平。

关键词：　质量　分类　评价　科学化

近年来，安徽师范大学在省委、省政府和省委教育工委、省教育厅的正确领导和关心支持下，按照教育部和省教育厅有关文件精神和要求，以深化高等教育领域综合改革为契机，积极推进教师考核评价机制改革，不断完善教师考核评价体系，进一步激发了教师立德树人、科学研究、社会服务、文化传承与创新、国际交流合作的活力。

---

* 芮先红，安徽师范大学数学与统计学院党委副书记；朱为民，安徽师范大学党委组织部常务副部长。

## 一　思路与目标

学校全面贯彻党的教育方针，认真履行高等学校五大职能，以立德树人为根本任务，以培育“四有”好老师为目标，以破解教师考核评价中存在的突出问题为突破口，坚持“遵循规律、服务大局、分类施策”的思路，积极推进教师考核评价机制改革，科学设计考核评价体系，构建了师德评价、教学评价、科研评价、社会服务等考核模块，努力打造一支“数量充足、结构合理、素质优良、充满活力”的高水平教师队伍，为中西部高等教育振兴和美好安徽建设做出应有的贡献。

## 二　改革举措

学校围绕改革思路与目标，强化改革举措务实有效、落地生根，真正将改革向有利于教师成长、成才、成功的方向推进。

### （一）围绕改革方向，抓制度机制建设

考核评价政策是调动教师工作积极性、主动性的“指挥棒”，对于新时期高校发展具有全局性和基础性影响。学校围绕这一方向和定位，着力加强机制和制度建设，努力营造全员参与考核的良好氛围。

1. 建立三级管理机制

学校把教师考核评价工作摆在学校改革发展的重要位置，坚持“党管人才”原则，建立健全了党委统一领导、学院党政联席会议负责、学院教授委员会具体落实的三级考核评价工作机制，形成全校上下教师考核评价的合力。学校成立由主要领导任组长，分管校领导任副组长，人事处、教务处、科研处、研究生院等部门负责人为成员的教师考核评价工作领导组，负责全校教师考核的领导和统筹工作。学院成立由教授委员会成员组成的教师评价考核专家组，负责具体考核工作。考核结果报学院党政联席会议审核后报学校审定。

2. 完善考核评价制度建设

学校坚持问题导向推进改革，深入分析存在问题的深层次原因，有针对性地研究治本之策，在教师分类管理、考核指标体系建立、评价机制创新、强化聘期考核等方面，建立了一套系统全面、相互衔接、务实管用的规章制度。先后出台了《安徽师范大学构建师德建设长效机制实施办法》《教学管理工作规程》《校院两级人事管理体制改革实施细则》《教学科研突出业绩奖励暂行办法》等30余项制度，进一步调动了教师教书育人的积极性和创造性。

3. 营造全员参与良好氛围

“没有考核就没有管理，没有考核就没有绩效。”学校自2010年开始，制定出台了教学科研等各类人员岗位职责和考核办法。在两轮聘期期满考核过程中，深入学院与教师进行座谈交流，大力宣传政策，通过“几上几下”和“上下结合”的方式，不断完善考核指标体系。2016年新修订的考核指标体系既结合学校发展实际，又消除了教师对考核的抵触心理，逐步形成了全员参与的良好氛围。

### （二）坚持问题导向，抓师德师风考核

学校紧紧抓住师德师风这一核心要素，坚持问题导向，着力破解教师选聘把关不严、师德考核操作性不强等问题，构建了师德建设长效机制。

1. 注重完善工作机制

牢固树立“师德无小事，小处见师德”的观念，积极顺应新时期师德建设的规律特点，确保师德建设得实效，出台了《构建师德建设长效机制实施办法》《预防与处理学术不端行为办法》。

2. 强化师德专题教育

结合教师培训开展师德教育，将师德师风列为全校各类培训研修的必修专题。开展校史校情和师德专题讲座，举行了师德传承结对活动，举行新教师入职宣誓活动和老教师荣休等活动。在全校集中开展各类师德师风自查和专项整治活动，如2017年在师德师风专项治理活动中，开展了“弘扬科学

道德、遵守科研纪律”专题教育；2018 年开展了师德师风建设“六个一”活动，2019 年开展了以“严师德、正教风、作表率”为主题的师德师风专项教育学习活动，确保师德师风建设常抓常新。

3. 注重加强考核监督

学校制定了《安徽师范大学教师行为规范》，规范教师行为。学校和学院通过领导和教师听课、教师互评、学生评议等方式，及时了解每位教师遵守师德规范和教书育人的情况。建立和完善师德建设督导评估制度，加大督导检查力度，着力解决学术不端等师德建设中的突出问题。健全学校师德建设监督机构，设立了师德专题网页和师德投诉举报箱，公布投诉举报电话，接受社会舆论监督。

4. 注重强化结果运用

学校以各类评师评教活动为契机，大力推进师德激励制度化，完善教师表彰奖励制度，将师德表现作为评奖评优的首要和必备条件。在教师职务（职称）晋升和岗位聘用，研究生导师遴选，骨干教师、学科带头人和学科领军人物选培，各类高层次人才评选中，对同等条件下师德表现突出者予以优先考虑。健全教师违反师德行为的惩处机制，在考核评价、职务（职称）晋升、岗位聘用、骨干选培等考核评选工作中，实行“师德一票否决制”。

### （三）尊重学生意向，抓教学评价考核

坚持“学生想要什么样的课堂教学，我们就努力给什么样的课堂教学”。学校将学生满意度作为评价课堂教学质量的重要标准。

1. 从严设置教学岗位标准

对新进教师严格考核，对照岗位标准和要求，培训考核合格后才能走上讲台，并实行青年教师助教制和导师制。在教师岗位任职条件和聘期职责条款中明确所有教师都必须承担本科教育教学工作，把教授为本科生上课作为基本制度，明确教授、副教授等各级各类教师承担本科生课程、研究生公共基础课程的最低教学课时要求，从严开展教学考核。制定《安徽师范大学教学科研系列各级岗位任职条件（暂行）》，把“给本科生上课”作为教授、

副教授任职的必要条件，把“给本科生上课的制度”执行情况作为对学院考核评价的重要指标，定期巡查相关制度的落实情况。

2. 从严考核课堂教学质量

严格执行听课制度，落实校领导、学院和部门负责人、教师“三级”听课制度。实施校、院两级教学督导制度，全面加强对教师课堂教学活动、教学实践环节等的督导。通过毕业生评教考核、督导团随堂听课考核和职称评审教学集中考核等多维度考核，对教师的教学规范、教学运行、课堂教学效果、教学改革与研究进行评价，将考核结果运用于教师的转正、续聘和职称晋升。通过严格的考核，本科生课堂质量不断提高。“省域联动核心聚力创构教师教育协同育人共生体的探索与实践”获 2018 年国家级教学成果奖二等奖、“省域内全面推进高中化学优质教学的研究与实践”获国家级教学成果奖二等奖。近三年来，学校还获得省级教学成果特等奖 6 项、一等奖 18 项。

3. 从严实施奖惩机制

学校精心谋划组织“教育思想观念大讨论”活动，凝练办学理念，更新教育观念，明确办学定位，总结办学经验，固化办学成果，激发改革发展的动力与活力。以育人为导向，坚持典型引路，定期举办青年教师基本功大赛、示范观摩课和公开课教学，加大优秀教师表彰奖励力度，每 1～2 年开展“教坛新秀”“教学名师”“卓越教学贡献奖”“最受欢迎的教师”“课堂教学优秀奖”“终身成就奖”等系列评选表彰活动，严格评选标准和评奖条件，不断激励教师努力提高教学技能，潜心教书育人。

### （四）树立质量导向，抓科研评价考核

学校坚持服务国家需求和注重实际贡献的科研评价导向，着力扭转将科研项目与经费数量过分指标化、目标化的倾向，坚持业绩导向，合理评价科研业绩成果。

1. 坚持业绩成果导向

制定科研工作量考核和教师聘期科研考核制度，设置各职级教师科研成

果的主要积分项及比例要求，将辅助系列专业技术管理人员纳入科研工作量考核范围。定期开展科研成果业绩登记、科研工作量聘期考核工作。坚持业绩质量，探索建立以“代表性成果”和实际贡献为主要内容的考核方式。改变重数量轻质量的科研工作量的考核倾向，将具有标志性和高显示度的学术成果作为考核的重要依据。

2. 完善科研评价机制

完善校、院两级管理体制下的教师科研管理模式，扩大学院、教师科研自主权；推进科研考核评价制度改革，坚持分类分级、开放多元及长效评价的科研考核评价机制，考核评价更加注重研究质量、原创价值和实际贡献；完善科研团队、教师科研绩效考核制度，建立以科研成果创造性、适用性以及贡献度为导向的绩效激励机制。

3. 健全科研绩效激励

注重鼓励青年科研人员发展，设立青年科研培育基金和科研新秀奖，用以扶持和表彰优秀青年科研人员。完善科研绩效管理制度，提高高水平科研团队、高级别科研项目、高质量科研成果的奖励标准。

### （五）强化需求取向，抓社会服务考核

学校通过制度设计，将教师社会实践、科研成果转化对社会发展的贡献作为重要考核内容。

1. 完善社会实践考核办法

学校出台了《中青年教师社会实践暂行办法》，明确教师社会实践的申报、考核、待遇等相关问题，鼓励中青年教师加强社会实践，提升业务能力。统一制作发放工作日志，要求教师详细记录社会实践的过程，并通过教师自我鉴定、实践单位考核、派出单位考核和学校集中汇报考核等方式，考核教师在社会实践期间的综合表现。学校修订了职称评审办法，将社会实践作为中青年教师，特别是工科和应用型专业、学科教学论及相关教育学教师申报高级职称的必要条件。

2. 打造社会实践品牌特色

近年来，学校着力打造社会实践“第二课堂”升级版，将社会实践融入人才培养课程化体系，将教师参与社会实践作为社会服务的重要组成部分，出台了《社会实践条例》。按照“学生全面参与，教师全程指导”的“五百”要求，即每年组建百支校级以上重点团队、建立百个实践基地、选配百名专家任“实践导师”、投入百万以上社会实践经费、保障二年级学生百分百参与团队实践，积极开展大学生暑期社会实践。学校荣获“全国创新创业典型经验高校”称号（2019 年全省唯一入选高校），连续 27 次获评社会实践全国先进单位。

在优客工场、全球 INS 大会研究院联合对外发布的“2019 年中国大陆最具创新力大学排行榜”中学校位列第 100 位。三年来，学生获得各级奖励 2600 余人次，其中，本科生获国家级 A 类赛事一等奖（金奖）共计 67 项，年均 22.3 项。

3. 加大科研成果转化力度

学校将科研成果转化情况作为职称评聘、岗位聘用的重要依据，在职称评审和岗位聘期考核中，专设应用为主型教师评审条件和考核标准，重点考察其在成果转化、技术推广、经营管理和技术咨询等方面的经济社会效益。学校现有部省级以上智库机构 5 个，参与皖江流域退化生态系统的恢复与重建省部共建协同创新中心（2019 年教育部省部共建协同创新中心）等地方咨询服务机构 4 个。三年来，学校被采纳或领导批示的咨询报告 42 篇，其中，省级政府采纳或领导批示的咨询报告 32 篇，年均 10.67 篇。

## 三　特色与成效

经过积极探索和有效尝试，学校在教师考核评价改革中形成了自己的特色与亮点，在省内高校改革工作中起到了示范引领作用。

### （一）强化聘约管理，建立“能上能下”的聘用机制

学校实施全员聘用机制，与教职工签订聘用合同，明确岗位职责，并进行严格考核。2013 年以来组织开展了七次聘期考核工作，共考核 5108 人次，考核不合格 273 人次，对考核不合格人员，给予降低专业技术岗位等级等处理。通过聘期考核，逐步探索建立能上能下的聘用机制。教师的履职意识有所增强，考核的不合格比例显著降低（同批次人员的不合格比例由首轮的 11.94% 降至第三轮的 4.31%）。

### （二）尊重学科差异，实行“一院一策”的考评模式

2016 年，学校修订了《教学科研系列各级岗位聘期职责基本条件》《教学科研系列各级岗位履职考核办法》等文件，明确教学科研系列各级岗位聘期职责的基本条件，考核分层、分类进行了明确要求，各岗位类型中均分教学研究型、教学型、研究型和应用型以及思想政治工作等类型。各学院根据学校的总体要求，结合学院实际，自主制定不低于学校标准的各职级岗位具体的职责标准。各学院教师在各职级岗位比例范围内自主申报岗位，经学院同意后再报学校签订聘约。“一院一策”模式的实行，使教师对岗位职责的接受度大幅上升。

### （三）开展职称评审，实施“分级分类分层”的精准评价

实行“分级分类分层”晋升职称制度，实行院校分级评审，中级职称由学院进行评审，高级职称由学院评审遴选后学校组织评审。修订《教师专业技术职务聘任条件（试行）》《教学科研系列各级岗位聘期职责基本条件》等系列文件，开展分类评价。出台《图书资料等辅助系列职称评审推荐办法》《教师系列职称聘任办法补充规定》《辅导员系列职称晋升评审办法》，进一步完善职称分类评价体系。

### （四）突出学院主体，推进“稳扎稳进”的管理改革

学校积极推进校、院两级管理体制改革，构建校、院两级分层分权的考

核评价管理模式和工作机制，强化职能部门在考核评价过程中的指导、服务、保障、监督等职能，突出学院在教师考核评价中的主体地位。各类教师考核、中级及以下职称的评审、高级职称评审推荐等工作均由学院负责具体实施，学校负责对业务进行指导、监督，对考核评价中的特殊情况进行处理，并对教职工有异议的考核评价结果进行仲裁。

### （五）实施精准培养，实现“又好又快”的专业发展

修订《教职工进修办法暂行规定》，对现有专业进行分类，加大教职工培养培训精准力度，出台《2015～2020年办学骨干国（境）外研修工作规划》，启动办学骨干国（境）外研修系统性工程，逐步建立总分结合、注重能力、形式多样，与学校事业发展相适应，与人才成长规律相符合，与国（境）外高等教育形势变化相衔接，充满活力和富有成效的办学骨干国（境）外研修体系。2016年以来，教师进修培养416人次，其中攻读博士学位106人、攻读硕士学位5人、博士后研究14人、单科进修5人、国家留学基金委公派出国27人、国境外访学或合作研究229人、国内访学30人。

### （六）坚持办学方向，打造“又红又专”的思政课教师队伍

学校坚持社会主义办学方向，加强思政课教师队伍建设，通过将思政课教师职称评审条件单列、指标单列，不断疏通教师发展通道，优化和提升师资队伍结构与水平。马克思主义学院（马克思主义理论学科主建单位）被中宣部评为全国重点马院（全国共37个，全省唯一）。通过思政课师资队伍的优化，积极推动思政理论课教学改革，并制定了《课程思政实施方案》，建设课程思政“金课”。形成了“房玫教学法”“丙辉漫谈”等思想政治教育品牌。学校获批全省高校首批网络思政试点单位，入选国防教育特色学校，两次获评全国心理健康教育工作优秀机构。路丙辉教授获评中宣部2019年度“基层理论宣讲先进个人”“全国最美思政课教师”等称号，高正礼等5位教师入选“全省高校优秀思想政治理论示范课巡讲团”。

# 专题研究篇

Special Research Reports

## B.24

# 科技智库类事业单位人才队伍建设研究

——以天津市为例

李小芬　许优美　于　鑫　金　鹿　张慧南*

摘　要：　本文基于对天津科技智库类事业单位人才队伍的现状分析，对标国际、国内同类智库人才队伍建设的趋势和特点，结合事业单位性质，从引进、培育、使用、留住人才等环节对天津市科技智库类事业单位加强人才队伍建设提出针对性、可操作性举措。

关键词：　天津　科技智库　人才队伍

---

* 李小芬，天津市科学技术发展战略研究院科技战略与规划研究部部长，高级工程师；许优美，天津市科学技术发展战略研究院高级工程师；于鑫，天津市科学技术发展战略研究院工程师；金鹿，天津市科学技术发展战略研究院办公室主任，高级工程师；张慧南，天津市科学技术发展战略研究院助理工程师。

人才是发展的根基，是发展的核心要素。科技智库是以科技战略政策研究和科技支撑服务公共政策制定为主要职能的专业政策研究和咨询机构。建设国内一流科技智库，需要有高水平的人才队伍，尤其是高水平的专业人才队伍来支撑。但调研显示，天津市科技智库类事业单位人才队伍存在规模小、发展渠道不通畅、领军人才缺乏等问题，天津市亟待建设一支高层次、专业化的科技智库人才队伍，为天津科技事业发展提供有力的智力支持。

## 一　天津市科技智库类事业单位人才队伍现状

天津市科技智库类事业单位人才队伍呈现年轻化、学历高、专业性强的特点，培养了一批业务骨干及后备人才。

一是人才队伍较为年轻。从天津市科技智库类事业单位人才队伍年龄来看，人才平均年龄 37 岁，其中 35 岁以下员工占比 53%，25～45 岁的中青年人才占比 80.0%。科学计量学统计发现，25～45 岁是科技人才实现创造性突破的最佳年龄段，创造峰值年龄为 37 岁。

二是人才队伍学历较高。从天津市科技智库类事业单位人才受教育情况来看，本科及以上学历占比 93.9%，硕士研究生及以上学历占比 71.3%，其中博士 8 人，全日制硕士及以上学历人才占比 58.3%，61.7% 的人才为 211、985 重点院校毕业。

三是人才专业背景较为多样。从天津市科技智库类事业单位人才全日制专业分类来看，45% 的人才全日制学历背景为工学，33% 的人才学历背景为管理学，10.1% 和 8.3% 的人才为理学、经济学，此外还有文学、农学、军事学等，专业背景较为多样。

四是拥有一批智库骨干力量。从天津市科技智库类事业单位人才职称来看，专业技术岗位人员比例为 97.4%，30% 的人才拥有高级职称，中级职称人数最多，占比 43.6%。拥有国家知识产权领军人才 1 人，天津市有突出贡献专家 1 人，天津“131 创新型人才培养工程”第一层次入选人才 1 人，第二层次入选人才 10 人，国家“百千万知识产权人才工程”百名高层次人才培养人选1人，拥有注册评估师、咨询师、专利代理人等职业资格人员30余人。

五是人才成果较为丰硕。承担了天津市历次“五年”科技发展规划以及中长期科技发展规划的编制工作，是国内首批开展科技体制改革研究的智库机构。2005年至今，累计为天津市领导提供《科技战略研究报告》等决策咨询报告300期以上。牵头起草了《天津国家自主创新示范区“一区二十一园”产业发展规划（2015～2020）》《关于促进科技成果转移转化的行动方案》等重要规划、文件以及系列研究报告。

## 二　国内外同类智库人才队伍建设情况

智库研究工作的复杂性、广泛性，要求研究人员具有充沛的精力和良好的素质，从国内同类科技智库事业单位人才队伍情况来看，总体呈现“高学历、专业化、国际化”特征。

### （一）国外智库人才队伍建设情况——兰德公司

兰德公司是美国最大的综合性战略智库之一，也是世界上最有影响力的智库之一，兰德公司的高层次人才是使其享誉全球的重要因素。

1. 人才构成和知识结构

兰德员工总人数1875人，全职的研究人员738名，占39.36%。在知识结构上，公司研究人员的专业背景多种多样，从工程学到行为科学、医学、经济学、政治学等，涵盖的领域非常广。在学历背景上，目前兰德738名专业研究人员中，61%拥有博士学历，28%拥有硕士学历，10%拥有本科学历，其他学历人员占1%。研究人员的平均年龄是35岁，在公司工作的平均年限是8年。

2. 人才引进机制

兰德公司招聘人才主要来源于以下三个渠道：一是引进卸任的专家型政府官员，这些研究人员从政经验丰富，有的会长期留任，有的则在一段时间后重返政府任职；二是遴选优秀的年轻博士，兰德每年挑选一些在读博士生前往兰德撰写博士论文，由于经过兰德直接的考察，时常成为兰德吸收“新鲜血液”的重要资源；三是从其他智库聘用优秀的研究人员。其中有相当一部分是重返兰德的，也有人已经几进几出，这是兰德对外交流和吸收外界营养的一个重要办法。

3. 人才培养机制

一是成立兰德研究生院，专门培养政策分析、研究方面的人才，90% 的学生来自国外，多数已经拥有理科或者医学的博士学位，以及各学科领域的硕士学位。兰德研究生院采用边干边学、理论与实践结合的教学方法。二是在研究人员完成本职工作的前提下，派遣人员到行政、产业等部门去锻炼，给他们以外出兼职、任教和做访问学者的便利。三是派员前往国内外其他智库“留学”。四是给予研究人员进修的制度安排。工作人员在完成本职任务的前提下，可以机动地安排和支配时间进行进修。兰德还要求研究人员每天用一定的时间学习本学科的最新进展，提倡每人学习专业以外的新兴学科知识。

4. 人才使用与评价机制

兰德用人机制的特点主要表现在三个方面，即以才取人、以财留人、以项目评人。一是以才取人，坚持“多样性”原则。目前，兰德近 1875 名员工分别来自 53 多个国家或地区，充分显示兰德用人的多样化原则。二是以财留人，提供便捷的生活服务。为了保持和不断强化研究队伍，兰德对研究人员给予较高的工资福利以及便利的生活服务。兰德高级研究员的收入大体上比美国知名学府的同级教授要高出 30% 。三是以项目评人，实行年度考核制度。在招聘研究人员时，兰德就会对招聘岗位写出详尽的职责要求，并据此对应聘人员进行考核。

## （二）国内同类科技智库事业单位人才队伍建设情况

国内科技智库事业单位在人才队伍建设方面具有以下三个特点：一是高度重视博士人才的引进与培养，且均已建立博士后科研工作站；二是高度重视国际化人才培养，通过举办和参加国际学术会议、支持在职人员出国留学、培养聚焦热点研究领域的国际型专业人才等方式，促进高水平人才团队成长；三是职称评定机制较为灵活，高级专业技术人员占比较高。

### （三）中国科学技术发展战略研究院人才队伍情况

全院共有在编职工124人，其中在编专业技术人员74人，占60%；研究生及以上学历人员78人，占63%（博士61人，占49%；硕士17人，占14%）；具有高级专业技术职称人员59人，占比48%（正高级25人，占20%；副高级35人，占28%）；2008年正式建立博士后科研工作站，与南开大学联合培养博士后，现拥有在站博士后16人；全院入选“新世纪百千万人才工程国家级人选”1人，获得国务院政府特殊津贴7人，并大力支持优秀研究人员出国境留学。总体而言，人才队伍呈现学历高、年轻化、专业化的特征。

### （四）上海市科学学研究所人才队伍情况

全所共有在职员工56人，其中在编专业技术人员48人，占比86%；学科背景涵盖人文、社科和理工医等多个领域；研究生及以上学历人员45人，占80%（其中博士25人，占45%；硕士20人，占36%）；具有高级专业技术职称人员21人，占38%；目前已建立博士后科研工作站和上海市领军人物工作室。上海科学学研究所着力加强与国际同类科技智库的交流学习，并在举办国际学术会议方面走在全国前列。另外，着眼于全面提升人才培养集聚水平，充分发挥博士后工作站的“人才蓄水池”作用，以重大决策咨询任务为牵引、以高强度投入为支撑、以优质配套服务为保障，大力培养跨学科、复合型的青年专家，为上海建设具有全球影响力的科技创新中心和科学学发展培养输送了大批优秀的科技创新战略与政策研究人才。

### （五）北京科学学研究中心人才队伍情况

全中心共有在编职工62人，其中在编专业技术人员58人，占94%；

研究生以上学历人员41人，占66%（博士14人，占23%；硕士27人，占44%）；具有高级专业技术职称人员16人，占比25.8%（正高级6人，占9.7%；副高级10人，占16.1%）；2007年正式建立博士后科研工作站，与清华大学、北京大学、中国人民大学、中国科学院科技政策与管理科学研究所、中国社会科学院联合培养博士后。北京科学学研究中心长期聘请资深管理专家和软科学专家作为研究顾问；授权科研骨干牵头创新工程与能力建设市财政项目；与境外研究机构合作，派出访问学者进行出国短期进修；注重国际人才培养，拥有20余名国际型研究人员，分别在创新体系、技术路线图、标杆管理、文化科技等领域具备研究优势；针对政府部门研究需求开展决策支撑与咨询服务，促进高水平人才团队成长。

## 三　天津市科技智库类事业单位人才队伍建设中存在的问题

天津市科技智库类事业单位现有人才队伍与改革发展的需求之间还存在差距，尚不能满足支撑建设国内一流科技智库的需求。通过数据统计分析、人才座谈调研发现，当前存在的突出问题如下。

### （一）人才结构不尽合理，高级职称比例低

从学历看，缺乏具有深厚理论功底的博士人才。与硕士相比，博士人才在专业的研究领域具有更加扎实深厚的学术理论基础，专业方向更加明确，一般具有更宽的学术视野和更高的研究能力，更容易产出高水平的研究成果。7%的博士占比与中国科技发展战略研究院49%、上海科学学研究所45%、北京科学学研究中心23%等同类智库博士学历人才占比有很大差距。从职称看，高级职称比例低，科研骨干力量不足。从高级职称比例看，30%的比例与中国科技发展战略研究院48%、上海科学学研究所38%的高级职称比例相比存在明显差距。

### （二）高水平复合型人才缺乏，行业影响力不够

缺少领军人才和学术带头人，拥有国家级、市级高层次人才称号的人才数量明显不足，在科技战略、科技政策、知识产权等重点研究领域有话语权、有影响力、认可度高的知名专家或领军人才很少，缺少能够独立领衔一个团队、深耕某个研究领域并不断取得成果的学术带头人。缺少高水平复合型人才，缺少掌握现代研究手段和研究方法，既是“专家”又是“杂家”的高水平复合型研究人员。

### （三）人才引进缺少规划，聚焦核心业务发展不足

人才引进不精准，人才招聘专业要求宽泛，缺少与核心业务发展契合度的考虑，不利于形成结构化、专业化的研究团队，对所内核心研究领域和研究方向的发展支撑不足。人才引进渠道少，招聘方式单一，以全市事业单位招考为主要渠道，不利于引进专业背景适合的、具有相关研究经验的人才。高层次人才引进不足，目前缺乏引进高层次人才的规划、设计和举措，社会化招聘、自主招聘、专家引荐等引才渠道尚未打通。

### （四）人才培养缺乏系统性，人才激励机制不够

人才培养不够系统，尚未建立分级分类的人才培训体系。缺少对新入职员工的培训，缺少符合人才成长规律的系统化培训。人才培养不够开放，参与国内外交流培训较少，特别是国际交流非常少。有些研究人员反映职称上不去、职位又有限，发展通道不畅。尚未打通给予高端人才相应薪酬水平的年薪制、协议工资制、项目工资制等激励机制。

## 四　天津市科技智库类事业单位加强人才队伍建设的对策建议

习近平总书记指出，“人才是事业发展最宝贵的财富，人才资源是党执

政兴国的根本性资源”。党的十九大提出了全面建设社会主义现代化强国的目标，赋予了中国智库建设新的历史使命。加强智库类事业单位人才队伍建设，提升新型智库核心竞争力既是新的时代使命，又是事业发展根基。

### （一）加强人才引进顶层设计，实现精准引才

制定人才引进规划，聚焦凝练核心业务和重点研究方向，突出人事相宜的用人导向，围绕业务设岗位，围绕岗位引人才，实现精准引才并引以致用。加强高层次人才引进，拓宽人才引进渠道，充分利用事业单位引进博士流程简化的优势，大力引进一批急需专业博士，增加高端人才储备。围绕核心业务在关键研究领域引进领军人才和学术带头人（团队），逐步构建首席专家、科研骨干、科研人员三级人才体系。探索建立博士后科研工作站，及时发现和留住优秀人才，储备科研后备力量。

### （二）完善人才培养制度体系，实现科学育才

建立人才分类培养体系，按照人才入职时间、岗位需求、发展阶段、成长规律等，科学分析人才培养培训的需求，合理设计一套科学性强、针对性强、操作性强的人才培养培训体系。加强对新员工的培养培训，建立新入职员工培训体系。加大对青年人才的培养力度，支持和鼓励青年人才在职攻读博士学位，建立青年人才常态化交流学习机制。鼓励青年人才参加课题研究、学术研讨、国际交流等活动，不断拓宽人才培养和成长的通道。大力培养研究人员的决策咨政能力，通过智库讲堂、学术沙龙等方式，提高研究人员的政策解读能力。通过交流学习、项目带培、学术研讨、技能培训等多种形式开展能力建设，大力提升研究人员开展智库研究的专业化水平。

### （三）完善人才激励考评制度，实现诚意用才

加大对青年骨干人才的激励，优先选派青年骨干人员到国家级智库机构开展访问学习。优先支持青年骨干人才申请荣誉和称号，对获得人才称号的

人才在职称晋升等方面给予倾斜。大胆选拔、任用优秀的青年人才到重要的岗位上锻炼。完善人才考核评价制度，加强人才团队建设，将对人才的考核转变为对人才团队的考核，对考核优秀的人才团队在待遇上给予倾斜。在专业技术职务上实行“按需设岗、按岗聘任”，逐步建立起竞争上岗、严格聘后考核、实行动态聘任的专业技术职务管理制度。

### （四）拓宽人才发展通道，实现事业留才

鼓励和支持研究人员根据研究方向和岗位需求参加全市社科专业、知识产权专业、编审专业等职称的评审或考试，探索“先持证、后聘任”。拓宽人才成长的路径，把握人才成长的规律、特点和需求，给予人才在职业发展上更多路径的选择。建立人才发展的“双通道”晋升途径，探索“首席专家制”或“学术带头人”制度，给予首席专家或学术带头人更多自主权。

## 参考文献

万劲波：《智库的基本属性与范畴界定》，《中国科学报》2015 年 12 月 11 日。
张志新：《美国兰德公司的人才战略》，《国际资料信息》2010 年第 10 期。

# B.25

# 事业单位岗位设置管理工作的问题分析与对策建议

刘德荣*

摘　要：　岗位设置管理工作自实施以来，取得了很大成效，但也存在较多不足。安徽省对照新形势、新要求，进行系统总结，认真客观分析原因，提出解决问题的办法，介绍经验做法，结合工作实际，提出思考建议。

关键词：　岗位设置　管理工作　事业单位

人事部2006年7月下发了《事业单位岗位设置管理办法》，安徽省2008年9月下发了《安徽省事业单位岗位设置管理实施意见》，十几年过去了，站在新的历史起点，对照新的任务要求，有必要系统总结、审视事业单位岗位设置管理工作开展情况。

岗位设置管理工作自实施以来，取得了很大的成效，但也存在很多问题和不足。2021年6月安徽省针对如何落实县以下职员等级晋升工作，书面对全省岗位设置工作进行了系统的调研，实地调研了八个市十几个县，还有很多工作亟待改进和完善。本文从自己多年工作实践中得到的体会和感悟出发，谈谈岗位设置管理工作当前存在的主要问题、经验做法及改进、完善的想法。

* 刘德荣，安徽省人力资源和社会保障厅事业单位人事管理处一级调研员。

# 一　事业单位岗位设置管理工作存在的主要问题及产生的原因

## （一）对岗位设置管理工作的原则和理念理解不深、把握不准

一是“按需设岗，按岗聘用”的原则在实际工作中没有得到很好的贯彻运用。在指导、检查和调研岗位设置管理工作时发现，长期以来岗位设置管理工作最常见、最难做的就是不知如何运用“按需设岗、按岗聘用”的原则，特别是依此原则编制岗位设置方案存在问题较多，进而影响到按岗聘用人员。有“理解容易，做起来难”的工作特点，从领导到办事人员都跳不出“因人设岗”的思维状态。在现有人员与岗位（专业）对应关系出现矛盾时缺少解决问题的方法，在坚持原则与照顾个人利益之间选择时，往往倾向于照顾个人利益。担心按“因需设岗”要求设置的方案与现有人员产生因专业、职称不符，无法实现“人岗相宜”的一一对应聘用，影响到现有人员的晋升和待遇，滋生不稳定。因此，就出现了把现有人员不按岗位设置要求，随意聘用到岗，再慢慢调整的想法。有了这种想法就会在编制岗位设置方案时脱离政策规定的原则要求，因人而设岗。而编制岗位设置方案是岗位设置管理工作最前端、最基础的工作，这项工作如与设岗的原则精神有偏离，设置出的方案从岗位分类，到具体的岗位，就会与单位的职能任务不相符，按这样的方案落实岗位聘用，自然就会影响人事管理工作的效能，从而影响到单位职能任务高质量地完成。

二是用岗位设置方案规划、引领用人的意识不强，近、远期规划在用人方面有效衔接做得不到位。由于受“因人设岗”、单位编制人员数与实有人数差异、计划经济时代用人思维、对单位发展前景缺少应有预测等不利因素影响，多数单位在编制方案时往往着眼当前情况的多，考虑长远的少。由此编制出的方案在使用时就会出现按方案配置人员与给定的职能、工作任务契合度不高，与单位长远事业发展不符，人岗不匹配等现象。随着经济社会的

发展、服务人民群众要求的提高、新科技成果的运用，很多单位会产生新任务，赋予新职能，原岗位设置方案因与新的职能任务不匹配，就会用着不顺手、不称心，如不及时调整，就会出现埋怨这项制度建立得不科学、不应该，甚至从思想上动摇执行这项制度的信心。但频繁调整方案不光是实际工作不允许，也说明当初制定的方案不科学、不认真。按文件规定只有在以下情况可以变更岗位设置方案：事业单位出现分立、合并及机构编制增减，须对本单位岗位进行重新设置的；按照业务发展和实际情况，为了完成工作任务确需变更岗位设置的。

三是专业技术岗位是“职务”和履行“职务”的理念没有深入人心。很多时候、很多人都把专业技术“岗位（职务）”理解成“职称”，理解成待遇，而没有把“聘任”到岗当成是履行职务行为。把扩大高等级岗位数当成提高人员待遇的主要途径，也就形成了各地不断出台各项措施突破政策规定的结构比例。如有的地方明文规定增加各级事业单位的高、中等级岗位结构比例；有的不按编制数，以人员总量为基数进行设岗；有的出台特设岗位办法，明确按一定比例多设高等级岗位；有的运用统筹的办法系统地增加高等级岗位数；有的盲目增加“政工师”岗位数；有的对基层高、中等级岗位实行“定向评价、定向使用”，以此来增加高等级岗位数量。凡此种种，都在想办法突破现有制度规定的结构比例，有分头突进、各个击破之势。最终形成了高、中等级岗位数和实际聘用人员数不断增加的局面，并且存在相互攀比的现象，造成坚守制度规定的得不到表扬，突破比例的也没有被批评，使国家依法设立的制度失去了刚性约束。而制度设计是把聘任到岗行为，作为一种履行职务的任职行为，是党管干部、党管人才的重要体现，在聘任到岗前，要履行“竞聘上岗、民主测评、组织考察、公示”等提拔任用程序，并经集体研究，下达任职决定。在聘任到岗时，要明确职务及履行职务的责任和义务，并将岗位职责说明书确定为聘用合同的重要内容。

四是“人员由身份管理变为岗位管理”的原则没能得到彻底的贯彻落实。计划经济时期用人的观念还一定程度上存在，社会主义市场经济条件下管人用人的好方法还没有得到充分的体现。岗位设置管理制度开始施行时就要求“人员管理由身份管理向岗位管理转变”，目的是转换用人机制，实现人员能上能下的目标。但在三类岗位人员的转岗政策上，现有文件只作了简要的规定，对转岗的程序、岗位之间的对应关系、任职年限计算等方面，国家和省目前还没有出台明确、具体的规定，用人单位也就把握不好在现有符合转岗条件的人员中，如何实现转岗任职。对具备转岗履职能力的人员，还存在不少障碍，如工勤技能岗位人员转专业技术岗位或管理岗位，有些组织部门人员认为管理岗位和专业技术岗位是“干部”，工勤技能岗位人员不能随意转到以上两类岗位任职，特别是管理岗位的高等级岗位，在转岗时多数时候都进行了限制。

体制内流动人员在转岗安置方面，当接收单位按照岗位空缺情况对流入人员进行安置时，因转入单位岗位与转出单位岗位在专业、级别等方面往往出现不一致，很多人需要重新学习，再通过转评才能符合新岗位的任职要求，但很多单位和个人总以各种理由强调在原单位的任职经历、岗位类别、待遇，并要求按原单位所任职务兑现待遇，对“按岗聘用、岗变薪变”的政策要求不理解，特别是年龄大的人员对转评有畏难情绪。在转岗人员的退休问题上，工勤技能岗位人员转岗到管理和专业技术岗位的女同志，在50岁退休前如在转岗后的岗位上工作不满十年，现有退休政策规定，在办理退休手续时仍按原工勤技能岗位的工资兑现退休待遇。以上现象说明，打破身份管理从理论到实践还没有真正实现。

### （二）在制度执行、完善、监督等方面工作做得不够

一是对制度的刚性要求执行不坚决。按照岗位设置管理工作政策要求，三类岗位以及各类岗位之间都有结构比例要求，特别是专业技术岗位，高、中、低的比例总体按1∶3∶6的要求控制掌握，但由于能上能下的制度目标没有真正实现，人员只能上不能下，导致高等级岗位聘用人数在不断增加，根据近几年的统计，高、中等级岗位聘用人数大大突破了文件规定的控制比例，并有继续扩大的趋势。

二是在制度健全和完善上做得不够。岗位设置管理制度施行后，其配套

的制度没有跟上，如竞聘上岗、考核、特设岗位、三类岗位转换、人员流动等制度。这些与岗位设置关系密切的制度没有跟进出台，加之其他方面的人事管理制度也没有健全和完善，少数政策出台后短期内对岗位设置管理工作的有效促进作用也不明显。

三是对工作实践中出现的各种矛盾和问题跟踪研究不深入，解决问题的力度不大。党的十八大以来，经济社会发展迅速，要求事业单位服务于经济社会发展的目标任务也越来越重，人民群众对美好生活追求，要求事业单位以更高质量、更高标准服务于群众，这些要求很大程度上是以优化人力资源高效配置、以更高质量完成工作任务来实现，体现在对人事管理制度如何设计上，而我们对这些影响人事管理的内外环境、制度执行力的深层次原因研究不深入。由于过去留下的管理模式和思维方式在适应新时代工作要求上，有时在具体工作中还不适应，对工作落实和实现任务目标必然会带来影响。如对公益二类事业单位的编制管理上没有完全放开，统得过死，编制管理远远滞后于事业的发展。高校、科研院所、县以上公立医院用人规模早已突破原编制员额，因编制管理跟不上事业发展的要求，造成同一单位有编制内、编制外、人事代理、劳务派遣等几种用人方式。在收入分配制度上，绩效工资没有发挥应有的作用，协议工资、项目工资、一事一议、年薪制、高层次人才补贴等市场经济条件下行之有效的分配方式没有很好地引入和运用，平均分配、吃大锅饭的现象普遍存在。加之在科研成果转化、科研经费使用等方面研究不深入，规定不具体，就调动不了事业单位专业技术人员创新创业的积极性，由此也就影响了事业单位整体建设质量的提升。在内部的人事管理上，人才没有被当成一种资源来看待，没有穷尽各种有效手段调动人员积极性，形成了目前全员都在追求岗位等级晋升，都在一条道上求突破、找待遇，造成高等级岗位永远满足不了现实要求的现状。这些都对落实岗位设置管理工作带来深远的影响，也对事业单位的用人自主权的有效实现产生影响。

四是在工作指导、监督上下的功夫还不够。由于没有事业单位人事管理监督方面的政策规定，加上事业单位类型多、成分复杂、分级分行业管理等情况，工作中普遍存在指导监督力量不够、力度不大的现象。

### （三）基础性作用没有得到很好的体现

岗位设置管理制度是事业单位人事管理最基础、最核心的制度，聘用、考核、奖惩、工资待遇等制度都是建立在岗位管理基础上的，人没有了岗位，人岗不相适，人力资源效率就无法发挥，高质量的工作落实就无从谈起。岗位设置管理制度建设不好，势必影响到其他各项制度建设的质量。但目前事业单位人事管理工作从岗位设置方案制作到竞聘上岗、岗位聘用、履职考核等方面，没有建成完整的制度体系。岗位设置管理制度与人员聘用制度从制度衔接到执行层面的配合上还存在不少问题。岗位设置制度要实现的目标——“变身份管理为岗位管理，实现人员能上能下”就无法实现。

## 二　积极探索行之有效的方法，确保岗位设置管理工作高质量运行

### （一）牢固树立“按需设岗、按岗聘用”的原则和理念，科学规划岗位设置工作

1. 要以编制部门给定的职能任务、编制数、领导职数，科学设置事业单位内设机构（含下属二级事业单位）

事业单位成立时，编制部门都以正式文件的形式明确职能任务、机构数、编制人数，即：“三定”，也就是说编制多少人完成多少事。成立事业单位是党的事业需要，是服务于人民的需要，是经过充分论证，依法依程序批准成立的。在此基础上，将单位的职能任务以内设机构、岗位为单元进一步分解，明确每个机构、每个人的职能（职责）任务，这就是岗位设置需要完成的工作。一般情况下编制部门会明确事业单位的行政级别、领导职数和下设机构数，但有时候也不明确。如不明确，按有关文件执行，安徽省人民政府第353号令《安徽省事业单位机构设置和编制管理规定》有明确的

要求。这就要求在进行岗位设置时：一是要根据有关文件精神自主设置内设机构或下属事业单位，明确级别，二是根据所在地区行政级别和隶属关系，参照已批准的事业单位，根据职能任务科学设定。在现实工作中会遇到很多具体事项文件中都没有明确，对此，要实事求是，积极探索，要遵循“因任务而设机构，因需要而设岗”的基本理念和原则，并且要把这一设岗理念和原则牢记心中、贯穿始终，背离了这一理念，就编制不出高质量的岗位设置方案，必将对完成职能任务带来根本性的影响。

要本着“优化、精减、高效”的原则设置内设机构。内设机构的个数、名称应根据单位的整体职能任务来确定，人员配置再依据各内设机构的职责任务来细分。而不是为了解决领导职数和职务的思路来多设内设机构。编办文件规定的内设机构数只是设岗时的基本遵循，在工作实践中应根据各单位的职责任务灵活加以掌握，不能僵化地使用，因为编制管理常常滞后于经济社会发展，设岗时使用的“编制”文件很多是几年、十几年前下达的，且这种情况较为常见。当今中国各行业不论是技术，还是业态都在不断进步并迅速发生变化，带来的是事业单位职能任务的不断变化。在此情况下，不论是事业单位，还是其内设机构，有的职能会强化，而有的职能会弱化，甚至被淘汰。比如，县以上公立医院、高校、科研院所不仅是新专业在不断增加、运用新技术所需的专业人员也在不断地增加，但编制人数有的有所增加，大部分没有增加，新的职能任务在原文件上也没有体现，这就要求我们应随着任务的变化而变化，其内设机构从数量到名称也应随之调整，对各内设机构的岗位分配数也要相应调整。所以这项工作应因时因事而变，以适应工作任务和要求，不能僵化地理解和执行原有文件的相关内容。

2. 要根据职能任务，先确定岗位类别，再确定主体与辅助岗位

在机构确定、人员给定、任务明确的情况下，如何依据行业及专业特点来区分岗位类别，既是科学的管理工作，也是组织工作，是运用岗位设置管理工作的方法及相关要求，去计划组织人员完成任务的一项工作。在这一过程中，首先要清楚事业单位主要职能任务是什么？是以承担社会事务管理为

主，还是以专业技术和知识提供社会公益服务为主，还是承担技能操作维护、服务保障等职能任务。弄清单位主要职能和任务性质，就好在管理、专业技术、工勤技能三类岗位中确定以哪种岗位为主编制岗位设置方案，并按文件规定的要求和实际情况，合理确定三类岗位的结构比例。如确定专业技术为主体岗位，专业技术岗位一般不低于岗位总量的70%。

工作实践中我们感到此项工作应重点处理好两个问题，这两个问题是常见、最不好处理的问题。一是从编制部门给定的批文和“三定”规定来看，有些单位既像是以社会管理为主的职责任务，又像是以技术服务为主的职责任务，对此类单位如何科学地区分好岗位类别？这就要求我们要综合分析任务性质、特点、人员结构等情况，从而科学确定岗位类别比例。二是工勤技能岗位的设置问题。事业单位绝大多数是以专业技术为主体来设岗的，此类单位按文件要求，管理和工勤技能岗位设置要“合理”，按照现实的状况，除少数单位仪器设备多，对技能维护人员队伍有长期固定的要求以外，多数事业单位过去由工勤技能岗位承担的工作，现在都可以通过购买社会服务来实现，这样在设岗时就会出现工勤技能岗位是设还是不设的问题，如不设现有人员怎么安排？对此，还是要贯彻“因需设岗”的原则，能不设尽量不设，能少设就少设，这样就可以增加主体岗位数量，在编制人数普遍紧缺的状况下，将有限的编制用于主体岗位，更有利于完成工作任务。可对现有工勤技能人员采取转岗和逐步消化过渡的方式解决。

对确定以专业技术为主体岗位的事业单位，需再确定专业技术主体岗位和辅助岗位。就像部队组织进攻作战一样，由谁担任主攻，由谁担任助攻？要结合任务认真加以研究。如学校是以教学、科研为主，用技术和知识提供服务并完成职责任务，那么就应该将教学、科研设置为主体岗位，其他虽从事专业技术工作，但其任务是辅助完成教学、科研任务的，应设为辅助岗位，如实验室、图书馆等工作岗位。同样，医院是通过医疗服务来完成任务的，其主体岗位应为医疗护技，其他如仪器检验、检测等保障性岗位应为辅助岗位。主体与辅助岗位的确定主要是依据事业单位的功能、工作性质和专业技术工作特点来综合确定。主体岗位一般不低于专业技术岗位总量的80%。

3. 要体现党委（组织）集体领导与分管领导分工负责的领导原则，避免不按要求设置管理岗

事业单位不论大小，都是以自身的专业技术服务于经济社会发展，服务于人民群众，保障机关完成任务。在岗位设置工作中，科学合理地设置管理岗位和领导职数，是体现党的领导和依法管理的重要途径，是保证事业单位日常工作有效运转的组织保证。当前主要是要解决好三个问题，一是要从严控制“双肩挑”人员。“双肩挑”主要应用于具有专业技术背景的领导班子成员、与主体岗位业务密切的重点内设机构领导人员。如果“双肩挑”岗位设置得过多过烂，不仅会占用高等级专业技术职数，影响低层（等）级的专业技术人员进步，还容易滋生腐败。二是要明确界定“政工师”岗位。“政工师”既不是岗位类别，也没有列入专业技术职称序列，是企业或者是实行企业化管理的事业单位专职从事党的工作和思想政治工作的人员，将“政工师”引入事业单位运用，目前有点过多过乱，对专职从事党的工作和思想政治工作的岗位没有明确而清晰的政策界定，主要是依据岗位所定职责确定，安徽省文件规定在管理岗位工作且有做思想政治工作职责的人员，经批准才能在取得“政工师”资格后兑现相应待遇。三是要解决不按规定设置管理岗位。目前县以下普遍存在因事业单位行政级别低，管理岗位职务晋升和待遇上升慢，都不设或少设管理岗，有的甚至连编制部门明确的领导职数都不设。这样设岗，没有认识到领导职数设定既是组织要求，也是设岗的法定要求，更是实际工作的需要。但不按要求设置领导岗位，就会在现实中出现岗位职责（专业技术岗）和实际履职（管理岗）不一致，给选人用人和其他一切工作带来麻烦，造成组织部门任命职务、事业单位岗位设置明确的职务、年度（聘期）考核职务、工资兑现职务几张皮在运转，既不符合管理工作相关规律性要求，也不符合依法管理的要求，更体现不了党对事业单位的领导。下一步县以下管理岗位职级晋升制度能解决一些问题，但要想彻底解决还需要认真研究。

## （二）牢固树立党管干部、党管人才的原则，坚持正确的用人导向，盘活事业单位人力资源

1. 认真执行党的新时期组织路线，按“好干部”的标准选人用人

岗位设置制度建立以后，如何选好人、用好人、管好人，是高质量落实岗位设置管理工作最本质、最主要、最经常的工作。当前影响落实岗位设置工作质量最主要的问题是对职务与职称的认识问题。为了解决职称评审与岗位聘任的矛盾，现岗位聘任实行的是评聘“有机衔接”的方式，更多的单位实际上是按照“评聘合一”的方式在操作。这样就把“职务提拔”工作前置到“职称评审”阶段，造成了“职称评审”与“职务提拔”两类不同性质工作的混淆，使很多人误认为“职称评审”就是“职务提拔”，其实它们是两类不同性质的工作，“职务提拔”工作包含“职称评审”，而“职称评审”工作是不能代替“职务提拔”工作的。“职称评审”工作其实质是对专业技术人员技术、学术水平的评价，而“岗位聘任”是职务任命和晋升工作。职务任命和提拔工作是建立在“日常考核、分类考核、近距离考核的知事识人”的选人用人制度体系上的；是建立在“以德为先、任人唯贤、人事相宜”的选拔任用制度体系上的，在此制度体系中，党组织领导要严把“政治关、品行关、作风关、廉洁关，要严格落实干部选拔任用的原则、条件、程序”，在此过程中还要树立注重基层、注重实践、讲担当重担当的用人导向，精准地选人用人，切实把党和人民需要的人才选出来。而“职称评审”形式是多样的，有的是根据岗位空缺情况经组织批准去参加评审的，有的是未经组织批准，自己报名参加考试或者是通过行业组织评审通过的。因为对“职称评审”和“职务提拔”概念不清、理解不深，有的单位不管有没有空缺岗位、有没有任职经历只要取得了职称资格，就提拔到上一层（等）级职务。真实的案例有：“聘用在专业技术十级的人员，通过考试取得了计算机高级职称，单位就直接聘用到专业技术七级”，这样不仅是越级提拔，更有可能造成单位内部用人的不平衡。现实工作中通过考试或行业协会等组织评审取得资格，单位直接聘用的情况还大量存在。如以“职称

评审”代替“职务提拔”，必然会忽视组织工作条例中对干部、对人才工作的全面要求，必然会忽视对履行岗位全方位素质能力的考察，也不符合岗位设置工作以完成岗位职责为前提的聘任要求。

2. 坚持在岗位设置方案规定的职数内谋划使用人员

经核准的岗位设置方案是单位按岗位设置用人的基本遵循，但在实际工作中，虽然有了岗位设置管理制度，起到了规范用人、规划用人的目的，但由于能上能下缺少相关制度支撑，现实情况是只能上不能下，久而久之，老压新、论资排辈等简单、不科学的用人方法就会不断地出现。再就是创造各种条件和办法，不断地突破高等级岗位职数，因此就影响到制度的权威性和严肃性，造成一个地方突破多地攀比的现象。按照国家文件给定的专业技术岗位结构比例控制标准为1∶3∶6，目前各地都有突破，只是多少的问题。造成高级岗位比例不断扩大，中级岗位比例不断增长，且呈不断扩大的趋势。一个“将相”数量远大于“士兵”数量的队伍其整体“作战能力”如何？这是值得研究和思考的。为了更好地科学化、规范化用人，事业单位应做到：①根据条例要求制定本单位的人员提拔使用规定。明确各类人员、各等级人员任用的基本条件。包括政治、业务、专业技术资格、任职年限等，如任职年限一般确定为三至五年，与聘用合同时间相衔接。当然对有特殊贡献和业绩突出的人员可以越级使用或优先使用。②明确提拔任用人员的基本程序。包括分析研判和动议、民主推荐、竞聘上岗、民主测评、考察、集体研究、公示等。避免选人用人的随意性，避免不依法用人、少数人说了算的情况。人事管理综合部门在实施备案的过程中应尊重用人单位的意见，并对不按要求用人情况给予指导和纠正。③坚持政策底线。“因需设岗，按岗聘用”八个字说起来简单，做起来不容易。如在选人用人、组织人员竞聘上岗时，因单位现有人员结构不合理等情况，往往会出现一些人与岗位要求不相符的情况，这就给“按岗聘用”带来了困难。如在日常的管理中，经常有各种类型的进入人员，有政策性安置的人员，有因机构改革合并、分流的人员。这些人员单位接收了就要安排上岗，但他们多数专业不符合现岗位职责的要求，近几年随着退役士兵安置力度的加大，大量的退役士兵被安置到事业单位，他们大多数人的专业不是事业单位所需要的。对于这类情况，目前事业单位只能采取先选择合适的岗位让其上岗，再通过培训、使用、转岗等方式将其安置到合适的岗位。

3. 坚持在政策规定的条件下，不拘一格选人用人

事业单位是以专业技术人员为主体，是以技术服务经济社会发展的，这就对工作人员有较高的专业要求。在公开招聘工作中，应区别于公务员招录，对于各层次人员只要符合单位建设要求，只要有利于优化队伍、激发活力都可以招聘进来，不一定只限于初级人员。当暂时没有岗位或编制时可以通过特设岗位或流动岗位的办法引进高层次和急需紧缺人才。合理而严格地使用“双肩挑”政策配备好领导人员，对业绩突出、有贡献的人员可以缩短任职年限，使优秀人才尽早脱颖而出，采取“高岗低用、退二进一，或退三进二”的办法，优化队伍结构。以县或行业统筹等措施逐步消化超配的中、高等级职数（或取得高级职称无岗位的人员），采取三类岗位转岗和专业技术岗位转评（聘）的方式逐步消化三类岗位结构不合理的现象，盘活人力资源。

### （三）牢固树立依法规范管理的思想，注重创新科学的管理方法

1. 要强化分级分行业管理，落实单位用人自主权

事业单位具有人数众多、类型庞杂、专业性强、管理层次多的特点，因此，在总结分级分行业管理的基础上，应进一步研究总结好的管理方法，只有发挥各级各行业的专业管理特长，才能更好地培养人、评价人，才能更好地整体提升行业学术技术水平，才能将小远散单位的岗位统筹使用好，才能巩固已出台的“县管乡用”“县管校聘”等岗位管理政策。要舍得在落实用人单位自主权上下功夫，大胆放权，人事综合管理部门和事业单位主管部门要指导、帮助事业单位建立符合自身特点的管理制度，用先进的制度管人、用人，将岗位设置管理制度管出效益，管出质量。

2. 要按人才成长规律的要求招聘、聘任、培养、使用人员

一个单位要想干事创业，就要尽量地发挥队伍的整体作用，使每个人在

这个队伍里都能人尽其才，安心本职。要从招聘、聘任、培养、使用等诸环节科学筹划，防止人员大进大出，多升不降，形不成梯次，人浮于事，只讲待遇，不讲奉献，只求索取，不求服务，偏离了事业单位服务于人民、服务于国家的职能取向，偏离了公益性目标。要注重在工作实践中锻炼人，在完成国家和社会急需的短板科研项目中锻炼队伍，培养人才，要注重发现和使用那些将论文写在大地上的人。

3. 坚持以奖惩为主的管理手段，调动和激发各类人员创业干事热情

事业单位工作人员奖励、处分、考核等规定的出台实施，为事业单位人事管理工作提供了法律和政策保障，对落实高质量的岗位管理制度必将起到很好的促进作用，因此，在进行日常的人事管理活动中要充分地利用好这些已出台的法规、政策，调动广大职工履职尽职的积极性。奖勤罚懒，依据履职情况全面考核，依据考核结果兑现职务晋升、绩效工资。确保岗位管理、依岗履职的概念深入人心。

4. 要以法律政策为准绳，以事实为依据，处理好特殊、个案问题，要落实好国家禁止使用人员的相关规定

在岗位管理工作过程中会遇到各种各样的特殊问题。这就需要我们强化政策观念，严格人事纪律，以事实为依据，以法律为准绳处理好各类情况。如退役军官、士官安置到事业单位岗位如何落实？工资待遇如何确定？对于因特殊原因流动到事业单位的工作人员如何定岗？在行业改革的过程中，有合并、撤销的单位，有因改革减少编制造成有编制无岗位的人员，就有人员重新分流安置的情况存在，都要求对这些人员重新确定岗位。对于这些特殊的、个案的问题，要认真研究相关政策，结合岗位设置的相关要求，合理合法地落实相关人员的岗位和待遇。

## 三　思考与建议

影响岗位设置管理制度落实质量，没有达到制度设计“能上能下”的目标的因素很多。经过多年工作实践，经认真总结反思，主要影响因素有三

个：一是事业单位管理体制问题，二是配套管理制度不健全，三是“评聘合一”的选人用人方法不科学。解决问题的思路和方法很多，本文主要从根本的、长远的建设角度出发，谈几点想法。

## （一）进一步深化改革，在改革中求巩固，在巩固中得完善

随着经济社会的不断发展进步，人民群众对美好生活的向往和追求也在不断地增强。事业单位作为承担教育、医疗、养老、托幼等服务型主体机构，就应该完成好党和政府交给的各项任务，而要把事业单位这支队伍建设好，最主要的是对事业单位人力资源的综合开发和运用。

研究事业单位的人事制度建设，首先要清楚是在什么样的大环境下进行，新时代建设有中国特色的社会主义事业单位，离不开党的领导，离不开社会主义市场经济的大环境，离不开事业单位公益性属性，离不开依法治国的大环境，离不开新时代组织路线的指引。离开了这些大环境，人事制度建设就成了无本之源、无根之木。

事业单位的建设经过这么多年的研究和探索，有了从理论到实践的成熟做法。2011 年中共中央、国务院下发了《关于分类推进事业单位改革的指导意见》，将事业单位分为行政类、公益类和生产经营类，目前，安徽省行政类和生产经营类事业单位改革基本完成，“政事不分、事企不分”的问题得到了解决，取得了阶段性成果。下一步，对于公益类事业单位改革应根据中央统一部署，将公益类事业单位再分为：面向社会服务类和保障机关运行类两类，在此基础上，在研究解决“政事不分”问题的同时，应重点研究和解决人事制度深化改革和再建设问题。在新分的两类事业单位中，应重点研究解决面向社会服务类事业单位人事制度建设问题，因为这类事业单位多为高校、科研院所、市级以上公立医院。这类事业单位都是层次高、规模大、高层次人才聚集度高的单位，是创新型国家建设的重要组成部分，是事业单位建设的重点和难点，只有把这些单位建设好了，事业单位整体建设的质量才能提高。

人事制度建设是事业单位整体建设的关键，要本着精减、高效的原则设

置机构和岗位，用制度来规范和调动全体人员的积极性，从而较好完成单位的目标任务。岗位设置管理制度是事业单位人事管理制度最基础、最重要的制度，聘用、考核、奖励等制度都是以此为基础开展起来的。《事业单位人事管理条例》中将岗位设置管理制度明确为国家设立的制度，说明了该项制度的地位和作用。因此这项制度应在已有的基础上，及时总结，在没有更新的、更好的制度代替的情况下，应按“在改革中求巩固，在巩固中求完善”的思路健全和完善。针对当前高等级岗位结构比例不断被突破、对制度的冲击和破坏不断在增加的情况，如听之任之，将会造成现有的制度被破坏、新的制度没有建立的被动局面。

总之，事业单位改革永远在路上，事业单位人事制度建立与发展离不开中国特色社会主义建设的大环境，只有坚持改革，不断完善，事业单位全面建设才能适应社会主义现代化建设的需要。

### （二）健全和完善事业单位管理体制

事业单位人事制度改革核心目标是：转换用人机制和搞活用人制度。改革后所建立的两项基本的制度是：岗位设置管理制度、人员聘用制度。从这两项制度已实行十几年的实践来看，“能上能下、能进能出”的目标并没有真正实现，认真总结反思，其原因是多方面的，除了人事管理制度自身不健全、不完善外，最主要的是与事业单位的管理体制建设有很大的关系，体制建设决定制度建设，好的制度只有在好的体制下才能健康运行。工作实践证明，并不是所有的事业单位都做不到“能上能下”，对于那些党委（党组织）集体领导力强、党委（党组织）领导下的首长分工负责制工作质量高、敢于担当的单位，是能做到“能上能下”的。事实说明，只要有党的坚强领导，好的人事管理制度才能很好地得到执行。

所以要搞好事业单位全面建设，搞好事业单位的人事制度建设，首要的应该是积极探索事业单位的管理体制建设。我们在公立医院改革的实践中，经反复研究和实践论证，深刻地感受到，不论是医药、医保还是医疗方面的改革，落实和解决问题的落脚点在医院，医院建设不好，国家制定再好的医改政策最后也会沦为空谈。医院最主要的是要建立现代医院管理制度，依法制定《现代医院管理章程》，政府要放手让医院依法依规管理好自己的事。同样，要解决教育、文化等领域的问题，最后还是要靠学校、文艺院团自我的制度完善。要探索建立党领导下的现代学校、文艺院团的管理体制，依法制定符合各行业特点的管理章程。重点是要处理好两个关系，一是厘清事业单位内部党的领导与行政管理的事权关系，二是要厘清政府与事业单位的权责边界，要压实事业单位的管理责任，调动事业单位自主管理的积极性。政府重点是要做好对事业单位领导班子的配备与考核，加强党管干部、党管人才工作。做好按照给定的任务，建立对事业单位考核的指标体系，对完成党和政府交给的目标任务情况进行全面考核，建立对事业单位人、财、物，事中、事后的监管制度，通过严格的考核和监管，达到政府对事业单位宏观管理的目的，从而兑现对事业单位的奖惩措施。只有这样，才能更好地落实事业单位对人、财、物管理的自主权，才能将编制管理松绑，探索包括人员总量管理在内的新办法，从而提高机构和岗位设置的高效配置，激发事业单位人力资源配置和使用效率，达到“能上能下，能进能出”的目的，才能探索建立事业单位工作人员合理化薪酬制度，对完成岗位任务好、业绩突出的同志予以更好的岗位绩效报酬，调动和激发人员干事与创业的积极性，才能更好地兑现党中央关于科研项目及经费管理的相关政策。总之，事业单位只有制定了符合中国特色、符合自身要求的管理章程，依法对学校、医院的各类事务进行自主管理，才能提高管理效能，而人力资源管理是现代事业单位管理制度最关键的内容之一。解决好管理体制问题，人事制度管理的效能才能自然得到充分的彰显。

### （三）不断强化依法管理的意识，健全和完善事业单位人事法制建设

《事业单位人事管理条例》的出台，为人事管理工作提供了法律依据。条例将岗位设置管理工作单独作为一章来设置，说明了岗位设置管理工作的重要性，但实际工作中，不按要求设置岗位，不按制度办事的情况还大量存

在，这就要求我们要不断强化依法管理的意识，确保制度落实的严肃性、规范性和强制性，杜绝不按结构比例设岗位，超职数、超岗位配备人员等现象出现。

当前，最突出的问题就是专业技术高等级岗位规定的结构比例不断被突破，那么，如何认识和解决这个问题。我们认为：一是对全国、对各省各类人才的数量进行统计分析，科学地建立我国人才的评价体系。也就是说我国各类人才在世界上处于什么样的水平，各省的人才数量和水平在全国处于什么样的位置，在此基础上，统筹考虑全国、各省的人才结构比例，确定更符合国情、各省情况的结构比例，再进一步明确事业单位岗位设置的相关要求。避免现在各行其是，造成发达地区、人才密集度高的地区高等级结构比例反而低于欠发达地区和人才密集度低的地区，同一省份高水平的科研院所高等级岗位结构比例反而低于一般事业单位的现象。要形成既有统一又有区分的人才结构比例政策。

二是要解决“能上能下”的实现途径问题。要解决这个问题，就要创造能上能下的用人环境，改变现在“评聘合一”的唯一选任规定和办法。“评聘合一”从表面上看，是避免了一些用人上的矛盾，但这种选人用人的方式也存在很多问题，特别是不利于人员能上能下制度的建立。因为“评聘合一”，实质上就把提拔使用人员前置到评价阶段，造成把学术技术水平的评价当成提拔使用人的必要条件，忽视了岗位的其他任职条件，重视了才忽视了德。我们在政策咨询和信访的过程中，遇到太多的人都认为取得了专业技术资格就应该兑现工资待遇，实质的要求就是要聘用到上一等级岗位。“评聘合一”不利于行业协会和社会组织的健康发展。人才的评价，在市场经济条件下应充分发挥行业协会和行业组织的作用，事业单位的职称评审应将权力更多地交给用人单位，使之结合岗位任务来全面评价用人。“评聘合一”不利于调动专业技术人员创新创业的积极性，安徽农业大学、安徽医学高等专科学校等实行的是“评聘分开”的选人用人制度，实际效果也很好。实现“评聘分开”关键是用人单位要建立以考核和竞聘上岗为主的制度体系，公平、合理地选人用人，从而在单位内部形成广泛的共识和良好的用人氛围。国家和省要完善好相关制度，允许事业单位根据实际情况决定是“评聘合一”还是“评聘分开”。实践证明，只要岗位职责明确、考核结果公平到位、奖励激励措施保障有力、薪酬绩效分配及时有效，就能实现评聘分开，人员能上能下。以职称评价（考试）的方式用人，就会犯类似于过去公务员仅凭考试选拔干部一样的错误，要为专业技术人员创造将论文写在祖国大地上的用人氛围，以岗位业绩来选人用人。因此，应根据不同类型事业单位的用人情况，允许一部分单位实行评聘分开，这样才能真正解决能上能下的问题。走评聘分开的选人路线，关键要培育好行业协会等社会组织，让它们依法办事，加强自律，自觉组织好对行业内人才学术技术水平的评价。要充分放权给事业单位，让其自主评价，自主用人。

三是要尽快建立和完善竞聘上岗、考核、特设岗位、三类岗位（管理、专业技术、工勤技能岗位）转换等与岗位设置管理制度相配套的制度体系，不断完善人员聘用、考核、处分等人事管理制度，使各项制度相互配合、相互衔接，发挥综合作用，更好地促进岗位设置管理制度质量的不断提高。

四是要从组织、人事、纪律巡视等方面检视事业单位的用人制度落实情况，强化事业单位自身选人用人的责任意识。

### （四）加强党的领导，不断解决岗位设置管理工作中的实际问题

一切事物都是发展变化的，事业单位服务于经济社会发展的要求在不断发生变化，这就要求我们要紧跟任务和形势，不断总结和研究事业单位岗位设置工作出现的新情况、新问题。要强化党管干部、党管人才的意识，加强对事业单位人事管理工作的领导。事业单位的人事管理工作从综合管理方面来讲涉及组织、人事、编制、财政、社保等多个部门，如不加强党的领导，很多工作就不能协调一致地解决。人社部门内部也涉及事业单位人事管理、专业技术、人力资源、工资福利、社会保障等业务单位，如不加强统筹，各行其是，就会造成政策从制定到落实上的不配套、不衔接。各级党委、政府要在国家政策的指导下统筹、协调当地的事业单位人事管理工作，制定符合本地区实际的人事人才管理措施，依据政策、法规解决本地区人事管理工作

中存在的问题，确保事业单位人事管理工作按照党和国家的要求落实，确保事业单位公益性目标不偏。特别是在各行业改革中，如不加强系统设计，强化在人事政策范围内搞好改革保障，改革就很难顺利进行。从事业单位内部的人事管理业务工作来讲，其是一项专业性、系统性、政策性都很强的工作，如不强化党对这项工作的领导，就很难做好这方面工作，可能造成单位内部的人才不能统筹使用，人力资源无法有效盘活，岗位设置工作的目标也就无法得到落实。

# B.26

# 事业单位岗位统筹管理的成效与问题分析

## ——以安徽省铜陵市为例

陆大奎[*]

摘　要：事业单位岗位统筹管理是适应时代发展的创新举措。岗位统筹管理在铜陵市域内推行，充分挖掘了专业技术人员的潜能，激活了事业单位的活力，成效显著。但岗位统筹管理也带来了一些新问题，迫切需要人事部门、主管部门和事业单位协同配合，联合出台应对策略，以全面深入推进事业单位岗位统筹管理，放大政策效能。

关键词：事业单位　岗位统筹　安徽

学界、业界一直关注事业单位岗位管理，在推进岗位有效管理方面作出了诸多有益的探索和尝试。2017年7月3日，《国务院办公厅关于深化医教协同进一步推进医学教育改革与发展的意见》（国办发〔2017〕63号）首次提出基层医务人员“县管乡用”，即县医院聘用管理、乡镇卫生院使用的用人管理制度。2018年1月20日，《中共中央国务院关于全面深化新时代教师队伍建设改革的意见》（中发〔2018〕4号）创新地提出义务教育阶段师资实行“县管校聘”，推进县域内义务教育学校校长、教师交流轮岗，实行校长任期

* 陆大奎，安徽省铜陵市人力资源和社会保障局事业单位人事管理科副科长。

制、教师聘期制，推动城镇优秀校长、教师向乡村学校、薄弱学校流动。2017年12月11日，安徽省《关于深化职称制度改革的实施意见》（皖办发〔2017〕59号）的出台对岗位动态调控和创新管理提出了更高的要求，该意见特别强调，事业单位人员申报职称时，必须提供当地人力资源和社会保障部门出具的事业单位岗位空缺情况确认意见。上述一系列政策的实施，迫切需要对行业或区域内事业单位岗位进行统筹管理。因此，《关于完善事业单位岗位统筹管理机制的指导意见》（皖人社发〔2018〕28号）是适应新时代、新形势、新任务提出的重要应对策略，对事业单位岗位管理起到明确的导向作用。

## 一　岗位统筹管理的基本概念和内涵

岗位统筹管理简要地说，是对事业单位的岗位统一设置、统一聘用、统一调控，达到人事匹配，激发人的积极性和创造性，促进事业单位充分履行公共服务职能。岗位统筹管理从纵向来看，包括岗位设置和岗位聘用。岗位设置是根据单位性质、目标任务和编制定额，按照相应的政策和结构比例，设置高级、中级和初级的岗位数。岗位聘用是用人单位和聘用对象在相互充分了解的基础上，根据岗位说明书中的工作环境、岗位职责、目标任务和完成时限等要求，再结合待聘人员的职业生涯规划，将合适的人选安排在合适的岗位上。持续加强对受聘人员定量考核和定性考核、定时和不定时考核，根据业绩变化，对聘用人员的岗位进行动态调控，以期实现组织和个人双赢。岗位统筹管理从横向来看，文化、教育、卫生、科研和农林水等行业的事业单位根据行业性质、社会职能和行业愿景，按照特有的行业政策和结构比例，对本行业的岗位设置和岗位聘用进行统一规划和实施，充分发挥行业的社会公共服务功能，如卫生行业的“县管乡用”和教育行业的“县管校聘”是典型的县域内行业统筹管理，理顺了主管部门与事业单位、事业单位与从业人员之间的服务关系和聘用关系，其社会效应正在逐渐凸显。

## 二　岗位统筹管理的基本情况

### （一）学习宣传发动

统筹管理对从事事业单位人事管理的人员来说是个新概念，必须全面、准确地理解和掌握统筹管理的概念和内涵、原则、程序和措施。铜陵市人社局举办了事业单位统筹管理专题培训班，参训对象为纳入统筹管理的事业单位及其主管部门领导和人事工作专员。培训会上，参训人员重点学习了事业单位统筹管理政策的主要精神和实施步骤，让统筹管理深入人心，统一思想认识，为统筹管理理论付诸实践做好充分的准备。

### （二）制定配套政策

为落实国家和省关于事业单位岗位统筹管理的政策，铜陵市人社局积极会同文化、教育、卫生、科技和农业的主管部门多次实地调研，磋商行业统筹管理的细节，制定和出台落实行业统筹管理的实施细则，如《关于推进铜陵市中小学教师“县管校聘”管理改革的实施意见》（铜教〔2018〕14号）、《铜陵市文旅系统实施统筹管理暂行办法》等政策相继进入落实阶段，相关行业形成较为完善的统筹管理政策体系。

### （三）开展座谈调研

铜陵市郊区教育系统率先启动了“县管校聘”的统筹管理，在推进过程中积累了许多有益的经验，也碰到不少从未预料到的难题。为了学习先进经验，化解难题，市人社局和市教育局专门赴已实施“县管校聘”的学校开展调研，与校长、教师面对面交流，获得第一手资料。组织郊区教育局分管领导和人事工作专员、学校领导和教师以及即将推行统筹管理单位的领导座谈，分享成功做法；直面问题，各抒已见，以最简便有效的方法来解决统筹管理中遇到的困惑，努力放大统筹管理的政策优势。

### （四）统筹管理进展

截至2021年，铜陵市辖区小学、幼儿园教学岗位基本上纳入统筹管理，涉及65所小学（幼儿园）和2741个岗位。因行政区划调整和县（区）政府职能变化，初中和部分小学的岗位还是按传统方式独立设置和聘用。市直的文旅系统在剔除了承担非本行业主要职能的事业单位（文化旅游执法大队）后进行了统筹管理，涉及6家单位114个岗位。市直农业系统也完成了统筹管理，涉及12家单位104个岗位。竞聘中高级职数及其内部岗位等级时，在统筹行业或区域内发布公告，明确竞聘上岗程序和方式，鼓励所有符合条件的对象参加竞聘，目的是让优秀的专业技术人员聘用在中高级岗位上，发挥专业技术优势，带领大家干事创业。从实际效果来看，教育、农业和文化行业的统筹管理调动了个人积极性，激发了单位的活力，各行业发展呈现可喜的局面。住建、交通运输、自然资源和规划、环保等行业的事业单位正在撤并和整合之际，统筹管理正在酝酿和推进中，行业岗位的统筹管理在铜陵市即将全面展开，事业单位岗位统筹管理的氛围已悄然形成。

## 三　岗位统筹管理的成效

事业单位岗位统筹管理已启动三年，实践证明统筹管理较传统的管理方式有着无可比拟的优势，深受业内人员、事业单位、主管部门及人社部门青睐。

### （一）增加了中高级岗位的职数

由于铜陵市事业单位岗位设置时严格执行行业政策，中高级岗位通过取整原则控制结构比例。原先每个事业单位独立设置岗位，数次取整无疑损失了多个中高级岗位。现在，岗位统筹管理通过一次性取整能够弥补在独立设置岗位中减少的中高级岗位。

### （二）拓展人员的晋升空间

原来规模较小的单位，无法设置副高级岗位，更不用说正高级岗位。工作人员晋升到中级就遇到了无法突破的“天花板”。统筹管理正是打开“天花板”的金钥匙。由于统筹的专业技术人员基数增大，副高、正高职数相应增加，竞聘成功的概率显著增大。只要拼搏，有成绩，一切皆有可能。例如，市农业农村局下属事业单位有三名专业技术人员获得了正高级专业资格并顺利聘用，如果在传统的管理模式下，有的人连晋升副高级的机会都没有，更不要想正高级。聘用到正高级岗位对于三名当事人而言，带来的精神激励和物质激励是前所未有的。但效果并不是仅此而已，他们的成功将激励行业的所有人员脚踏实地、努力钻研、尽职履责，以坚持不懈的奋斗绘就可能出彩的人生，统筹管理政策的“乘数效应”得以彰显。

### （三）增强了事业单位的活力

有些事业单位领导观念守旧，论资排辈和人情关系有时占主导地位，不讲政治，不讲业绩，让老中青年人有序分布在高中低级岗位上，不合时宜的制度暗示，只要没有大错误，即使达不到相应的专业技术和学术水平，到时间也能聘用到中高级岗位。这样的规制容易滋生混日子混岗位的思想，不利于激发人的潜能。统筹管理要求在统一标准下选拔行业或区域内具有真才实学且业绩优秀的人员出任中高级职位，不仅待聘的中高级岗位增多，而且参加竞聘的人数也增加了，竞争择优成为用人的主旋律。单位领导无法阻止在实践中诞生统筹管理的先进做法，那些“等、靠、要”人员再也无立身之地，所有人员只能严格要求自已，苦练内功，埋头干活，以实实在在的成绩赢得中高级岗位。统筹管理深入人心时，也就是单位内人人争先的实干作风盛行之日。

### （四）提高职数的使用效益

由于各事业单位人员年龄、专业技术资格分布不均，有的单位中高级岗位严重不足，有的单位中高级岗位富余，导致岗位结构性矛盾。在人员为单位所有的观念支配下，各单位之间中高级职数的调剂是难以实现的。统筹管理正是打破人员和岗位为单位所有的观念，人员和岗位不再是隶属于某个单位的，而是属于统筹管理部门的，为达到人事相宜，在整个行业或区域调剂使用中高级职数，实现人员和岗位有序流动，可以有效化解岗位结构性矛盾。如铜陵市义务教育均衡发展在全国有一定的影响力，正是得益于教育行业的统筹管理，在城郊设立了名校的分校，与城郊学校联合办学，教师的中高级职数向郊区学校倾斜，实现城郊校长和教师制度化的交流，让城市和郊区学生共享优质师资，在淡化名校影响的征途中迈出了坚实的一步。

### （五）减少了主管部门和人事综合部门的工作量

党的十八大以后，李克强总理强调，财政供养人员只减不增。大部分事业单位人员是由财政供给的，因此事业单位人员数量稳中有降。但随着社会经济的发展，各行业的事业单位面临的形势和任务不断变化，导致职能也发生相应的变化。因此事业单位的撤销、增设、分离和合并时常出现，一个单位编制或岗位的增加或减少对应的可能是几个单位编制或岗位的减少或增加。如 2021 年铜陵市农业系统事业单位大调整：整合农业投资、农业综合开发、农田整治、农田水利建设基础性服务相关职责，设立市农田建设管理服务中心；市农村能源办公室（能源站）更名为市农业环保站，加挂市农村能源管理中心牌子，重新核定事业编制 4 名（其中 3 名由原市农村能源办公室划入），收回原市农村能源办公室副科级领导职数 1 名。在传统管理模式下，事业单位的变化导致多个单位岗位设置和岗位聘用的频繁调整。但是在统筹管理的模式下，统筹行业或统筹地区的总编制数比较稳定，为更好履行社会服务职能，主管部门在行业或地区内调剂编制使用，只是岗位聘用发生变化，不会影响总岗位数。因此岗位设置相对稳定，避免主管部门和人事综合部门多次进行岗位设置。

## 四　岗位统筹管理中困惑

统筹管理是一把“双刃剑”，既带来了政策的“红利”，也显示了政策的负面效应，对政策的制定者和实施者提出了挑战。

### （一）守旧思想的羁绊

旧思想积淀厚重，人员和岗位职数为单位所有，一时还难以接受中高级职数在系统或区域内统筹管理中实时流动。尤其是在竞聘中失败的人员，眼巴巴地看着竞争对手占用原本属于自己单位的中高级职数，心中的失落感油然而生。

### （二）岗位设置难度增大

行业或区域统筹管理涉及几十个、几百个甚至上千个岗位，一方面要保证岗位设置得相对稳定，另一方面又要适应经济社会发展的需要，随时调整岗位，充分履行社会服务职能。

### （三）岗位聘用的公平性有待提高

统筹行业或领域内每个单位所处的环境、具体任务、人员队伍各不相同，要在统筹领域内制定统一、科学、认可度较高的晋级、晋档标准确实比较困难。如文化系统中剧院的演员、博物馆的研究人员、文化馆的讲解员、图书馆的管理员职责差别较大，在竞聘中高级职务或竞聘内部岗位等级时难以出台统一的竞聘标准，若操作不慎，不仅影响当事人的积极性，而且会打击整个统筹行业或区域内人员的士气，不利于事业单位的健康发展。

## 五　推进岗位统筹管理的策略

事业单位统筹管理在实践中也暴露了许多问题，需要人社部门、行业或区域的主管部门、事业单位和工作人员理性和智慧地分析，以坚定不移的革故鼎新精神，科学组织实施，不断完善事业单位行业或区域统筹管理。

### （一）统一思想，提高认识

认真学习统筹管理政策及其配套规定，熟悉统筹管理的基本精神和做法。行业或区域事业单位统筹管理是在适应经济社会发展和事业单位的职能履行的实践中产生的，从业人员和岗位不再隶属于某个事业单位，能够在统筹行业和区域自由流动，促进事业单位的长足发展和人的全面进步，统筹管理的改革让多方得到了实惠，自然获得了多数人的拥护，具有强大的生命力。绝不能因为这样或那样的小问题而放弃这一先进理念和做法。

### （二）调查研究，科学设置

统筹设置岗位需要政策制定者和实施者深入事业单位底层，了解每个单位现状和人员队伍等基本情况，全面地分析和掌握行业或区域的过去、现在和未来，在国家宏观政策指导下，按照公平、公正、效能的原则统一设置岗位，详细地编制岗位说明书，为人事相宜的岗位聘用打好坚实的基础。坚持因事设岗的基本原则，突出精简和效能的要求，彻底摒弃官僚思想和庸懒散的作风，斩断利益输送链条，以统筹行业或区域为一盘棋，全面、科学地设置岗位。

### （三）夯实基础，公正聘用

岗位聘用的关键是把合适的人放到合适的岗位。首先，打好基础。要结合员工的职业生涯规划，利用 SWOT 分析，参照岗位说明书，让人岗相适落到实处。其次，科学考核。注重平时考核和年度考核、定性考核和定量考核，采用 360 度绩效评价方法和关键性指标（KPI），让领导、同事和服务对象发表相关考核意见，细化考核措施，让不同单位、不同岗位上的从业人员得到量化的考核分数。最后，在竞聘高、中级职务及其内部岗位等级时，坚持公开、公平、公正的基本原则，让每个竞聘对象有机会参与述职竞聘，根据现场表现和考核成绩，由统筹管理部门按照民主集中制的原则决定聘用人选，报人社部门审批备案。

### （四）奖惩并举，合力推进

奖罚分明，对任何群体来说都是有效的管理手段，对拥有较高素质的事业单位人员群体来说也不例外。应基于年度综合量化考评，实行末位“高档低聘”和首位“低档高聘”相结合。具体来说，根据统筹行业或区域岗位的规模，在中、高级内部的三档拿出一定比例的职数进行奖罚，如在中级内部，年终考评分数处于末位的八级职员降档聘用到九级，年终考评分数处于首位的九级职员聘用到八级，并兑现工资福利待遇。为强化这一措施的效果，连续两年“低档高聘”的，可不受三年聘期的限制，提前一年晋档；连续两年“高档低聘”的且有一年考核为基本合格的，应直接降档，真正实现“能者上，庸者下”的良好用人竞争机制。

### （五）不断总结，注重完善

行业或区域事业单位统筹管理在推进中会不断涌现成功和不足之处。应由人社部门牵头，定期组织统筹管理部门和事业单位有关人员座谈，就放大成功效应和克服存在的缺点深入探讨，在此基础上形成制度化的规则，丰富统筹管理理论体系，指导行业或区域事业单位统筹管理。

# B.27
# 海口市事业单位专业技术岗位设置管理的问题与优化策略

岑彩梅 *

摘　要：　岗位管理是事业单位人事管理制度改革创新的主要环节，海口市事业单位岗位设置管理存在部分事业单位行政主管部门主体责任意识不强、岗位结构比例已不能完全适应时代的发展、专业技术岗位晋升条件抽象化、年终考核不到位、行业人才的层级认定不够明晰等问题，针对问题，优化事业单位岗位设置工作，需要强化事业单位行政主管部门主体责任，充分发挥年度考核效用，制定新的岗位结构比例，制定行业人才认定标准和评价机制。

关键词：　岗位设置　岗位结构　岗位管理　事业单位

深化干部人事制度改革是党和国家建设能力强、素质高干部队伍的重要方式，而岗位管理是事业单位人事管理制度改革创新的主要一环，事业单位对岗位进行合理地设置，能促进单位人事制度的完善。因此，合理地进行岗位设置，优化岗位管理，就要清楚事业单位岗位设置的具体情况和存在的问题，推动事业单位由干部管理向岗位管理转变。

---

* 岑彩梅，海南省海口市人力资源和社会保障局三级主任科员。

## 一 海口市事业单位的岗位设置情况

海口市事业单位岗位设置管理工作自2008年1月正式启动实施以来，已先后出台了《海口市事业单位实行人员聘用和岗位设置管理实施方案》、《海口市事业单位岗位设置管理实施意见》以及《海口市事业单位专业技术岗位内部等级任职条件指导意见》等文件，规范了事业单位岗位设置管理的实施范围、岗位类别、等级、结构比例、设置审核、聘用程序和监督管理，明确了专业技术三级至十三级岗位的基本任职条件、任职基本年限、任职业绩条件等。特别是对任职业绩条件的规定，打破了论资排辈、比年头、吃老本、不思上进等专业技术人员不良的工作态度及不创造工作业绩等情况，初步建立起重实绩、重贡献、向优秀人才和关键岗位倾斜的人员岗位聘用管理激励机制，很好地树立了“能者上”的用人导向，使岗位设置工作具有较强的针对性、科学性和可操作性。

经2019年机构改革，目前市级应实行岗位设置管理的事业单位232家，已完成岗位设置备案核准的事业单位232家，完成率100%；从2019年至今，已核准备案各类岗位总数3751个。总体实现了事业单位从注重身份管理向注重岗位管理转变，实现了事业单位全员聘用，提高了事业单位工作人员工作的积极性，增强了事业单位工作人员的创造力。

该项工作已经施行了较长的一段时间。目前该项工作进展比较顺利，聘用工作得到不断地规范，大多数事业单位都能做到有人员岗位变动，及时做好核准备案工作。但同时也存在一些问题。

## 二 海口市事业单位岗位设置管理存在的问题

### （一）部分事业单位行政主管部门主体责任意识不强

2013年6月印发的《海口市事业单位专业技术岗位内部等级任职条件

指导意见》要求，各行业主管部门要结合实际，制定适合本行业工作特点的内部不同等级岗位任职条件。但是截至目前，海口市没有一家行政主管部门制定相应的岗位等级任职条件等制度。且某些管理人员观念陈旧，没有真正领悟事业单位改革的意图，还继续沿用老的旧的用人方式，认为岗位设置管理只是搞搞形式，没有发挥岗位设置的作用，“不得罪人”“老好人”的心态普遍。在进行岗位设置中，未履行好岗位设置审核职责，而是直接盖章提交市人社局进行审核及核准，将人员是否符合聘用条件的矛盾推至人社部门。

## （二）岗位结构比例已不能完全适应时代的发展

岗位结构比例有三种：一是管理、专业技术、工勤技能三类岗位之间的结构比例。二是同一种类不同等级之间的结构比例。岗位结构比例依据的是2006年人事部印发的《事业单位岗位设置管理试行办法实施意见》。三是同类不同职级岗位之间的比例，依据的是省人事劳动保障厅2000年印发的《海南省事业单位专业技术职务结构比例暂行规定》，至今已20年。随着当前经济社会的迅猛发展，海口市事业单位的规模、人员结构也发生了很大变化，原来的专业技术岗位结构控制比例难以适应事业单位岗位设置的需求。例如海口市第四人民医院在2012年11月整建制移交市级管理时，因高级专业技术人员超出规定，导致后来晋升的高级职称人员只能低聘，无法享受相关待遇。针对这个突出问题，海口市人力资源和社会保障局提出的解决办法是退二进一，以逐步解决后续人员晋升后岗位待遇问题，但截至2019年底仍有13名高级职称人员低聘在中级最高等级，级别和待遇的差距，直接给他们的工作积极性造成影响，容易导致人才流失，从而影响到该院的人才队伍建设。还有其他很多事业单位的中高级专业技术岗位也存在持续几年甚至更长时间都难以出现岗位空缺，从而影响其他专业技术人员的职务晋升，最终阻碍事业单位的发展。再有是农业技术人员和工程技术人员等部分专业技术职务（资格）系列原来未设置正高级别和正副高之间的岗位比例，但随着经济社会的发展，现在该序列已有正高级职称，事业单位也要设置正高级岗位，而目前并没有该系列正副高岗位比例的控制依据。

## （三）专业技术岗位晋升条件抽象化

各行业主管部门未制定适合本行业专业技术工作特点的内部不同等级岗位任职条件，仅仅依靠市人社局印发的《海口市事业单位专业技术岗位内部等级任职条件指导意见》进行岗位设置。该意见仅为指导意见，在实际操作过程中，无法涵盖所有行业的特点，难以符合所有事业单位专业技术人员的业绩要求，致使部分事业单位在专业技术人员岗位晋升时，没有明确的业绩衡量标准，岗位任职标准不统一，随意性很大，造成不同职工任职同一岗位时的等级条件、业绩能力不一致，存在一定的不公平。比如在工程技术类的事业单位七级副高级别的专业技术人员，晋升为六级岗位的条件，本次进行核准的业绩水平和下次核准的业绩水平可能会存在较大差距，但是如果不进行认定，不认定的理由亦不够充分，导致人为造成不平等现象的出现。

## （四）年终考核不到位

部分事业单位虽然对于岗位聘用的资格条件要求较高，但年度考核条件的设置比较简单，导致进入门槛高、考核门槛低现象的出现。个别单位没有制定岗位的工作内容、量化工作目标等；或者是有相关标准，但没有严格按照工作内容、目标进行考核，即使出现工作人员没有完成任务，或者工作业绩不高的情况，也不会影响其考核结果，考核形式化严重。“能上不能下、能进不能出”“以聘代管”“一聘定终身”的现象比较泛滥，缺乏行之有效的竞争机制，不利于持续提高工作人员的工作积极性，最终将导致职工消极怠工，影响到单位的整体工作业绩，不利于事业单位的可持续发展。

## （五）行业人才的层级认定不够明晰

各行业主管部门对行业人才的认定没有普遍开展，人才评价制度不够完善，中高级人才的层级认定不够明确，导致在岗位设置过程中，难以对相应的人才进行客观评价，也不利于行业人才的发展。目前，海口市对人才的认定是以《海南省高层次人才分类标准（2019 年）》作为依据，人才标准主要是获得国家级的奖项，部分为省级奖项。而在实际工作中，能参评国家级奖项的人寥寥无几，省级奖项的获奖者也不多见，因此，海口市在日常岗位设置工作中，通常只能从个人业务水准来认定人才，标准不够规范。

## 三 优化事业单位岗位设置管理工作策略

### （一）强化事业单位行政主管部门主体责任

事业单位行政主管部门是事业单位的主管部门，要重视管理、优化、发展事业单位，具体应：一是制定本行业的专业技术岗位内部等级任职条件，细化任职每个岗位的条件，做到专业技术人员晋升有理有据；二是强化人事业务负责人的业务培训，把好岗位设置审核的关口；三是实施科学合理的激励机制，引入有效的竞争机制，激发事业单位专业技术人员提业创绩的活力，推行“能上能下”“能进能出”的机制，促使事业单位良好发展。

### （二）充分发挥年度考核效用

各单位要制定具体可执行的年度考核制度，应从德、能、勤、绩、廉等各方面全面考核，细化年度考核内容，使年度考核成为职工晋升、降级、辞退、解聘和奖惩的重要依据，提高工作人员的工作效率。

### （三）制定新的岗位结构比例

各事业单位主管部门要结合本系统实际，明确岗位职责，对事业单位的职能和工作任务进行分类，要将事业单位的社会功能、职责任务、工作要求考虑进来，坚持因事设岗，在充分调研论证的基础上，向上级部门提出符合实际且切实可行的岗位结构比例调整方案，适时增加或减少相应岗位的比例，使事业单位的结构比例可随着经济社会的发展而动态调整，满足对人才的需求。

### （四）制定行业人才认定标准和评价机制

各事业单位主管部门要推动行业人才认定标准和人才评价机制的制定，定期举办人才认定评价工作，激发行业人才创新创业的动力。

事业单位岗位设置管理工作是事业单位人事制度改革中的重要组成部分，各事业单位及其主管部门要充分了解事业单位在岗位设置管理工作中的不足，分析原因，再采取相应的措施，不断完善岗位设置管理制度，最终实现竞聘上岗、人岗相适，调动职工的积极性，促进单位事业的发展。

# B.28
# 新形势下事业单位腐败治理的实践路径

张译文*

摘 要： 我国事业单位是参与社会公共服务和社会事务管理的重要力量，其运转涉及对公共资源的配置和使用，必须时刻防范廉政风险，警惕腐败。研究发现，新形势下事业单位腐败问题主要表现为共谋性腐败、财务腐败、不正之风和“微腐败”问题。事业单位腐败治理主要面临两个方面的挑战：一是新型腐败更加隐蔽复杂，二是反腐败激励性制度效能不显著。新形势下加强事业单位腐败治理，要提高事业单位党组织政治站位，坚持对腐败零容忍；加强事业单位作风建设，铲除腐败温床；兼顾系统监管与内部治理，防范事业单位廉政风险；推进各类监督贯通融合，强化事业单位外部监督；运用大数据技术手段，提高事业单位反腐败效能。

关键词： 事业单位 腐败治理 作风建设

## 一 我国事业单位出现的腐败问题现实情况

腐败是一个公共领域和私人领域兼而有之的社会现象，是公权私用的结果。一直以来，腐败治理都是国家治理中的重要议题。习近平总书记在党的十九届五中全会上强调，“腐蚀和反腐蚀斗争长期存在，稍有松懈就可能前

* 张译文，北京科技大学马克思主义学院博士，北京科技大学廉政研究中心研究助理。

功尽弃，反腐败没有选择，必须知难而进”。对于执政党而言，腐败问题如果得不到有效遏制和治理，将会重创政治信任，撼动执政根基。党的十八大以来，各级纪检监察机关坚持“老虎”“苍蝇”一起打，查处了一大批违纪违法的案件，不少事业单位腐败问题也被挖掘出来。事业单位滋生的各种腐败现象，特别是在教育、卫生医疗等领域的不正之风和腐败问题，扭曲了事业单位的公益属性，更损害了群众的切身利益。

事业单位腐败问题复杂多样，不容小觑。事业单位是我国特殊的社会组织，覆盖社会事业的多个领域，自身数量庞大且有显著的专业属性。作为社会公共服务的重要提供者和行政事务管理的支撑力量，事业单位运转中涉及公共资源的配置和使用的诸多事项，一旦事业单位少数人因个人利益背弃公共利益，就会滋生腐败行为。

当前事业单位腐败问题研究大体呈现两种思路：一是从某一领域事业单位腐败问题入手，解释分析其特征、成因，提出治理对策，例如对科研、医疗和教育等领域腐败问题的研究；二是从罪刑处罚视角，利用数据统计分析结果对事业单位的一般性腐败现象进行“画像”，剖析特征，寻找规律。例如，金鸿浩等从2016年公开的8133份贪污和受贿罪起诉书中发现，从犯罪主体的单位类型来看，国家机关人员占有效样本的33.8%，事业单位人员占有效样本的21.1%，国有企业人员占有效样本的16.4%，基层自治组织人员占有效样本的28.7%。其中，在事业单位犯罪案件中，受贿罪、贪污罪和挪用公款罪三类案件的被查处比例较为接近，差异性不显著。[①] 此外，郑海和李国华等学者的一项研究认为，在行政机关、国有企业及司法机关内都可能发生受贿犯罪，而贪污犯罪更有可能发生在国有事业单位，无公职身份人员可能通过共犯实施贪污犯罪。[②] 现有研究表明，新形势下，事业单位依然承担着重要的公共职能，但是，事业单位腐败案件和涉案人员占比不

① 金鸿浩、李凌、刘思敏：《我国贪污贿赂犯罪主体特征的“大数据画像”研究——基于8133份公开起诉书的大数据分析》，《犯罪研究》2020年第1期。

② 郑海、李国华：《贪污犯罪与受贿犯罪的犯罪学特征——基于300例案件的实证考察》，《中国人民公安大学学报》（社会科学版）2015年第6期。

低，而且涉腐犯罪类型呈现“并发性”特征，这进一步印证了党中央对反腐败形势严峻复杂的判断，必须持之以恒地遏制事业单位腐败“增量”，削减“存量”，一体推进不敢腐、不能腐和不想腐体制机制建设。

本文选取的事业单位腐败案例是2019～2021年公开报道和披露的100个事业单位人员违纪违法案件，且已作出党纪政务处分、移送司法机关处理或法院作出判决。这些案例的信息主要来自中央纪委国家监委网站、地方纪委监委网站的公开通报和主流新闻媒体公开报道。除了研究涉罪案例外，本文把事业单位发生的违纪案件特别是违反中央八项规定、廉洁纪律要求的“微腐败”行为也纳入考察范围，以期能够进一步识别新形势下事业单位暴露的作风性腐败问题和涉罪腐败案例表征与特点。统计发现，事业单位腐败行为人曾担任单位、部门和科室正职的案例占到69.39%；两人及以上合谋或知情不阻案例占到19.39%。从处理结果看，适用党纪政务处分的案例占比为53.06%，进一步表明事业单位腐败现象的特点是违纪与违法问题叠加，违纪问题更为显著。从一般性违纪违法情节看，事业单位私设“小金库”和违规发放津补贴较为常见，占比分别是29.59%和26.53%。从犯罪类型看，事业单位腐败案件涉嫌受贿罪占比为31.63%、贪污罪占比为12.24%、国有事业单位人员滥用职权罪占比为7.14%、挪用公款罪被移送司法机关的案例占比为3.06%。

## 二　新形势下事业单位腐败问题的主要表现

党的十八大以来，在党中央的坚强领导下，事业单位反腐败工作持续发力，斩断利益腐败链条，揭露了众多社会事业领域腐败乱象。当前，事业单位腐败问题较为典型的是共谋性腐败，极易诱发腐败窝案；财务腐败仍是事业单位腐败治理的顽疾；此外，不正之风与“微腐败”问题易发多发，值得高度重视。

### （一）共谋性腐败较为典型

共谋性腐败是指存在于体制内的腐败监督和治理部门与其他部门沆瀣一

气，对外共同谋取非法利益的现象。[①] 我国事业单位的设立初衷是满足社会公共需要，在现有体制下国家对事业单位的资金、资源、人才和技术等提供基础保障。在实际运作中，事业单位具备提供社会公共服务和保障行政部门运作的两大功能，一方面事业单位与党政机关保持良性互动，提供保障和获取支持；另一方面，事业单位又与市场主体持续接触，是推动行业（或领域）高质量发展的重要力量。然而，在这种体制格局中，少数领导干部和工作人员没有坚守事业单位的公益属性和职能定位，滥用职权、侵占公共资源等问题时有发生。由"一把手"主导的共谋性腐败成为事业单位腐败的典型问题。尽管"一把手"不直接分管人财物，但是作为领导班子主要负责人肩负着全面领导责任，有的"一把手"利用自身职务的特殊影响力，仍然可以插手、过问、干预单位具体事项。利益共谋腐败问题既表现在个别事业单位内部，也可能发生在事业单位与上级主管部门有关人员之间，亦发生在事业单位与市场主体关系之间。近期，媒体曝光一起涉及百人的医疗机构与供应商内外勾结腐败案件，从院长、会计、医生、护士到仓库保管员都成为腐败利益链上被"照顾"的一环，开高价药、拿回扣成了公开的秘密，这严重侵害了群众的利益。

### （二）财务腐败是一个顽疾

财务腐败是指由于财务管理混乱，资金监管不到位、不规范而产生的奢侈浪费、贪污、挪用或者国有资产流失等行为。一般来说，涉财管理主要包括财务和会计两个方面的具体工作，即资金（资产）的运作行为和资金（资产）的核算监督。良好的财务管理是推动事业单位治理能力提升的重要手段，也是事业单位正常运行的基础。事业单位涉财管理的质量既取决于自身决策体系科学性，又依赖于执行层面的专业性。从案例看，事业单位涉财管理风险多表现为领导干部通过授意截留单位收入、虚列支出、套取经费、违规收费等方式私设"小金库"，并使用"小金库"资金乱发补助、奖金，公款吃请、送礼等，挥霍浪费公共财产，以做假账规避监

① 谷宇：《当前反腐败面临的五大挑战》，《河南大学学报》（社会科学版）2010 年第 1 期。

管，糊弄外部监督，产生极大的廉洁风险和腐败机会。此外，个别事业单位日常监督缺失、账目核查不力等情况导致腐败风险加剧。例如，北京市东城区某离退休干部休养所原出纳王某通过假的银行对账单、伪造的领导签字和医疗报销费用申请单，由于该单位未单独设会计岗位，存在监督缺位，在一年零三个月的时间内，她贪污了720.05万元，单位内部竟毫无察觉。

### （三）不正之风与“微腐败”问题易发多发

党的十八大以来，党中央把八项规定作为推进作风建设的切入点，正风肃纪，重拳反腐，开启全面从严治党新征程。新形势下，“四风”问题隐形变异回潮的挑战仍然存在。十九届中央纪委五次全会指出，作风问题与腐败问题相互交织，“四风”成为滋生腐败的土壤。个别领导干部由风及腐、风腐一体的腐化历程更是让人瞠目结舌。2020年，全国查处违反中央八项规定精神问题136203起，批评教育帮助和处理197761人，党纪政务处分119224人。[①] 作风问题的本质是党性问题，有些表现看似“小毛病”，实际上涉及大原则。例如，事业单位工作人员因职务影响力而接受管理服务对象提供的宴请、礼品、礼金、旅游安排等；又如，利用调研、访问交流之便，借机外出旅游并违规报销等。尽管不正之风和“微腐败”的表现形式五花八门，花样翻新，其本质依然是少数人为获得执法偏向或者特殊照顾所采取的具有较强目的性的利己行为。在腐败案例中，“贪图享受，违规收受礼品礼金礼卡”“违规发放津补贴或福利”问题最为突出，分别占比为24%和26%。可见，事业单位内部追求特权、享受优待的不良作风和“微腐败”时有发生。腐蚀是一个从量变到质变的过程，然而，一旦突破了底线原则，就会演变成为加速坠落的过程。因此，事业单位治理腐败问题，必须要化解不正之风和“微腐败”带来的现实风险。

---

① 《2020年12月全国查处违反中央八项规定精神问题18505起》，https://www.ccdi.gov.cn/toutiao/202101/t20210126_234809.html。

## 三　新形势下事业单位腐败治理的现实挑战

腐败治理是腐败与反腐败两股力量进行持续性对抗和此消彼长的过程。这意味着，实现有效的腐败治理，既要把握腐败问题“病灶”所在，又需“对症下药”，建立起反腐败的“免疫”屏障。当前，腐败形势依然严峻复杂，事业单位腐败治理有效性提升也面临现实挑战。

### （一）新型腐败行为更加隐蔽复杂

习近平总书记在十九届中央纪委五次全会指出，新型腐败与传统腐败相互交织，贪腐行为更加隐蔽复杂。“新型腐败”是一个动态概念，今时之新可能在下一个时期就会被取而代之。① 新型腐败是个别腐败分子为降低腐败行为的败露风险，增加腐败行为取证难度而实施的腐败行为变异，隐蔽性和复杂性极强。② 从现实来看，新型腐败行为成为事业单位腐败治理新挑战。例如，微信红包、快递送礼、帮付代付等依托数字技术滋生的新型腐败手段的隐蔽性使腐败治理更加被动；“期权腐败”“干股分红”“高利转贷”等收益型腐败与经济问题交织，复杂程度高，增加了腐败治理的难度，同时也对事业单位内部风险防控体系产生巨大冲击。

### （二）激励制度效能不显著

“系统施治，标本兼治”是新形势下正风肃纪反腐的重要理念，着重通过惩治发挥震慑约束作用，开展廉洁教育形成廉洁价值观和反腐败意识；强化制度建设，堵住漏洞，保障各项事业健康发展。在事业单位反腐败制度建设方面，中央出台了《行政事业单位内部控制制度规范（试行）》等一系列配套制度和《中央行政事业单位国有资产处置管理办法》《事业单位领导人

---

① 李辉：《当前腐败新动向的核心特征与治理之策》，《人民论坛》2021 年第 22 期。

② 程文浩：《新型腐败的识别要点和惩治策略》，《人民论坛》2021 年第 17 期。

员管理暂行规定》等专项制度，聚焦腐败问题的关键环节和重点领域，防治事业单位腐败风险。毋庸置疑，当前反腐败制度建设较好地发挥了惩治约束功能，“不敢腐”的震慑持续强化，相较而言，干部选拔和人事晋升制度、工资薪酬制度等反腐败激励性制度效能发挥则并不显著，“不想腐”的堤坝仍需长久加固。

## 四 新形势下事业单位腐败治理的实践路径

事业单位是我国政治体制中的重要组成部分，其自身公益属性和隶属于政府部门的特性，要求事业单位领导干部必须高度重视反腐败工作，保持对“腐蚀”“围猎”的高度警觉，强化政治监督，持之以恒正风肃纪，利用大数据技术提升腐败治理效能。

### （一）提高事业单位党组织政治站位，对腐败零容忍

习近平总书记在十九届中央纪委五次全会指出，全面从严治党首先要从政治上看。在我国的政治语境中，个别领导干部的腐败问题，从根源上讲都是政治问题，没能做到“两个维护”。尽管在事业单位现行领导体制因其性质和特点有所不同，就其根本而言，事业单位党组织必须担负起反腐倡廉的政治责任。一是事业单位党组织和纪检监察机关要坚定不移地与党中央保持高度一致，坚决拥护中央决定，不折不扣地落实党中央对党风廉政建设和反腐败斗争的各项工作部署，坚决拥护严肃查处腐败分子，全力配合有关案件查办工作，不断增强对腐败表现及趋势的辨别能力和判断能力。二是事业单位党组织要明确定位与边界，按照现行体制机制发挥好领导作用和战斗堡垒作用，加强对重大问题和重要事项的政治把关，对事业单位自身及其业务发展进行全面的政治评估；同时，还要加强领导干部个人事项报告情况核查。三是加强事业单位党组织自身建设，明确党组织发挥作用的途径、方式和程序，认真贯彻落实各项议事决策制度和程序，用好党政联席会制度等，保证决策事项符合新发展阶段的要求，合规合法顺利实施。此外，做好党组织对

党员的教育、管理和监督等各项基础工作，把党风廉政建设融入事业单位的具体业务之中，以制度化、规范化的党建工作为重要抓手促进事业单位自身发展，保障“十四五”目标任务顺利完成。

### （二）加强事业单位作风建设，铲除腐败温床

优良作风是我们党能够始终团结和带领人民群众从一个胜利走向另一个胜利的旗帜，任何时候都不能丢。进入新发展阶段，党的作风建设开启新征程，面对新情况和新问题，要以更高的标准来严格要求。然而，根除不良作风并非朝夕之功，作风问题稍有不慎就会反弹回潮。十九届中央纪委五中全会公报阐明，腐败问题和不正之风交织，“四风”成为腐败滋长的温床。提升事业单位腐败治理效能，一方面，要深入分析本领域腐败问题与作风问题交织的同源性诱因，从政治高度上分析“新问题”和新情况，提炼共性，深挖问题根源，辨识出作风问题发生变异的内在逻辑和生成环境，再结合本单位的实际情况和存在问题，实施精准纠治；另一方面，要建立纠治“四风”长效机制，从“关键少数”抓起，加强警示教育与学习教育，树立起规则意识和纪律意识，推进事业单位内部作风建设常态化、制度化，用好问责工具，增强制度的强制性和执行力。此外，还要发挥先进模范典型的引领作用，让好传统好作风延续。

### （三）兼顾系统监管与内部治理，防范事业单位廉政风险

事业单位是依靠公共财政运行的社会组织，涉及资金规模较大且与政策落实有重大关系，因此必须认真排查各项廉政风险点，防止舞弊和腐败发生。十九届中央纪委五次全会公报明确要求“聚焦政策支持力度大、投资密集、资源集中的领域和环节，坚决查处基础设施建设项目审批、国企改革、公共资源交易、科研管理等方面的腐败问题”。这为事业单位在新发展阶段深入推进反腐败工作指明方向。在事业单位内部控制方面，不相容岗位相互分离设置不合理、关键岗位监督不到位等情况较为普遍。事业单位腐败治理，要坚持问题导向，从强化系统监管和完善治理两个维度发力，促进高

质量发展。从长远来看，主管部门要减少对事业单位的微观管理和直接干预，同时为事业单位反腐败工作提供方向指引和监督保障，发挥上级监督的优势。从事业单位自身发展来看，要优化内部机构设置，规范岗位设置和分工，提高内部管理和控制质量，着力增强内控制度的完整度、科学性和执行性，细化重点领域和重要事项的风险预警设计，提高应对风险的能力。

### （四）推进各类监督贯通融合，强化事业单位外部监督

权力监督体系效能发挥不足是腐败蔓延的重要原因，即委托权力的失控和监督失能。从权力监督上看，共谋性腐败问题就是事业单位内部监督权弱化、外部监督补位不及时的后果。新形势下强化事业单位监督工作，重点在于推动事业单位内部纪检监察工作与其他监督融会贯通，聚焦职能职责，强化政治监督，不断提升事业单位纪检监察工作的专业性和规范性。同时，强化事业单位外部监督，调动党和国家监督体系中各种监督力量和资源，发挥大监督格局的系统性和协同性优势，进一步调整和完善以事业单位为监督主要对象的“小监督系统”。简而言之，就是要借助外部监督的专业优势和技术优势弥补内控短板，增强监督合力。以审计监督为例，在对事业单位进行审计的过程中要充分发挥监督、建议和服务职能，聚焦重大问题，关注潜在风险，及时预警和处理风险点；在防范审计风险的同时与被审计单位和统计、纪检监察机关建立通报配合机制；与其他监督信息共享，提高监督效率，有针对性地提出风险警示和防控建议，推动事业单位建章立制、规范程序，促进良好运转。

### （五）运用大数据技术手段，提高事业单位反腐败效能

在防治腐败问题上，制度手段和技术手段相辅相成，不可或缺。运用大数据技术反腐成为党的十八大以来反腐败工作的一大亮点。大数据技术集合数据采集、存储、处理和展现等多项功能，其优势在于能够快速从海量数据中提取有价值的信息的技术。十九届中央纪委四次全会部署，加强信息化监督平台建设，以公开促公正、以透明保廉洁。当前，地方各级纪检监察机关

在信息监督平台建设方面进行实践探索，例如福建省宁德市打造政府投资小规模建设工程“阳光平台”，广东省深圳市推进智慧纪检信息化系统接入财政、住建等政府部门的实时数据及公开数据，以公开促监督，提高腐败治理的精准度。将大数据技术应用于反腐败工作中，不仅能够提高腐败问题线索核实、审查调查的效率和精准度，还能够通过数据库对腐败的阶段性特征、趋势等进行分析和识别，成为防治腐败的重要武器。十九届中央纪委五次全会强调，要完善党和国家监督体系，使监督融入“十四五”建设之中。新发展阶段，治理事业单位必须适应新形势和新要求，利用大数据信息化和智能化技术，对事业单位中存在的腐败问题进行全面检视，坚持靶向治疗，推进不同监督主体协调配合、融会贯通，为实现“十四五”规划和2035年远景目标提供坚实保障。

## 参考文献

《习近平在十九届中央纪委五次全会上发表重要讲话强调 充分发挥全面从严治党引领保障作用 确保“十四五”时期目标任务落到实处 李克强栗战书汪洋王沪宁韩正出席会议赵乐际主持会议》，《中国纪检监察》2021年第3期。

过勇：《毫不松懈纠治“四风”以新风正气引领新征程》，《中国党政干部论坛》2021年第3期。

刘利、宋心意：《新形势下事业单位财务腐败治理研究》，《财政监督》2021年第16期。

中央和国家机关工委：《关于加强中央和国家机关所属事业单位党的建设的意见》，《机关党建研究》2020年第8期。

李连华：《腐败防控视角的行政事业单位内部控制研究》，《会计之友》2019年第11期。

宋伟、邵景均：《基于大数据的廉政监督模式与发展趋势分析》，《中国行政管理》2019年第7期。

# 大 事 记

Chronicle of Events

## B.29
## 大事记

毕苏波　柏玉林 整理

### 2020年（7~12月）

**7月3日**　教育部发布《关于公布首批国家级职业教育教师教学创新团队课题研究项目的通知》。

**7月7日**　教育部印发《大中小学劳动教育指导纲要（试行）》。

国家卫健委发布《关于设置国家呼吸医学中心的通知》。

**7月9日**　科技部、财政部、国家发改委研究制定了《中央财政科技计划绩效评估规范（试行）》。

国家卫生健康委、国家中医药管理局制定了《医疗联合体管理办法（试行）》。

**7月10日**　国家卫生健康委办公厅印发《关于印发妇幼保健机构绩效考核办法的通知》。

**7月15日**　教育部办公厅印发《中等职业学校学生资助工作指南》。

教育部发布《关于进一步加强高等学校法治工作的意见》。

**7 月 16 日** 国务院办公厅印发《关于印发深化医药卫生体制改革下半年重点工作任务的通知》。

**7 月 17 日** 科技部印发《科学技术活动违规行为处理暂行规定》。

科技部、自然科学基金委发布《关于进一步压实国家科技计划任务承担单位科研作风学风和科研诚信主体责任的通知》。

**7 月 20 日** 教育部办公厅发布《关于进一步加强面向中小学生的全国性竞赛活动管理工作的通知》。

**7 月 27 日** 人力资源和社会保障部办公厅印发《关于在全国事业单位集中开展脱贫攻坚专项奖励工作的通知》。

**7 月 29 日** 教育部发布《关于成立首届全国高校美育教学指导委员会的通知》。

**7 月 30 日** 教育部办公厅、工业和信息化部办公厅印发《现代产业学院建设指南（试行）》。

**7 月 31 日** 教育部、中央组织部、中央编办、国家发改委、财政部、人力资源和社会保障部发布《关于加强新时代乡村教师队伍建设的意见》。

**8 月 13 日** 国家卫生健康委、国家中医药管理局发布《国家卫生健康委 国家中医药管理局关于加强基层医疗卫生机构绩效考核的指导意见（试行）》。

**8 月 14 日** 教育部办公厅发布《关于做好职业教育专业目录修订工作的通知》。

**8 月 17 日** 教育部、国家发改委、财政部、国家市场监管总局、国家新闻出版署等五部门印发《关于进一步加强和规范教育收费管理的意见》。

**8 月 24 日** 教育部办公厅转发山东省《关于完善高等学校绩效工资内部分配办法的指导意见》的通知。

**8 月 31 日** 教育部印发《国家开放大学综合改革方案》。

国家卫生健康委印发《国家卫生健康委关于设置国家儿童区域医疗中心的通知》。

国家卫生健康委发布《国家卫生健康委关于印发用人单位职业卫生监督执法工作规范的通知》。

国家卫生健康委办公厅、国家医保局办公室、国家中医药局办公室发布《关于印发紧密型县域医疗卫生共同体建设评判标准和监测指标体系（试行）的通知》。

**9月1日** 教育部办公厅发布《关于做好直属高校“十四五”规划编制工作的通知》。

**9月2日** 教育部办公厅发布《关于召开2020年全国教师发展大会的通知》。

国家卫生健康委办公厅组织制定了《国家传染病医学中心设置标准》和《国家传染病区域医疗中心设置标准》。

**9月4日** 教育部印发《教育类研究生和公费师范生免试认定中小学教师资格改革实施方案》。

**9月7日** 教育部办公厅印发《教育系统“制止餐饮浪费培养节约习惯”行动方案》。

**9月10日** 人力资源和社会保障部、文化和旅游部发布《关于深化艺术专业人员职称制度改革的指导意见》。

**9月11日** 国家档案局局长办公会议、科学技术部部务会议修订通过《科学技术研究档案管理规定》。

**9月14日** 文化和旅游部印发《文化和旅游部关于深化“放管服”改革促进演出市场繁荣发展的通知》。

文化和旅游部发布《文化和旅游部关于印发〈“十四五”公共文化服务体系建设规划〉的通知》。

**9月16日** 教育部、国家发改委、工业和信息化部、财政部、人力资源和社会保障部、农业农村部、国务院国资委、国家税务总局、国务院扶贫办等九部门发布《教育部等九部门关于印发〈职业教育提质培优行动计划〉

的通知》。

**9 月 22 日** 教育部办公厅印发《关于防范和惩治教育统计造假弄虚作假责任制规定（试行）》。

**9 月 29 日** 国家卫生健康委发布《国家卫生健康委办公厅关于印发卫生健康经济管理队伍建设方案的通知》。

**10 月 7 日** 国务院印发《国家科学技术奖励条例》。

**10 月 13 日** 中共中央、国务院发布《中共中央、国务院关于印发〈深化新时代教育评价改革总体方案〉的通知》。

国家卫生健康委办公厅发布《关于做好职业卫生技术服务机构丙级资质认可改革有关事项的通知》。

**10 月 19 日** 人力资源和社会保障部、国家体育总局发布《关于深化体育专业人员职称制度改革的指导意见》。

**10 月 20 日** 教育部印发《教育部关于成立基础教育教学指导委员会的通知》。

**10 月 30 日** 教育部办公厅发布《关于成立首届全国中小学和高校健康教育教学指导委员会的通知》。

教育部印发《研究生导师指导行为准则》。

**11 月 4 日** 人力资源和社会保障部、审计署印发《关于深化审计专业人员职称制度改革的指导意见》。

**11 月 5 日** 教育部办公厅发布《关于进一步做好“一省一策思政课”集体行动工作的通知》。

**11 月 11 日** 国务院学位委员会、教育部修订印发《学位授权点合格评估办法》。

国务院学位委员会、教育部发布《关于开展 2020～2025 年学位授权点周期性合格评估工作的通知》。

**11 月 18 日** 文化和旅游部办公厅印发《文化和旅游部政务数据资源管理办法（试行）》的通知。

**11 月 23 日** 国务院教育督导委员会办公室印发《全国专业学位水平评

估实施方案》。

**11月26日** 教育部印发《关于公布首批国家级一流本科课程认定结果的通知》。

教育部、国家卫生健康委、国家中医药管理局发布《关于深化医教协同进一步推动中医药教育改革与高质量发展的实施意见》。

**11月30日** 教育部印发《关于正确认识和规范使用高校人才称号的若干意见的通知》。

**12月7日** 教育部印发《关于破除高校哲学社会科学研究评价中"唯论文"不良导向的若干意见》。

国务院办公厅发布《公共企事业单位信息公开规定制定办法》。

**12月8日** 国家卫健委发布《关于职业卫生技术服务机构资质认可有关文件公开征求意见的公告》。

**12月18日** 教育部印发《教育部科学技术委员会章程》。

**12月21日** 教育部、财政部印发《中国特色高水平高职学校和专业建设计划绩效管理暂行办法》。

教育部办公厅发布《关于开展第二批全国高校"百个研究生样板党支部"和"百名研究生党员标兵"创建工作的通知》。

国家卫生健康委发布《国家卫生健康委关于印发三级医院评审标准的通知》。

**12月23日** 教育部印发《中小学教育惩戒规则（试行）》。

教育部印发《中国教育监测与评价统计指标体系》。

科技部研究制定了《科学技术活动评审工作中请托行为处理规定（试行）》。

**12月24日** 国家教材委员会办公室发布《关于开展首批中国经济学教材申报工作的通知》。

教育部印发《本科毕业论文抽检办法（试行）》。

教育部、中央组织部、中央宣传部、财政部、人力资源和社会保障部、住房和城乡建设部等六部门印发《教育部等六部门关于加强新时代高校教师队伍建设改革的指导意见》。

**12月29日** 国家卫生健康委、国家发改委、财政部、人力资源和社会保障部、国家市场监管总局、国家医保局、国家中医药管理局、中央军委后勤保障部卫生局印发《关于进一步规范医疗行为促进合理医疗检查的指导意见》。

**12月30日** 教育部、财政部、国家发改委印发《“双一流”建设成效评价办法（试行）》。

**12月31日** 国家卫健委发布《职业卫生技术服务机构管理办法》。

人力资源和社会保障部、教育部发布《关于深化高等学校教师职称制度改革的指导意见》。

## 2021年（1~6月）

**1月1日** 教育部发布《关于设立教育部教育信息化战略研究基地的通知》。

**1月8日** 教育部印发《革命传统进中小学课程教材指南》《中华优秀传统文化进中小学课程教材指南》。

**1月14日** 人力资源和社会保障部、国家广播电视总局印发《关于深化播音主持专业人员职称制度改革的指导意见》。

**1月20日** 教育部办公厅印发《防范中小学生欺凌专项治理行动工作方案》。

国家卫生健康委办公厅印发《关于贯彻落实职业卫生技术服务机构管理办法的通知》。

**1月22日** 教育部办公厅印发《本科层次职业教育专业设置管理办法（试行）》。

**1月27日** 国家卫生健康委、科技部、国家中医药管理局结合相关法律法规修订了《医学科研诚信和相关行为规范》。

**1月28日** 人力资源和社会保障部、国家新闻出版署印发《关于深化出版专业技术人员职称制度改革的指导意见》。

**2月1日** 国家卫生健康委、国家发改委、工业和信息化部、民政部、财政部、人力资源和社会保障部、生态环境部、住房和城乡建设部、农业农村部、国家医保局、国家中医药管理局、国家乡村振兴局和中央军委后勤保障部联合制定《关于巩固拓展健康扶贫成果同乡村振兴有效衔接的实施意见》。

**2月7日** 人力资源和社会保障部、工业和信息化部印发《关于深化工艺美术专业人员职称制度改革的指导意见》。

**2月8日** 人力资源和社会保障部、财政部、科技部发布《关于事业单位科研人员职务科技成果转化现金奖励纳入绩效工资管理有关问题的通知》。

**2月9日** 国务院医改领导小组秘书处印发《关于认定福建省三明市为全国深化医药卫生体制改革经验推广基地的函》。

**2月10日** 科技部、财政部制定了《国家科技成果转化引导基金创业投资子基金变更事项管理暂行办法》。

**2月17日** 国务院应对新型冠状病毒肺炎疫情联防联控机制综合组组织制定了《大规模新冠病毒核酸检测实验室管理办法（试行)》。

**2月23日** 中共中央办公厅、国务院办公厅印发《关于加快推进乡村人才振兴的意见》。

**2月24日** 人力资源和社会保障部办公厅印发《关于落实“人社服务快办行动”推进事业单位人事管理“一件事”服务的通知》。

**3月1日** 教育部、中共中央组织部、中央编办、国家发改委、财政部、人力资源和社会保障部发布《教育部等六部门关于印发〈义务教育质量评价指南〉的通知》。

**3月8日** 教育部办公厅、财政部办公厅发布《关于做好2021年农村义务教育阶段学校教师特设岗位计划实施工作的通知》。

科技部办公厅印发《关于坚决遏制国家重点研发计划项目“突击花钱”中“四风”问题的通知》。

文化和旅游部、国家发改委、财政部等三部门印发《关于推动公共文化服务高质量发展的意见》。

**3月11日** 第十三届全国人民代表大会第四次会议通过《中华人民共和国国民经济和社会发展第十四个五年规划和2035年远景目标纲要》。

**3月12日** 教育部发布《高等学校数字校园建设规范（试行）》。

**3月15日** 教育部发布《教育部关于〈中华人民共和国学位法草案〉公开征求意见的公告》。

国家卫生健康委办公厅印发《关于印发医院智慧管理分级评估标准体系（试行）的通知》。

**3月18日** 健康中国行动推进委员会发布《关于印发健康中国行动2019～2020年试考核实施方案的通知》。

**3月19日** 国家卫生健康委办公厅发布《关于2019年度全国三级公立医院绩效考核国家监测分析有关情况的通报》。

**3月27日** 中共中央办公厅印发《中共中央关于加强对“一把手”和领导班子监督的意见》。

**3月30日** 国家发改委、中央宣传部、教育部、民政部、司法部、财政部、人力资源和社会保障部、住房和城乡建设部、文化和旅游部、国家卫生健康委、退役军人部、应急部、国家税务总局、国家市场监管总局、国家广电总局、国家体育总局、国家医保局、国家文物局、国家中医药局、国家药监局、中国残联等21部门发布《关于印发〈国家基本公共服务标准〉的通知》。

**4月2日** 教育部办公厅发布《关于印发〈中学教育专业师范生教师职业能力标准（试行）〉〈小学教育专业师范生教师职业能力标准（试行）〉〈学前教育专业师范生教师职业能力标准（试行）〉〈中等职业教育专业师范生教师职业能力标准（试行）〉〈特殊教育专业师范生教师职业能力标准（试行）〉等五个文件的通知》。

文化和旅游部印发《关于实施全国戏曲表演领军人才培养计划的通知》。

健康中国行动推进委员会办公室发布《关于印发健康中国行动2021年工作要点的通知》。

**4月9日** 财政部办公厅研究起草了《关于机关事业单位职业年金基金执行〈社会保险基金会计制度〉的相关会计处理规定》及起草说明。

**4月12日** 国家卫生健康委、财政部、国家中医药局制定了《中央对地方卫生健康转移支付项目预算绩效管理暂行办法》。

**4月13日** 国家卫生健康委、人力资源和社会保障部、财政部印发《关于建立保护关心爱护医务人员长效机制的指导意见》。

国家卫生健康委印发《关于设置国家传染病医学中心的通知》。

**4月14日** 文化和旅游部办公厅发布《文化艺术职业教育和旅游职业教育提质培优行动计划》。

**4月15日** 教育部办公厅发布《关于开展第二批人工智能助推教师队伍建设试点推荐遴选工作的通知》。

**4月16日** 中共中央印发修订后的《中国共产党普通高等学校基层组织工作条例》。

教育部办公厅发布《关于在思政课中加强以党史教育为重点的"四史"教育的通知》。

**4月17日** 人力资源和社会保障部、财政部印发《关于调整2021年退休人员基本养老金的通知》。

**4月20日** 科技部、中国农业银行联合制定了《关于加强现代农业科技金融服务 创新支撑乡村振兴战略实施的意见》。

文化和旅游部制定《2021年全国基层文化和旅游公共服务队伍培训工作计划》。

住房和城乡建设部、国家发改委发布《关于批准发布综合医院建设标准的通知》。

**4月21日** 人力资源和社会保障部发布《关于深入实施"人社服务快办行动"的通知》。

国家医保局、国家卫生健康委发布《关于建立完善国家医保谈判药品"双通道"管理机制的指导意见》。

**4月26日** 财政部、国家税务总局发布《关于继续执行企业事业单位改制重组有关契税政策的公告》。

文化和旅游部印发《“十四五”文化和旅游科技创新规划》。

**4月29日** 第十三届全国人民代表大会常务委员会第二十八次会议审议通过了《全国人民代表大会常务委员会关于修改〈中华人民共和国教育法〉的决定》。

教育部发布《关于成立教育部中国书法教育指导委员会等三个教育指导委员会的通知》。

**4月30日** 教育部、国家发改委、财政部、国家乡村振兴局发布《关于实现巩固拓展教育脱贫攻坚成果同乡村振兴有效衔接的意见》。

教育部、财政部发布《关于实施中小学幼儿园教师国家级培训计划的通知》。

国家卫生健康委办公厅发布《国家卫生健康委办公厅关于成立国家医疗器械临床使用专家委员会的通知》。

**5月6日** 文化和旅游部印发了《“十四五”文化产业发展规划》。

**5月11日** 中宣部等九部门发布《中央宣传部 国家发展改革委 教育部 科技部 民政部 财政部 人力资源社会保障部 文化和旅游部 国家文物局印发〈关于推进博物馆改革发展的指导意见〉的通知》。

**5月13日** 教育部办公厅发布《关于成立2021~2025年全国普通高校毕业生就业创业指导委员会的通知》。

**5月14日** 教育部办公厅发布《关于学习宣传贯彻实施新修订的教育法的通知》。

国务院办公厅印发《关于推动公立医院高质量发展的意见》。

**5月24日** 国务院办公厅发布《国务院办公厅关于印发深化医药卫生体制改革2021年重点工作任务的通知》。

**5月25日** 教育部办公厅发布《关于做好2021年中央财政支持中西部农村订单定向免费本科医学生招生培养工作的通知》。

文化和旅游部发布《关于印发〈“十四五”非物质文化遗产保护规划〉的通知》。

**5月28日** 国家卫生健康委发布《中国吸烟危害健康报告2020》。

**6月1日** 教育部办公厅印发《教育部基础教育教学指导委员会章程》。

教育部发布《未成年人学校保护规定》。

国家卫生健康委办公厅发布《关于学习宣传贯彻〈综合医院建设标准〉的通知》。

国家卫生健康委办公厅发布《关于成立推进分级诊疗与医疗联合体建设工作专家组的通知》。

**6月3日** 教育部办公厅、国家市场监管总局办公厅、国家卫生健康委办公厅印发《关于报送落实〈学校食品安全与营养健康管理规定〉有关情况的通知》。

**6月7日** 中共中央办公厅、国务院办公厅印发《关于深化国有文艺院团改革的意见》。

国家卫生健康委、教育部、国家市场监管总局、国家体育总局联合组织制定了《营养与健康学校建设指南》。

**6月8日** 中共教育部党组发布《关于教育系统深入学习贯彻习近平总书记在两院院士大会、中国科协第十次全国代表大会上重要讲话精神的通知》。

国家卫生健康委、国家发改委、教育部、民政部、财政部、国家医保局、国家中医药管理局、中国残联制定了《关于加快推进康复医疗工作发展的意见》。

国家卫生健康委办公厅、国家中医药局办公室印发《关于加快推进社区医院建设的通知》。

**6月9日** 教育部办公厅发布《关于成立校外教育培训监管司的通知》。

国务院医改领导小组秘书处、国家卫生健康委、财政部、国家中医药管理局发布《关于确定公立医院综合改革第二批国家级示范城市的通知》。

**6月10日** 国家教材委员会办公室发布《关于开展马克思、恩格斯、列宁关于哲学社会科学及各学科重要论述摘编申报工作的通知》。

国家卫生健康委、国家中医药局、中央军委后勤保障部卫生局发布《关于进一步加强综合医院中医药工作推动中西医协同发展的意见》。

文化和旅游部发布《关于印发〈“十四五”公共文化服务体系建设规

划〉的通知》。

**6月11日** 教育部办公厅、财政部办公厅发布《关于做好2021年“三区”人才支持计划教师专项计划有关实施工作的通知》。

国家卫生健康委发布《关于完善国家传染病医学中心设置的通知》。

**6月15日** 教育部办公厅、国家发改委办公厅、财政部办公厅、人力资源和社会保障部办公厅、农业农村部办公厅、退役军人部办公厅发布《关于做好2021年高职扩招专项工作的通知》。

国家卫生健康委办公厅发布《关于实施进一步便利老年人就医举措的通知》。

**6月17日** 科技部、全国妇联、教育部、工业和信息化部、人力资源和社会保障部、国家卫生健康委、国资委、中国科学院、中国工程院、中国社会科学院、全国总工会、中国科协、自然科学基金委等十三部门发布《中国科协、科技部等十三部门印发〈关于支持女性科技人才在科技创新中发挥更大作用的若干措施〉的通知》。

**6月23日** 教育部、国家发改委、财政部发布《关于深入推进义务教育薄弱环节改善与能力提升工作的意见》。

**6月25日** 教育部办公厅发布《关于开展2021年全国足球特色幼儿园创建工作的通知》。

国务院医改领导小组秘书处发布《关于印发〈全国深化医药卫生体制改革经验推广基地管理办法（试行）〉的通知》。

**6月29日** 教育部办公厅关于公布《高等职业学校电子信息工程技术专业实训教学条件建设标准》等32项职业教育教学标准的通知。

财政部发布《关于印发〈中央级科学事业单位改善科研条件专项资金管理办法〉的通知》。

人力资源和社会保障部发布《关于印发人力资源和社会保障事业发展“十四五”规划的通知》。

**6月30日** 人力资源和社会保障部、国家卫生健康委、国家中医药局印发《关于深化卫生专业技术人员职称制度改革的指导意见》。

# 皮书

## 智库成果出版与传播平台

### 皮书定义

皮书是对中国与世界发展状况和热点问题进行年度监测，以专业的角度、专家的视野和实证研究方法，针对某一领域或区域现状与发展态势展开分析和预测，具备前沿性、原创性、实证性、连续性、时效性等特点的公开出版物，由一系列权威研究报告组成。

### 皮书作者

皮书系列报告作者以国内外一流研究机构、知名高校等重点智库的研究人员为主，多为相关领域一流专家学者，他们的观点代表了当下学界对中国与世界的现实和未来最高水平的解读与分析。截至 2021 年底，皮书研创机构逾千家，报告作者累计超过 10 万人。

### 皮书荣誉

皮书作为中国社会科学院基础理论研究与应用对策研究融合发展的代表性成果，不仅是哲学社会科学工作者服务中国特色社会主义现代化建设的重要成果，更是助力中国特色新型智库建设、构建中国特色哲学社会科学“三大体系”的重要平台。皮书系列先后被列入“十二五”“十三五”“ 十四五”时期国家重点出版物出版专项规划项目；2013~2022 年，重点皮书列入中国社会科学院国家哲学社会科学创新工程项目。

# 皮书网

（网址：www.pishu.cn）

发布皮书研创资讯，传播皮书精彩内容
引领皮书出版潮流，打造皮书服务平台

## 栏目设置

◆关于皮书

何谓皮书、皮书分类、皮书大事记、
皮书荣誉、皮书出版第一人、皮书编辑部

◆最新资讯

通知公告、新闻动态、媒体聚焦、
网站专题、视频直播、下载专区

◆皮书研创

皮书规范、皮书选题、皮书出版、
皮书研究、研创团队

◆皮书评奖评价

指标体系、皮书评价、皮书评奖

◆皮书研究院理事会

理事会章程、理事单位、个人理事、高级研究员、理事会秘书处、入会指南

## 所获荣誉

◆2008 年、2011 年、2014 年，皮书网均在全国新闻出版业网站荣誉评选中获得“最具商业价值网站”称号；

◆2012 年，获得“出版业网站百强”称号。

## 网库合一

2014年，皮书网与皮书数据库端口合一，实现资源共享，搭建智库成果融合创新平台。

皮书网　　“皮书说”微信公众号　　皮书微博

# S 基本子库
# UB DATABASE

## 中国社会发展数据库（下设 12 个专题子库）

紧扣人口、政治、外交、法律、教育、医疗卫生、资源环境等 12 个社会发展领域的前沿和热点，全面整合专业著作、智库报告、学术资讯、调研数据等类型资源，帮助用户追踪中国社会发展动态、研究社会发展战略与政策、了解社会热点问题、分析社会发展趋势。

## 中国经济发展数据库（下设 12 专题子库）

内容涵盖宏观经济、产业经济、工业经济、农业经济、财政金融、房地产经济、城市经济、商业贸易等12个重点经济领域，为把握经济运行态势、洞察经济发展规律、研判经济发展趋势、进行经济调控决策提供参考和依据。

## 中国行业发展数据库（下设 17 个专题子库）

以中国国民经济行业分类为依据，覆盖金融业、旅游业、交通运输业、能源矿产业、制造业等 100 多个行业，跟踪分析国民经济相关行业市场运行状况和政策导向，汇集行业发展前沿资讯，为投资、从业及各种经济决策提供理论支撑和实践指导。

## 中国区域发展数据库（下设 4 个专题子库）

对中国特定区域内的经济、社会、文化等领域现状与发展情况进行深度分析和预测，涉及省级行政区、城市群、城市、农村等不同维度，研究层级至县及县以下行政区，为学者研究地方经济社会宏观态势、经验模式、发展案例提供支撑，为地方政府决策提供参考。

## 中国文化传媒数据库（下设 18 个专题子库）

内容覆盖文化产业、新闻传播、电影娱乐、文学艺术、群众文化、图书情报等 18 个重点研究领域，聚焦文化传媒领域发展前沿、热点话题、行业实践，服务用户的教学科研、文化投资、企业规划等需要。

## 世界经济与国际关系数据库（下设 6 个专题子库）

整合世界经济、国际政治、世界文化与科技、全球性问题、国际组织与国际法、区域研究 6 大领域研究成果，对世界经济形势、国际形势进行连续性深度分析，对年度热点问题进行专题解读，为研判全球发展趋势提供事实和数据支持。

# 法律声明